La raison unique
du « village planétaire »

Mythes et réalités de la mondialisation

COLLECTION « PENSÉE AFRICAINE »

dirigée par François Manga-Akoa

En ce début du XXIe siècle, les sociétés africaines sont secouées par une crise des fondements. Elle met en cause tous les secteurs de la vie. Les structures économiques, les institutions politiques tels que les Etats et les partis politiques, la cellule fondamentale de la société qu'est la famille, les valeurs et les normes socioculturelles s'effondrent. La crise qui les traverse les met en cause et au défi de rendre compte de leur raison d'être aujourd'hui.

L'histoire des civilisations nous fait constater que c'est en période de crise que les peuples donnent et expriment le meilleur d'eux-mêmes afin de contrer la disparition, la mort et le néant qui les menacent. Pour relever ce défi dont l'enjeu est la vie et la nécessité d'ouvrir de nouveaux horizons aux peuples africains, la Collection **« PENSEE AFRICAINE »** participe à la quête et à la création du sens pour fonder de nouveaux espaces institutionnels de vie africaine.

Dernières parutions

Sissa Le Bernard, *Le philosophe africain et le transfert des sciences et de la technologie en Afrique*, 2010.
René TOKO NGALANI, *Propos sur l'État-nation*, 2010.
Pius ONDOUA, *Développement technoscientifique. Défis actuels et perspectives*, 2010.
René TOKO NGALANI, *Mondialisation ou impérialisme à grande échelle ?*, 2010.
Roger MONDOUE, *« Nouveaux philosophes » et antimarxisme. Autour de* Marx est mort *de Jean-Marie Benoist*, 2009.
Antoine NGUIDJOL, *Histoire des idées politiques. De Platon à Rousseau*, 2009.
Pius ONDOUA, *Existences et Valeurs. Avenirs pluriels*, Tome III, 2009.
Pius ONDOUA, *Existences et Valeurs. L'irrationnelle rationalité*, Tome II, 2009.
Pius ONDOUA, *Existences et Valeurs. L'urgence de la philosophie*, Tome I, 2009.
Pius ONDOUA, *Technoscience et Humanisme*, 2009.

PIUS ONDOUA

La raison unique du « village planétaire »

Mythes et réalités de la mondialisation

L'HARMATTAN

5-7, rue de l'École-Polytechnique ; 75005 Paris

http://www.librairieharmattan.com
diffusion.harmattan@wanadoo.fr
harmattan1@wanadoo.fr

ISBN : 978-2-296-12706-7
EAN : 9782296127067

A tous les amoureux du vrai

Qui participent à l'émergence d'un "monde humain"

AVANT – PROPOS

La structure de cet ouvrage que nous livrons au public sous le titre *La raison unique du village planétaire. Mythes et réalités de la mondialisation* est identique à celle des volumes déjà disponibles de la série *Existence et valeurs* (II et III notamment). Ce volume est composé d'entretiens d'une part (trois au total), et de deux textes de réflexion plus générale, d'autre part, textes qui nous resituent, pour le premier, (en introduction) dans le sillage du questionnement sur la raison, attribut essentiel de l'homme, une raison qui circonscrit désormais, de manière close et clôturante, à partir de son inscription positiviste, l'horizon de validité de tout discours et de toute connaissance, autant que l'horizon de vérité et d'effectivité de ce qui est et qui doit « être », tout en portant en elle la possibilité de la déraison et de la catastrophe. Le second texte en conclusion, nous amène à une relecture de Spinoza dont l'analytique de la violence sert de linéament à une analyse pertinente de l'actuelle mondialisation, tout en permettant la saisie de cette mondialisation comme « Universel problématique ».

I - DES ENTRETIENS

Avec notre interlocuteur habituel, Jean-Bertrand Amougou, Docteur en Philosophie et Enseignant au Département de Philosophie de la Faculté des Arts, Lettres et Sciences Humaines, nous avons mené trois entretiens : a) – *Sur la citoyenneté mondiale*, à partir d'une relecture de Jürgen Habermas (août et septembre 2007), b) – *Sur la « Critique de l'absolu »*, que Marcien Towa définit comme l'essence même de la philosophie (août 2007), c) – *Sur une vision spécifique de la rationalité* (celle de Meinrad Pierre Hebga), à partir d'une brève relecture de son œuvre (octobre 2007).

1 - Quelle cosmocitoyenneté ? Une relecture de Jürgen Habermas

Pour Habermas, dont nous avons revisité certains ouvrages fondamentaux[1], la mondialisation en marche comporte bien des défis :

[1] - *Après l'Etat-nation. Une nouvelle constellation politique*. Paris. Fayard. 2000.
- *L'intégration républicaine. Essai de théorie politique*. Paris. Fayard. 1998.
- *Droit et démocratie. Entre faits et normes*. Paris. Gallimard. 1997.

a) - le défi à la citoyenneté nationale, dont l'enracinement est profondément modifié, à partir de la modification de l'arrimage de cette citoyenneté, non plus à une communauté de destin historique fondant le « convivre », mais à la factualité d'une ouverture de l'horizon de vie qu'est désormais le « monde », avec comme impératif/normatif la conscience cosmopolitique universaliste.

b) – le défi à la souveraineté des Etats-nations, la nouvelle société mondiale, bien que ne débouchant pas sur un Etat véritablement mondial, émergeant à la post-nation, à la constellation post-nationale, qui consacre la structuration/déstructuration de tout, du fait d'une mondialisation consacrant la primauté de l'international et la dissolution tendancielle du national ;

c) – le défi à la gouvernance du monde, puisque le monde nouveau est désormais arrimé, sur les plans politique, économique et idéologique, à la pratique et à la logique libérales.

Le concept de cosmocitoyenneté qu'élabore Jürgen Habermas prend donc acte (tout en prenant en charge) de toutes les évolutions induites par la mondialisation ; il postule l'urgence d'une transition salutaire, celle de la conscience nationale à la conscience cosmopolitique, dans le cadre de la constellation post-nationale qui renvoie à l'intégration des individus et des Etats-Nations aux jeux, enjeux et procédures de la mondialisation.

Et si l'analytique habermassienne de la mondialisation, le plaidoyer de son irréversibilité et l'affirmation de la primauté de la cosmocitoyenneté n'étaient, chez l'auteur, rien d'autre que l'idéologie dominante militant pour la dilution (ou alors pour la dissolution) du sujet ainsi que de l'Etat-nation dans un macro-sujet mondial, et ce, à partir d'une normativité décrochée de l'éthique et arrimée à une rationalité instrumentale qui, faisant fi d'une cosmoresponsabilité désormais urgence pour le présent et l'avenir, hypostasie l'efficience et non point l'homme, à réaliser dans l'authenticité de son humanité ?

2 - Au-delà de l'« Essai ». Pour une « philosophie ouverte »

La parution, en 1971, sous la plume de Marcien Towa, de l'*Essai sur la problématique philosophique dans l'Afrique actuelle*[2] et celle, en 1979, de l'*Idée d'une philosophie négro-africaine*[3], constituaient une étape importante dans l'élaboration constitutive d'une philosophie africaine.

Face à la négation de celle-ci par l'ethnocentrisme impérialiste occidental, son affirmation : **affirmation de possibilité**, pour un africain rationnel et authentiquement humain ; **affirmation de réalité**, la philosophie africaine pouvant se repérer à partir de productions théoriques dont l'effectivité ne saurait être remise en cause ; **affirmation de nécessité**, au regard de la multiplicité des défis à relever par l'africain : un défi d'identité et d'authenticité, un défi de productivité et de développement, un défi de libération par rapport à l'arraisonnement global en cours.

C'est dans ce sillage que Marcien Towa propose que la philosophie prenne en charge ces défis, une philosophie ici définie, ce qui est loin d'être habituel, comme « critique de l'Absolu », que pose et propose le philosophe.

Cette nouvelle caractérisation de la philosophie ne manque pourtant pas de poser nombre de problèmes :

a) – Le philosophe est-il un militant de l'absolu ? Et quelle est donc la figure de cet absolu ?

b) – Le philosophe, qui pose son absolu et milite pour lui, est-il absolu ? Ne procède-t-il pas à une double absolutisation : la sienne propre, et celle de son « absolu » dont la critique ou la relativisation ne semblent guère à l'ordre du jour ?

c) – Quel départ, entre la critique de l'absolu qui est philosophie, pour Marcien Towa, et l'idéologie, au sens global et clôturant du terme ?

---

2 Yaoundé. Editions CLE.

3 Yaoundé. Editions CLE.

Relire l'*Essai*, procéder à l'examen des hypothèques inhérentes à la définition de la philosophie comme militantisme pour l'absolu, nous ont paru urgents et d'actualité, en cette heure où la mondialisation impose que, dans un esprit d'ouverture (au-delà de toute récupération du positivisme idéologique et d'autodissolution dans et par le processus d'autorévolution ici proposé), les principaux défis de notre temps soient relevés par une philosophie qui n'a jamais cessé d'être pression d'excellence, production de sens et réalisation de la sagesse, pour l'être humain-valeur.

3 - Ouverture de la rationalité. Lire Hebga

Bien qu'il ait beaucoup écrit, sur des thèmes aussi variés que la relativité des cultures, les phénomènes normaux et paranormaux, les problèmes religieux et missionnaires, l'émergence sociologiquement pathologique et pathogène des sectes en Afrique, pour beaucoup comme Marcien Towa, P.M. Hebga ne saurait être considéré comme philosophe. Pour lui, P.M. Hebga ne serait rien d'autre qu'un sophiste, développant l'illusion d'une connaissance totale ou mieux, d'une connaissance de toutes les sciences, illusion qui aboutit tout à fait paradoxalement, selon Marcien Towa, à un doute fondamental sur P.M. Hebga et sur la consistance de ses travaux. Marcien Towa peut donc dire de P.M. Hebga : « Cette prétention à maîtriser toutes les sciences fait que ses ouvrages sont des bouillabaisses. Je prends, j'essaie de lire, il n'y a pas moyen. Ça me tombe des mains. Il y en a qui ont demandé si j'ai compris Hebga, j'ai essayé n'est-ce-pas ? Mais, c'est une bouillabaisse. Il parle de tout, il ne prouve pas grand-chose, pratiquement rien. Alors, c'est pour cela que c'est philosophiquement illisible »[4].

Il est donc clair, pour Marcien Towa, que P.M. Hebga ne saurait être considéré comme philosophe. « Est-ce que Hebga est philosophe ? Hebga est tout ce que vous voulez sauf un philosophe. Il manque de rigueur dans ses bouillabaisses-là [...] Si ces philosophes-là, les présocratiques, Platon et les autres, Descartes, Kant, etc., ont rejeté le miraculisme, l'irrationnel, ce qu'on ne peut pas justifier et qu'on vous

---

[4] In « *Philosophes du Cameroun* ». Conférences-débats du CERCAPHI. Presses Universitaires de Yaoundé. 2006. p. 415.

demande d'admettre comme vrai, si tous ces gens-là, vous admettez qu'ils sont des philosophes, alors Hebga ne l'est pas. Je regrette ».[5]

Tout en observant la violence et la radicalité de cette dénégation à P.M Hebga de l'étiquette de philosophe, on peut s'interroger sur ce qui la fonde. Est-ce la diversité des thématiques examinées par P.M Hebga ? Mais le réel lui-même, quand on le prend en charge dans la réflexion philosophique, n'est-il toujours pas divers et complexe ? Est-ce son affirmation du pluralisme des rationalités, affirmation erratique et dangereuse pour Marcien Towa dont la conception de la rationalité relève du seul positivisme, un positivisme hypostasié avec comme conséquence une illusoire translucidité du réel, dangereusement négatrice de sa complexité ? Est-ce à partir d'une détermination de la philosophie comme militantisme pour l'absolu ? Et nous verrons plus bas les hypothèques d'une telle détermination, dans le cadre de nos entretiens sur l'*Essai*.[6]

Il nous a donc semblé urgent de relire P.M Hebga pour essayer de retrouver dans son texte, ce qui, selon nous, fait l'essence de toute philosophie :

a) – **un rétablissement de la métaphysique dans ses droits,** de philosophie première, de plein droit d'abord (dans la mesure où elle réinstaure la problématique du sens d'une existence humaine à « signifier » dans une histoire que le sujet doit précisément « faire »), et par défaut ensuite faute pour le triomphalisme du rationalisme positiviste/scientifique d'exhiber en l'épuisant, la totalité de la réalité ;

b) – **un examen « critique » de l'instrument rationnel**, examen qui permet désormais, après d'autres et notamment Edgar Morin, de parler d'une raison plurielle, sans hypostase donc, de la forme analytique qu'elle prend comme raison instrumentale ;

c) **une problématique fondamentale de l'« essence » de l'homme**, au delà du tout réductionnisme moniste, un sujet « spirituel divin » ;

d) – **une critique des conditions existentielles du vivre et du convivre**, pour un être en recherche d'authenticité et de déploie-

[5] *Ibidem*. pp. 415-416.

[6] Entretien n° II de ce volume, intitulé : « Au-delà de l'*Essai*. Pour une "philosophie ouverte" ».

ment plénier, au-delà de toutes les aliénations, critique qui débouche désormais, comme naturellement, sur la problématique multiverselle qui est celle du dépassement de l'uniformité du monde issu de la mondialisation, vers un monde ouvert mais divers, unique mais pluriel, à gérer de manière responsable (et c'est cela la cosmoresponsabilité) et pas seulement à partir d'un cosmopolitisme qui n'est rien d'autre qu'une hypostase cosmopolitiste, c'est-à-dire, aux horizons de la planète toute entière, de la loi de la valeur.

II – « *FORMALISME DEDUCTIF* » *ET VIOLENCE ;* « *RAISON PLURIELLE* » *ET HUMANISME DE L'AVENIR.*

Notre analytique de la raison plurielle, débouchant sur le dépassement de l'instrumentalisme positiviste, dans le texte introductif, se constitue en critique de la mondialisation, en ses fondements théoriques et dans sa figure pratique. Il s'agit de la mise en question (s) de la raison unique, à partir d'une critique de l'idéologie positiviste d'une raison essentialiste, fixiste et éternitaire, propre-de-l'homme. Elle montre, au plan de la diachronie et de l'histoire, qu'il s'agit d'une raison émergente/produite et productrice, ce qui permet de relativiser son absolutisation dans le cadre de la linéarité effectivisée dans l'histoire, où la raison ne devient que puissance, condition de la rationalité scientifique et de l'efficience technique, uniquement orientée vers la rentabilité économique et s'universalisant, mondialisation oblige, au terme d'une universalisation théorique-idéologique et pratique du réel et de sa figure.

La mondialisation peut donc être remise en question (s). La critique (analytique d'abord) de la puissance de la raison, et qui montre cette dernière comme permettant essentiellement la multipossibilisation (de la connaissance et de la pratique), à partir de laquelle l'homme devient un « homme-dieu », et grâce à laquelle l'arraisonnement instrumentaliste est au rendez-vous (arraisonnement de la nature, des hommes et des sociétés ainsi que de la planète toute entière), s'ouvre ainsi, naturellement, sur celle de la dialectique de cette raison, initialement créatrice, désormais possiblement/réellement décréatrice, dans le cadre de cette transition paradoxale de l'infini progrès à la suprême barbarie. Cette seconde critique se constitue en critique de la mondialisation ainsi que de quelques-unes de ses valeurs fondatrices telle que l'illimitation de la production-consommation dans et par le libéral ; elle débouche ainsi sur une nouvelle urgence pour la philosophie, celle de fonder un nouvel humanisme, du présent, pour l'avenir : l'humanisme de l'authenticité, à partir du dépassement de l'oubli de l'être véhiculé par l'instrumentalisme positiviste et par l'hypostase de la forme (formalisme et procéduralisme) par rapport au contenu. Ces deux textes militent pour une humanité plurielle, dans un monde pluriel ouvert, l'exigence d'un humanisme nouveau se présentant sous le mode de l'urgence absolue.

La double critique de la raison close et instrumentaliste et de la mondialisation dialectiquement ouverture arraisonnante et clôture dans l'uniformisation permet ainsi : (1) le dépassement du « formalisme déductif » qui occulte la structure violente de la mondialisation, au détour d'un universalisme idéologique posant la société libérale sous le mode du référentiel normatif de l'évolution historique ; (2) la réaffirmation de la transcendance du sujet historique, du sujet humain, une transcendance tendanciellement occultée dans le cadre de la tyrannie idéologique du positivisme qui implique principiellement l'évacuation de la problématique des fins ; (3) le rejet de toute auto-finalisation exclusiviste du rationnel, qui ne peut avoir de sens qu'articulé à l'homme, à réaliser comme valeur, n'en déplaise aux critiques encore trop nombreux de l'anthropocentrisme absolu ; (4) le dépassement de toute technoscientificisation clôturante et clôturée, le règne des moyens (la technoscience) ne pouvant s'auto-affirmer comme règne des fins, ni exclure toutes autres formes de rapport au réel porteuses de sens, dans une perspective expérientielle et non simplement expérimentaliste ; (5) l'émergence urgente et nécessaire d'une raison non-arraisonnante, d'une raison ouverte, plurielle, promotrice autant de puissance que d'humanité et d'authenticité. C'est la condition pour que ce monde (unique/(en) uniforme) s'organise « autrement ». Comment un « autre monde » ne serait-il pas possible, en dépassement des dialectiques du « monde ouvert » de la mondialisation qui consacre sa propre clôture au travers de l'hypostase du libéral ?

RAISON PLURIELLE
ET
HUMANISME DE L'AVENIR

Octobre 2006

I - POUR UNE CRITIQUE DE LA RAISON UNIQUE

A - L'urgence de la philosophie

Y a-t-il meilleure urgence, à l'heure actuelle, que la philosophie ? Cette interrogation se présente comme une antiposition à l'idéologie dominante qui affirme la désuétude, voire la mort de la philosophie, du fait des prodigieux développements des technosciences et de l'émergence assurée des sciences de l'homme et des sociétés.

Car, comment ne pas revenir à une **réflexion sur l'être** (et la philosophie l'est), dont on ne peut escamoter la problématique de l'origine, ni même celles du déploiement et de la destination, problématiques que nous ramenons à celle, plus globale, de la pression du sens ? Comment ne pas revenir aussi à cette **réflexion**, **connexe**, **sur l'être de l'homme**, réflexion proprement ontologique à partir de laquelle la subjectivité humaine est affirmée comme absolu de valeur, tout en acquérant un statut de véritable transcendance, en cette heure où les menaces sur l'hominisation se multiplient et se constituent comme hypothèques au devenir individuel et au devenir-ensemble (en société et des sociétés) et aussi, où la finalisation potentiellement inhumaine de l'histoire devient la plus évidente menace sur l'essence de l'homme ?[7]

Comment ne pas revenir à cette **réflexion sur la connaissance** (et la philosophie l'est) qui, outre qu'elle prendrait acte de l'extension ininterrompue du champ des technosciences ainsi que de la puissance qu'elles induisent, réinterrogerait, à partir d'une anticipation axiologique, l'impératif déontique traditionnel de la technoscience[8], à l'effet de prévenir toute négation de l'humain ?[9]

Comment ne pas revenir à cette **réflexion sur les valeurs** auxquelles arrimer la vie, en rapport avec cette nécessité de vivre mieux, cette nécessité de la sagesse, (qui est philosophie), pour que

---

[7] Parler des menaces qui pèsent sur l'hominisation et sur l'essence humaine renvoie à la mise en lumière de l'uniformisation du cadre conceptuel et du cadre existentiel, des autoritarismes et des totalitarismes répressifs (politiques et économiques) divers...

[8] Cet impératif invite à une réalisation indéfinie de tout le possible technologique.

[9] Notamment à partir d'une modification/manipulation de l'essence humaine.

l'affirmation de l'homme et la réalisation de son authenticité soient en permanence à l'ordre du jour ? Comment ne pas revenir à cette **réflexion sur l'histoire et l'avenir** (qui est philosophie), pour orienter cette phénoménologie de l'homme-valeur et affecter comme sens de l'histoire l'hominisation maximale, intégrale ?

On peut lire avec beaucoup d'intérêt ces lignes éclairantes de Jean-Marie Benoist : « Il y a aujourd'hui [...] un devoir de lire la philosophie, en une époque où la spécialisation des prétendus savoirs ou des pratiques, dernière écume d'un logos épuisé par sa propre histoire, menace la culture et la liberté des textes. A l'heure où l'enseignement de la philosophie est en passe d'être supprimé[10], tombant sous les coups conjugués des augures un peu prompts à en décréter la mort, et des technocrates utilitaristes qui préparent dans les universités la cohorte passive des monotechniciens abrutis, il est urgent de retrouver le pouvoir libérateur de la philosophie. »[11] S'il faut donc en urgence philosopher, s'il est plus urgent que jamais de philosopher, c'est bien parce qu'il faut inscrire cette existence du sujet et sa coexistence à l'intérieur d'une significativité et d'une effectuation dont l'horizon téléologique est bien la plénitude de sa réalisation. Et, ce à partir (ou à l'aide) de la raison dont l'on peut dire, du point de vue "attributif", qu'elle est le propre de l'homme, qu'elle est critère distinctif de l'humanité réelle.[12]

B - La raison en question (s)

Il n'en demeure pas moins que cet outil qu'est la raison, attribut de l'homme, qui lui confère dignité et statut, exige sa propre interrogation, sur tous les plans ; il convient de l'interroger, à partir de ce qu'elle permet, de ce qu'elle promeut, de ce qu'elle provoque, de ce qu'elle crée ou décrée. Interrogation urgente, à partir de sa totalisation

---

[10] Ce n'est peut-être pas le cas, direct, actuellement, mais le discrédit reste intact, du point de vue de l'idéologie scientiste dominante.

[11] Benoist, J-M., *La tyrannie du logos*. Paris. Editions de Minuit, 1975, p.19

[12] Parler de l'attributivité, du propre de … renvoie à faire de la raison, unique et originale, un attribut essentiel et exclusif de l'être ; pour autant la forme analytique/instrumentale doit-elle être posée comme figure unique du rationnel ?

technique/théorique et pratique[13], à partir de son absolutisation et de la modification totale qu'elle induit de nos vies et du monde en général. Et si l'on lit sous la plume de Jean-Marie Benoist, une formule comme la "***tyrannie du logos***", cela renvoie à deux idées essentielles.

La première, c'est l'annexion-occultation, à partir du principe d'identité, des figures diverses du réel/de la raison fonctionnant de manière exclusive à partir de l'identité, du tiers-exclu, et de la non-contradiction. Corrélative à cette première idée essentielle, **la deuxième** : l'articulation de la formalité, de la normativité et de l'universalité, la raison circonscrivant ***l'horizon de validité du discours*** (à partir de la distinction principielle du **vrai** et du **faux**) et ***l'horizon de réalité et d'effectivité de ce qui est*** (à partir de l'exclusion du réel, ou tout au moins du connaissable, de tout ce qui ne satisfait pas aux conditions formelles qu'impose la rationalité.)[14]

Et c'est bien à partir de cette problématique attributive-déterminative, problématique elle-même fondatrice d'une idéologie anthropocentrique de la **raison-propre-de l'homme**, que l'on perçoit le caractère *essentialiste, fixiste et éternitaire* de cette raison, source d'une double radicalisation : la radicalisation de l'identité (du même, à l'exclusion de l'altérité) et la radicalisation de la puissance, produit du même, de l'identité (à l'exclusion de ce qui, comme l'imaginaire, remet en cause à la fois le même et la figure du réel que permet et promeut la puissance).[15]

Encore que cette idéologie de la raison comme faculté figée, éternitaire, soit désormais battue en brèche, à un niveau double : celui, premier, de la désarticulation de la forme technoscientifique avec

---

[13] C'est à sa clôture dans l'instrumentalisme et l'opérativité que nous faisons allusion ici.

[14] On peut interpréter la distinction kantienne entre **noumène et phénomène** sur cette base, à savoir celle de la non-expérimentalité du noumène ou chose-en-soi. Mais de l'inconnaissabilité (non scientificité) à l'évacuation de l'horizon de toute réalité, cela n'est-il pas indu ? N'est-il pas mieux de revenir à titre principiel, à la possibilité fondatrice de l'intelligible platonicien ?

[15] Dominique Janicaud le montre, parlant de la puissance que permet la technoscience : « C'est bien par la médiation d'innombrables procédures rationnelles, théoriques, techniques, pratiques, qu'elle assure son emprise sur le monde ». *La puissance du rationnel*. Paris. Gallimard. 1985. p.11.

l'absolu de la rationalité[16], ce qui permet l'ouverture à la pluralité des rationalités, au pluralisme de la rationalité ; celui, second, de l'affirmation de la rationalité comme émergence, production, à situer diachroniquement dans l'histoire individuelle-subjective et sociale, son absolutisation dans le cadre de la linéarité puissance → rationalité scientifique → efficience technique → rentabilité économique → universalisation du cadre théorique-idéologique et pratique du réel → mondialisation, se trouvant par le fait même remise en cause ...

On le sait : le rationalisme classique procédait à une valorisation *a priori* de la raison, posée comme modèle universel et norme suprême. Mais comment, désormais, unifier le rationnel autour de l'opérativité et absolutiser la déduction rationalité de la puissance → rationalité tout court, avec toutes les implications idéologiques liées, à savoir l'évacuation de l'ante et de l'antirationnel, du post-rationnel, du transrationnel, la primauté indue accordée à l'expérimentalité au détriment de l'expérientialité porteuse de la problématique du sens, de la téléologie et des finalités ?[17]

C - Vers une raison plurielle ?

Ne voit-on pas, dès lors, s'imposer une problématique nouvelle : la problématique d'une raison qui serait plurielle, pour saisir le réel dans sa complexité essentielle, et qui se constitue en défi à la rationalité dominante tout en ouvrant de nouveaux horizons au désir humain d'intelligibilité totale du réel ? Pour Dominique Janicaud : « Voici donc la contrainte imposée à la rationalité scrutant le torrent de l'Histoire : renoncer aux harmonisations excessivement systématiques, admettre d'irréductibles ruptures (entre phases de la potentialisation), accepter cette énigme fondamentale (et pourtant seconde par rapport à l'énigme ontologique) : le rationnel a un destin de puissance soumis à la loi du renversement (du rationnel en irrationnel) et dont nul ne peut dire en définitive, quelle est la clé, ne peut jauger ultimement le sens. »[18]

---

[16] Perspective tout à fait ouverte, relativiste-relationnelle et donc, anti-exclusiviste.
[17] Finalités de la pratique, finalités de la connaissance, finalités de l'existence.
[18] Dominique Janicaud, *op.cit.*, p.340.

Raison plurielle et humanisme de l'avenir

Mais, à la problématique de la raison plurielle, ne peut-on pas associer d'autres en amont ou en aval : (1) la problématique de la finalisation ainsi que de la capitalisation de l'intellection, de la compréhension, se substituant à l'impératif de l'illimitation *a priori* de la pratique et de la puissance, qui peuvent être explosives (2) la problématique de l'inépuisabilité du rationnel par la puissance et celle, corrélative, de l'impossible souveraineté du sens que porterait cette puissance, pour le réel et pour l'histoire ?...[19]

II - Raison et puissance

A - De la raison-essence à la raison émergente.

On peut considérer comme un signe des temps ce fait que la réflexion et les recherches sur le rationnel et l'irrationnel s'intensifient ; que l'on parle de plus en plus de la « rationalité de l'irrationnel »[20] ou encore de « l'irrationnelle rationalité »[21]. Il s'agit bien là d'une mutation importante de la problématique de la raison, traditionnellement vue comme faculté de l'esprit humain, qui permet la détermination des critères du vrai ou du faux, du bien et du mal, et d'une manière générale, d'affecter à nos actions des téléologies déterminées. Cette mutation n'appelle-t-elle pas un double éclatement et un dépassement, contenus dans le passage de la perspective attributive et essentialiste, (où la raison, instauratrice de la systématisation de la connaissance et de la systématisation corrélative de l'action, serait

[19] Relisons encore à ce niveau ces lignes de Dominique Janicaud, parlant d'une « irrationalité de la dominance quasiment exclusive d'une dimension de la rationalité » : « S'il importa tant de renouer les fils dans la puissance et hors d'elle, au sein des potentialisations et aux sources du possible, c'était justement pour [...] rompre [...] avec la tyrannie d'un monde-langage prétendument exclusif. Briser la prétention de la puissance qui consistait à capter tout le rationnel. La rationalité comme partage ne se confond nullement avec la pseudo-fatalité de la puissance. Elle réserve un possible qui ne se réduit pas aux effets de puissance présents et à venir ». *op. cit.*, pp.347-348.

[20] C'est le titre d'un ouvrage de Mario Varvoglis. Ed. Inter Editions. Avril 1992. L'auteur, à partir de recherches sur les phénomènes *psi*, montre que ces derniers font émerger une facette autre de la rationalité, et que ce sont bien des phénomènes "expression normale de l'esprit humain". D'où la nécessité d'envisager la mise en place d'un nouveau paradigme de la rationalité.

[21] C'est le titre de l'un de nos textes consacré à la *Raison plurielle, paru dans Existence et Valeurs I. L'irrationnelle rationalité*. Paris. L'Harmattan. 2009.

considérée "*ne varietur*", c'est-à-dire de manière fixe, figée, éternitaire,) à une perspective associant émergence, générativité et complexité ?

Certes les connotations habituelles du ***logos***[22] et de la ***ratio***[23] ont toujours marqué une insistance sur la cohérence, le lien logique, qui se révèle dans le même mouvement prescripteur de règles, de normes[24], ce qui rend compte des principes mis en place pour tout raisonnement prétendant à la validité autant qu'à la vérité : le principe d'identité (articulé avec celui du tiers-exclu), le principe de non-contradiction et le principe de causalité.

Ces principes[25] peuvent d'ailleurs être adossés à une métaphysique, à une ontologie, le besoin de cohérence du discours impliquant que ce qui est énoncé soit, et soit comme il est, sans que l'on puisse envisager de transition permanente de l'être au non-être et du non-être à l'être, sous peine de mobilisme universel, d'inconsistance et d'incertitude généralisée[26]. Et le besoin de cohérence sur le plan logique s'articule sur le plan ontologique au principe de causalité, le nécessité de justifier-fonder ce qui est et qui devient aboutissant à l'intelligibilité par les causes, intelligibilité elle-même condition de possibilité d'une connaissance et aussi, dès lors, d'une science où la prévision et la puissance sont possibles, les mêmes causes produisant les mêmes effets.

L'on peut déjà voir pointer le danger d'une conception de cette faculté-essence sous le mode éternitaire, la pensée humaine, dont on saisit les principes à partir de l'établissement des cadres conceptuels de la raison, devenant immuable[27] ; ce qui rendrait cette raison identi-

---

[22] Qui signifie parole, discours, théorie, principe.
[23] Qui renvoie à calcul, supputation, compte.
[24] Et l'on pense ici à Descartes, avec ses *Regulae* (*Règles pour la direction de l'esprit*)
[25] Niveau logique.
[26] On peut ici se référer à Aristote, formulant ainsi le principe de non-contradiction : une même chose ne peut pas, en même temps et sous le même rapport, être et ne pas être dans un même sujet.
[27] On pense ici à la démarche kantienne de la *Critique de la raison pure*, où l'on retrouve la division en Esthétique transcendantale (qui étudie ce qu'il y a *d'a priori* et d'universel dans la diversité du donné) et en Analytique transcendantale (qui étudie l'opération de l'entendement unifiant le divers de l'intuition sensible.)

que en tout homme possible, s'exprimant dans le cadre d'une catégorisation achevée, complète, s'imposant comme normativité unique de la pensée humaine.[28]

Cette raison, devenant puissance normative, pour la pensée comme pour la pratique[29], inscrit dès lors la linéarité ici schématisée : (1) normativité au niveau de la connaissance → (2) normativité au niveau de l'action → (3) claire détermination des buts visés → (4) discernement et hiérarchisation des valeurs, morales, sociales ou politiques.

Mais cette normativité de la raison peut-elle suffire à expliquer la totalité du monde, la totalité du réel ? Et peut-on affirmer avec certitude la conformité à la réalité en soi de ce que nous pensons selon les règles rationnelles ou, *a contrario*, que ce que nous ne pouvons pas penser selon ces normes est à reléguer dans l'irréel, l'inconsistance, le fantasmatique ?[30] La raison ainsi conçue ne contiendrait-elle pas, en elle-même, ses propres limites ?[31]

B - Raison ouverte-rationalité complexe

L'on peut dès lors voir que cette raison, simultanément **indicatrice des normes** (ou puissance normative) et **prescriptive de finalités** (téléologisation) ne peut être conçue, définitivement, comme raison-essence, se situant au-dessus ou même au-delà d'une réalité et d'une histoire qu'il s'agirait, de l'extérieur, de modifier. D'où la nécessité, pour notre examen à ce niveau, d'adopter une perspective plutôt génétique, en lieu et place d'une perspective absolutisante[32]. A partir d'Edgar Morin, nous pouvons cerner le mieux le dépassement

---

[28] La formulation des jugements se faisant sur la base des catégories de substance, de cause, de possibilité, de nécessité, d'unité, de pluralité, d'affirmation, de négation…

[29] La raison serait essentiellement énonciation des normes.

[30] Ici s'origine habituellement la disqualification de ce qui est appelé **irrationnel**.

[31] Il est dès lors urgent de reposer ce problème à partir de la radicalisation de la position de la rationalité par rapport à ce qui est posé comme son **autre**, sans que le lien du rationnel à cet **autre** soit entrevu et *a fortiori* affirmé comme fondamental.

[32] On ne peut faire de la raison-faculté une essence décrochée de l'homme et du réel, tout en étant principe de normativité et aussi d'explicabilité. Il conviendrait, au contraire, de reconnaître son caractère d'émergence, de générativité ; il conviendrait, par ailleurs, de reconnaître ses limites, au-delà de sa prétention à l'illimitation.

de la raison vers la complexité et l'ouverture ; il parle à cet effet de **raison ouverte** : « Ce que je peux et veux envisager, c'est le développement d'une rationalité complexe qui reconnaisse la subjectivité, la concrétude, le singulier, et travaille avec ; c'est le développement autocritique de la tradition critique qui reconnaisse non seulement les limites de la rationalité, mais aussi les périls toujours renaissants de la rationalisation, c'est-à-dire de la transformation de la raison en son contraire ; c'est le développement d'une raison ouverte, qui sache dialoguer avec l'irrationalisable. »[33]

Raison ouverte, rationalité complexe, limites de la rationalité, périls de la rationalisation : tout est là, tout est évoqué. Nous sommes loin autant de la raison-principe que de la raison-substance à laquelle pense Héraclite, parlant du *Logos*[34], à la loi duquel il faut obéir parce qu'il est l'**UN**, (ce en quoi pour lui consiste la sagesse.) Nous sommes loin de cette raison platonicienne qui est le divin en l'homme et permet l'accès, double, au **VRAI** (science) et au **BIEN** (vertu), parce qu'il impose dans le réel ou dans l'homme, la nécessité de réaliser la bonne hiérarchie[35].

On est loin du cogito cartésien (absolument premier, qui permet la conjonction de l'ontologie et de l'épistémologie et à partir de quoi se réalise l'expérience de la liberté) ; ce cogito affirme l'assimilation chose pensante → esprit → âme → intellect → raison, à partir d'une ontologie spiritualiste de la liberté. Sur ce sujet, on peut lire ces lignes de J-M. Gabaude : « La connaissance de la vérité et la poursuite du bien réalisent notre raison et promeuvent notre liberté. Pour cela, la volonté doit, d'un côté se tenir dans les limites de

---

33 Edgar Morin, *La méthode, III. La connaissance de la connaissance*. 1. Paris. Le Seuil. 1986. p.43.

34 Châtelet, F., commentant Héraclite, montre que pour ce dernier : « Le logos est notre raison et la raison de tout, indissociablement ; raison ou « verbe », loi, unité. Force motrice et créatrice du devenir, qui peut être dite « séparée » en tant qu'universelle, mais qui doit être dite aussi bien confondue avec le cosmos en devenir, étant à l'œuvre jusque chez les humains qui l'ignorent. » *La philosophie païenne. Du VIe siècle avant Jésus-Christ au IIIe siècle après Jésus-Christ*. Paris. Hachette Littérature. 1972. p.40

35 On retrouve ici le dépassement de l'irrationnel, du mythe, et la possibilité d'accès à la réalité véritable : l'Intelligible.

l'entendement, d'un côté pousser l'entendement à étendre son champ de clarté et de distinction afin d'agrandir le domaine de la raison »[36]

On est loin de la raison comtienne telle que dessinée par l'état **positif** de l'esprit, après le dépassement des états **métaphysique** (deuxième état) et **théologique** (état premier), l'état positif consacrant l'accès de l'humanité à sa pleine maturité[37].

C - L'articulation raison-puissance

C'est d'ailleurs à partir de cette vision comtienne de la rationalité que se réalise l'articulation de la raison et de la puissance, après la transition de la raison-essence vers une raison émergente ; cette articulation implique ainsi la « coïncidence de la science et de la puissance humaine, grâce à l'opérativité de la raison »[38]. D'une manière générale, nous assistons au triomphe de la rationalité technoscientifique, qui est limitation instrumentaliste de la rationalité, avec des conséquences multiples. On peut à ce niveau, relever déjà comme constantes de l'articulation de la raison et de la puissance : (1) l'instauration d'un premier dualisme : celui qui oppose **le sujet** (subjectivité) et **l'objet** (objectivité) → (2) la dérivation vers un second dualisme qui oppose **le sujet** (raison-rationalité autonome, autojustifiante et législatrice) et **l'objet** (la nature, le réel), le sujet étant d'ailleurs devenu un simple véhicule de la raison, une raison qui ordonne et maîtrise la nature[39] → (3) l'absolutisation de la raison et de l'objectivité à partir desquelles le salut est possible. « Le sujet absolu ici, note Robert Franck[40] ce n'est plus Dieu-monarque mais la « raison » et aussi la place que prennent ceux qui ont le pouvoir, et, elles interpellent l'infinité des individus en sujets… C'est dans la raison et l'objectivité (et parfois plus spectacu-

---

[36] Gabaude, J.M., *Liberté et raison. La liberté cartésienne et sa réfraction chez Spinoza et Leibniz. 1*. Toulouse. Imp. ESPIC. 1970. p.142.

[37] Sur le caractère idéologique du positivisme de Comte, sur les hypothèques diverses des positivismes comtien et successifs, beaucoup a été écrit. On peut lire ici notre Thèse de Doctorat d'Etat : *Positivité scientifique et positivisme idéologique. Une analyse épistémopolitique du fétichisme de la science*. Toulouse. Avril 1989.

[38] Dominique Janicaud, *La puissance du rationnel*. Paris. Gallimard. 1985. p.198.

[39] Le dualisme sujet/objet et le dualisme raison/nature jouent un rôle idéologique : absolutisation de l'ordre des choses, de la raison et de l'objectivité, même si le maintien est fait pour l'homme de l'ambivalence raison/subjectivité.

[40] In: Hilary Rose, Steven Rose et al. *L'idéologie de/dans la science*. Paris. Le Seuil. 1977.

lairement dans l'appareil et l'apparat de la raison et de l'objectivité « scientifique » et dans leurs déploiements technologiques) que cette fois le sujet assujetti peut contempler sa propre image (l'image d'un sujet égal à tous les sujets, encore entaché de subjectivité et d'inculture (nature), mais appelé à la raison et au savoir universellement objectifs), et trouver la garantie que s'étant reconnu dans cette image, il sera sauvé »[41] → (4) la transcendantalisation de la connaissance vraie au service de laquelle se met le sujet → (5) la foi dans le progrès, dans et par les technosciences → (6) la genèse d'un véritable salutisme (idéologie totalitaire !) et d'une réelle eschatologie.

Robert Franck revient ici sur ce salutisme qui est extraterritorialisation *a priori* de la technoscience : « Le discours général actuel de « la » science exclut et interdit la prise en considération, dans l'exercice des sciences, des conditions et objectifs extrascientifiques de la pratique scientifique[42]. Ce discours exige, au nom de l'objectivité, que « la » science n'obéisse qu'à ses impératifs propres, que son développement ne soit commandé par autre chose que par une logique interne. Le discours général de « la » science masque de cette façon les rapports qui existent en réalité entre les exigences spécifiques des sciences et la vie sociale, et il masque la subordination des orientations de la recherche scientifique aux contraintes sociopolitiques ».[43] Cette articulation raison/puissance implique donc : (1) l'émergence d'une nouvelle rationalité → (2) une interdétermination dialectique entre la recherche scientifique et technique et la production industrielle[44] → (3) la croissance techno-économique ininterrompue → (4) le développement exponentiel de la connaissance du réel et de la maîtrise sur le réel[45] → (5) le vertige du succès.

---

[41] *Op. cit.*, p.254.

[42] Il est vrai que l'idéologie de la science comme domaine neutre est de plus en plus battue en brèche. Lire à ce sujet notre Thèse, déjà citée.

[43] *Ibidem,* p.260.

[44] La technoscience a acquis ici le statut de force productive directe, désormais décisive.

[45] Cf. : les technologies diverses, notamment nucléaire, les progrès en biologie de la reproduction avec, notamment, le clonage, les progrès en matière de communication, de manipulation des esprits…

Une telle articulation est-elle au-delà de tout soupçon ? Que cette articulation pusse poser un nombre de questions et de problèmes aussi urgents et lancinants les uns que les autres, cela constitue désormais une évidence, pour toute philosophie soucieuse de mettre à la disposition du monde (ou de faire émerger, pour le monde) un humanisme moderne, nouveau, qui ne ferait en rien rimer puissance et arraisonnement, arraisonnement et anéantissement tendanciel de l'homme et de la planète.

III - Puissance de la raison, déraison de la puissance

A - La puissance comme multipossibilisation

Ce dont il convient de prendre acte, ici, c'est que le développement exponentiel des technosciences, qui implique un accroissement ininterrompu de la puissance, est inducteur de mutations individuelles et sociales multiples à repérer dans le cadre de la linéarité ci-après : (1) créativité technoscientifique → (2) dynamiques démographiques et économico-sociales → (3) interrelation-interdétermination dialectique entre le marché et les technologies → (4) logique dominante capitaliste de sélection des possibles technologiques → (5) création d'univers nouveaux (virtuels) à partir de l'accélération des communications → (6) modification conjointe du cadre existentiel et de l'existant[46] → (7) relance et intensification de la dialectique antagonique Nord-Sud, avec émergence d'un monde de plus en plus contrasté : monde de liberté, mais aussi et surtout d'asservissement de l'individualité aux lois du marché ; monde de puissance, mais aussi et surtout de sujétion, dans le cadre de la dialectique de la violence ; monde de l'opulence, mais aussi surtout de la misère, pour les exclus de la croissance et de la consommation, réduits à la seule subsistance

[46] Dans sa préface de l'ouvrage de Philip Wade et de Didier Falcand, *Cyberplanète. Notre vie en temps virtuel,* Jacques Attali peut écrire : « Les satellites, le net, les ordinateurs portables, feront de lui (l'homme nomade de demain) un être branché, connecté, membre de tribus virtuelles sans cesse renouvelées. Plus tard, les organes artificiels, les machines à enseigner, feront basculer d'autres pans du collectif dans le champ du privé, d'autres services devenant des objets. L'homme sera plus que jamais libre, grâce au jeu combiné du marché et de la technologie. » *Autrement.* Collection Mutations. N° 176. Février 1998, p.14

(aléatoire) et à une existence de seconde ou de troisième main. Ceci démontre à suffisance l'ambivalence des progrès enregistrés.[47]

Mais ne convient-il pas, dans ce repérage de la multipossibilisation de la puissance, et de la dérivation de cette puissance vers la déraison, d'être plus méthodique, en resituant cette multipossibilisation au niveau de la connaissance, au niveau de la pratique (forces productrices et rapports sociaux de production) et au niveau global de l'évolution du sujet humain vers l' « homme-dieu » ? C'est bien à cela que nous allons consacrer ces brèves lignes.

1 - La multipossibilisation de la connaissance

On peut le constater : c'est bien d'une révolution qu'il s'agit dans tous les domaines de la connaissance et de la vie, et cette révolution, produit du génie inventif de l'homme, met à la disposition d'un nombre de plus en plus grand de personnes un ensemble de données nombreuses, précises, précieuses[48]. Comme le montrent Philip Wade et Didier Falcand pour ce qui est de l'information : « Il n'y a pas que l'accès au savoir qui reçoive un nouvel élan, c'est sa nature même qui est appelée à changer, grâce à la mise en réseau. La valeur de l'information partagée est d'autant plus importante que le nombre de sources est élevé. Plus il y a d'acteurs, plus la valeur ajoutée de chacun a d'impact et plus le résultat est pertinent[49]. Les voies de

---

[47] Sans que cela relève d'une futurologie idéaliste. Jacques Attali montrera par exemple les conséquences du multimédia : « Le multimédia creusera la différence entre ceux qui participent du savoir et ceux qui en sont exclus. Entre ceux qui produisent les informations et ceux qui les subissent. Entre ceux qui manipulent et ceux qui sont manipulés par elles. Entre les nomades de luxe et les nomades prolétaires qui devront voyager pour survivre » *Ibidem*, pp. 14-15. Comment ne pas interpréter les vagues d'immigration SUD-NORD à la lumière de ces lignes de Jacques Attali ?

[48] On parle à ce niveau par exemple de la numérisation du patrimoine mondial, du stockage d'informations (écrits, sons, images) à accès universel, mieux conservées, de reviviscence même de données du patrimoine mondial que le temps vouait à la dégradation.

[49] Il est vrai que cette affirmation, tout à fait idéologique, instaure une dictature de la forme (du moyen) sur le contenu, et celle du nombre, qui ne peut *a priori* être survalorisé.

l'immatériel apparaissent ainsi comme de véritables démultiplicateurs de l'intelligence collective. »[50]

Cette multipossibilisation de la connaissance concerne évidemment tous les domaines et secteurs :

• Développement ininterrompu de l'informatique et de la micro-informatique (la guerre aura ici servi de véritable accélérateur) avec accès à l'ère du micro-ordinateur et des autoroutes de l'information globale de la société : « La révolution de l'information changera pour toujours la façon dont les gens vivent, travaillent et communiquent les uns avec les autres. » note Joël de Rosnay.[51]

• Emergence du multimédia qui rend possible l'accès instantané et direct à toute information disponible avec développement corrélatif de l'interactivité communicationnelle[52] dans le cadre d'une véritable « **agora électronique** ».[53]

• Instauration d'une nouvelle culture « cybernautique » à laquelle tous, à tout âge, et de toutes conditions, s'initient pour une adaptation meilleure à ce nouveau monde, « labyrinthe des temps modernes » selon Jacques Attali.[54] Cette nouvelle culture produit, du moins théoriquement (1) épanouissement de la pensée libre → (2) diversité et élargissement des horizons de la pensée → (3) ouverture à tous fantasmes possibles.[55]

---

[50] *Op. cit*, p. 21. Référence est faite ici au « cerveau planétaire », au « cybionte » dont parle Joël de Rosnay dans son ouvrage *L'Homme symbiotique Regards sur le troisième millénaire*. Paris. Le Seuil. 1995

[51] *Ibidem*, p. 40.

[52] On peut lire à ce niveau : « Avec l'arrivée de l'Internet, toute information dispensée, quelle qu'en soit la nature, peut faire l'objet, de manière systématique, de questions et de remarques sur la base d'un dialogue entre l'émetteur de l'information et celui qui la reçoit [...] qui peut devenir à son tour émetteur. Le courrier électronique en est le vecteur, chaque serveur ayant son adresse E mail propre. Tour à tour, le citoyen et le consommateur ont la parole, ce qui constitue une innovation importante. » *Ibidem*, p.48

[53] *Ibidem*, p. 48

[54] *Op. cit.*, p. 75

[55] Philip Wade et Didier Falcand décrivent dans les lignes qui suivent le comportement du netsurfeur : « le netsurfeur anonyme peut assouvir virtuellement tours ses désirs les plus fous ou inavoués, transgresser les interdits ou céder à ses pulsions, qu'elles soient innocentes ou perverses. Il peut aussi s'adonner aux plaisirs du travestissement en endossant une fausse (vraie) identité, comme « avatar virtuel » *Ibidem*, p. 76

• Emergence d'une nouvelle vision, unifiée, de la nature comme de la société. Avec Joël de Rosnay[56], on peut suivre les diverses transitions, notamment celles de la révolution industrielle à la révolution biologique ; celle de l'information à la médiamorphose, à l'Internet ; celle qui conduit à la synthèse de la vie... Comment ne pas caractériser, après l'auteur de *L'Homme symbiotique*, cette nouvelle vision ? « Après l'éclatement, l'éparpillement, la dispersion des disciplines qui découpaient la nature en territoires de plus en plus spécialisés, une vision de synthèse émerge. Elle rapproche et féconde les disciplines dans une harmonieuse cohérence [...] Elle débouche sur les sciences de la complexité, nouveau carrefour de la rencontre entre l'analytique et le systématique. »[57]

Pour tout dire, cette multipossibilisation de la connaissance, il faut en prendre acte à un nouveau double : **au niveau paradigmatique** d'abord, où se trouve révélée la mutation interne de la méthode scientifique[58] elle-même vers une méthode nouvelle, au-delà de toute unidimensionnalisation, une méthode nouvelle qui intègre la complexité[59] ; **au niveau expérimental pratique** ensuite, puisque la connaissance (multipossibilisée) est tout à la fois connaissance de l'homme, de son évolution, de l'histoire, du monde, de l'environnement, de la vie et surtout, de la connaissance elle-même.

2 - La multipossibilisation de la pratique

Rien d'étonnant, dès lors, que la multipossibilisation de la pratique soit aussi au rendez-vous. Mais il faudrait intégrer dans le concept de pratique essentiellement les éléments qui ressortissent de l'activité instrumentale et de l'organisation du réel et du social, de manière à mieux cerner, et ce par contreposition, ceux qui resssortis-

[56] *Op. cit.*

[57] *Op. cit*, p. 35.

[58] Dépassement de la méthode scientifique traditionnelle (qui sépare, isole, disperse, émiette...) dont la conséquence est la parcellarisation, la disjonction, la juxtaposition des éléments de la connaissance.

[59] « Indispensable pour fonder la science, la démarche analytique ne suffit plus pour expliquer la dynamique et l'évolution des systèmes complexes, les rétroactions, les équilibres, les accroissements de la diversité ou l'auto-organisation. Il était donc nécessaire qu'émergent de nouvelles méthodologies d'organisation des connaissances face à la complexité du monde. » Joël de Rosnay. *Op. cit.*, p. 37

sent de l'éthique (ou de l'an-éthique) et qui ne posent plus comme nous le verrons, de manière transcendantale, l'hominisation comme valeur absolue.

C'est donc dans un monde nouveau que nous sommes désormais insérés, du fait de l'introduction d'un nouvel espace-temps ; les modes de vie, de travail, d'aménagement du territoire, d'organisation de l'existence et de la coexistence... sont profondément modifiés, modelés, dans le cyber-village mondial[60]. Rien n'échappe donc à l'impact de la puissance, pas même le travail[61], la consommation, les échanges, l'organisation démocratique de la société[62], l'intégration des TIC dans l'administration... Quoi de plus normal dès lors, que toutes ces modifications et transformations soient porteuses d'enjeux, culturels et politiques[63]? Nous avons évoqué les échanges et le commerce : quelles modifications, notamment à partir de la croissance des industries de l'information et de la communication[64] ! Mais aussi, et nous le verrons, quel accroissement des inégalités planétaires, notamment pour un Tiers-monde nécessairement intégré, mais qui vit le dilemme de la marginalisation[65] et de la phagocytose ![66]

3 - Vers l' « homme-dieu » ?

Investi de puissance et pourquoi pas (du moins tendanciellement) de toute-puissance, le nouveau sujet humain n'aspire-t-il pas à devenir, pratiquement, un **« homme-dieu »** ? Mais parler d'un « homme-dieu » renvoie à cette maîtrise de plus en plus grande des processus vitaux (de la conception à la mort) à partir d'une amélioration accrue de la santé, des soins, et d'une substitution recherchée à la transcendance divine dans le procès de création et de production de la vie[67], notamment à partir des procédés du clonage. Et il est clair que

---

[60] De ce modelage, de ces modifications, émergent avantages nombreux et dérives multiples que précisément notre prochaine section va examiner.

[61] Apparition du télétravail.

[62] Dans la cyberdémocratie, les règles du jeu démocratique sont modifiées et le rôle des syndicats et autres organisations traditionnelles peut se diluer...

[63] Sur le plan proprement culturel, même la création se trouve affectée, vu l'influence des techniques sur l'art : cf. l'art informatique.

[64] L'on peut parler à ce niveau de géographie électronique.

[65] Par résistance à cette intégration.

[66] Du fait de la logique (capitaliste-libérale) du système. C'est elle qui innerve, globalement, la mondialisation.

[67] Qu'il s'agisse de la vie animale ou qu'il s'agisse de la vie humaine.

les perspectives (de plus en plus certaines, ou de moins en moins utopiques) d'application à l'homme de ce transfert de noyaux de cellules (ce en quoi consiste le clonage) ne manquent point de poser de nombreux problèmes, notamment éthiques[68].

C'est donc à un « homme-dieu » que nous avons affaire, un « homme-dieu » qui a récupéré de Dieu tous ou au moins certains de ses attributs, au premier rang desquels celui de créer, de conférer la vie, sans pourtant que l'on soit sûr que l'essence du nouvel être créé à partir du clonage soit une essence divine, ou même humaine, ce qui en ferait un être libre, assumant le choix de son propre être et de sa propre histoire…[69] Que de problèmes, dès lors, pour cette multipossibilisation de la puissance !...

B - Multipossibilisation de la puissance et arraisonnement

Pouvant libérer le meilleur comme le pire[70], l'articulation de la raison et de la puissance ou plutôt la dérivation de la puissance à partir de la raison se vit désormais sous le mode de l'ambivalence. Ce ne sont évidemment pas les effets positifs de l'articulation qui feront ici l'objet de notre examen, pour autant que ces effets positifs ne posent pas en eux-mêmes problème. Ne permettent-ils pas à l'homme d'acquérir une stature nouvelle, une dimension nouvelle, l'homme pouvant en principe réaliser sa plénitude d'essence dans et par la

---

[68] Même s'il faut distinguer à ce niveau une finalité thérapeutique et une finalité proprement reproductrice du clonage. « Les questions morales posées par cette utilisation thérapeutique du clonage humain dépendent de la manière dont on considère l'embryon […] Il est difficile de juger les clonages embryonnaires humains à finalité thérapeutique ou productrice selon les mêmes références morales. En effet, la fabrication de clones d'embryons humains en tant que source de greffes cellulaires revient sans conteste à réifier l'embryon, qui cesse, dans ce cas, d'être un projet de personne. » Kahn, A., *Et l'homme dans tout çà* ? Paris. NIL Editions 2000 p.228.

[69] Dieu est traditionnellement considéré comme créateur, auteur de toutes choses, qui tire le monde du néant, lui indique une trajectoire après lui avoir affecté un sens. Transcendant, mystérieux (même s'il est connaissable parce qu'il se révèle dans l'histoire), il est maximum d'essence et de bonté et, au plus haut point, toute-puissance.

[70] Il n'y a pourtant pas ici affirmation d'une neutralité *a priori* de cette technoscience-puissance, qu'il faut toujours articuler, comme moyen, à des fins subjectives et/ou sociales.

complétude de plus en plus intégrale d'une existence maîtrisée, choisie, téléologisée, à partir d'une articulation (souhaitablement) réussie de la connaissance et de la *praxis* ?

C'est donc d'une dangereuse et ridicule méprise qu'il agit, dans le combat que mènent contre les « technophobes »/ou « technopessimistes » les prétendus défenseurs d'une technoscience (puissance) auréolée de toutes les vertus[71]. Il n'est évidemment point ici question de « diaboliser » la technoscience, et encore moins, de procéder à son rejet. Ce dont il s'agit, c'est d'un travail de fond, à la fois analytique, éthico-axiologique et politique-prospectif, à partir duquel la logique interne de la rationalité (notamment instrumentale) une fois mise en lumière, se démontre patiemment, méthodiquement, sereinement, (1) l'articulation de la logique de la puissance avec les intérêts, non point d'une connaissance pure, mais d'une économie en tous points organisée en fonction de la loi de la valeur, fondement transcendantal du libéralisme, (2) la sélection des possibles technoscientifiques sur la base de cette loi de la valeur hypostasiée, (3) la réalité (et non pas seulement la possibilité) des dérapages et de la mécréation/décréation, sur la base de cette sélectivité qui n'est pas *a priori* adossée sur l'impératif de l'hominisation maximale, un impératif éminemment politique, (4) l'urgence (désormais vécue par tous, au Centre comme à la Périphérie), d'une reprise réflexive de nature double, par la philosophie, et qui porterait moins sur le fait d'adopter la technoscience (ou de la rejeter) que sur celui de la prévention (éthico-politique) des risques et catastrophes, à partir d'une mise en perspective, humaniste, de l'avenir.

Ce travail patient, systématique et serein, ne nous parait guère fait par de nombreux idéologues qui reprennent, de manière quelque peu incantatoire, certaines formules valables tirées de *l'Essai sur la problématique philosophique dans l'Afrique actuelle*[72], du genre : « **se saisir du secret de l'Occident** », « **s'emparer de son arme secrète** »..., au nom de la libération et du développement. Ce que font au contraire ces idéologues, et qui relève d'une stérile éristique, c'est la

[71] Et nous pensons ici particulièrement à Lucien Ayissi, auteur de l'article « Essai de clarification du rapport de l'Afrique à la technoscience » paru dans les *Annales de la Faculté des Arts, Lettres et Sciences Humaines.* Université de Yaoundé I. Vol. 1. N° 4. Nouvelle série 2005. Premier Trimestre. PUY.2006

[72] Yaoundé, CLE, 1971.

désinformation idéologique sur le travail qui concerne la rationalité[73], car, de cette rationalité, il faut bien parler : ce n'est pas tout que d'en hypostasier les effets, de démontrer que c'est à partir d'elle ou grâce à elle que la domination et aussi la libération du Tiers-monde et de l'Afrique sont possibles ; ce n'est pas tout que d'hypostasier cette rationalité elle-même, affectée d'un coefficient valoriel définitif ou plutôt, définitivement positif, sans qu'à un seul moment puissent être entrevus, outre l'occultation de ce que la rationalité est, en son fond, plurielle, la réalité de l'arraisonnement dans la gestion de la nature et dans celle de l'homme et du monde.

1 - Arraisonnement du réel

Quoi de plus actuelles, dans ce contexte, que la critique et la remise en cause des formes et modalités de la gestion de la nature (sol, sous-sol, air), une gestion qui est une irresponsable exploitation des ressources, au nom de l'impératif transcendantal du libéralisme à savoir la productivité maximale pour le profit, sans que se posent corrélativement ces questions liées : (1) le profit, certes, mais le profit de qui ? (2) le profit, maintenant, certes, et demain ?[74] (3) notre bonheur maximal aujourd'hui, certes, et celui des générations à venir ? (4) notre maîtrise totale de la planète maintenant, certes, mais au risque de catastrophes et possiblement, de l'anéantissement même de la planète ?[75]

---

[73] Lucien Ayissi, plutôt que de critiquer de façon aussi tranchée les textes de Sidiki Diakite : *Violence technologique et développement* (Paris. L'Harmattan, 1985) et de Pius Ondoua : sa thèse de Doctorat d'Etat, citée haut, et un article paru dans les *Annales de la Faculté des Lettres et Sciences Humaines* : « Technoscience et Humanisme. Plaidoyer pour une épistémopolitique » (Série Sciences Humaines. Vol. V.N° 1. Janvier 1989), gagnerait à relire sereinement la thèse, pour y retrouver (1) l'articulation réelle (actuelle) du *logos* de la technoscience avec la logique de l'asservissement, (2) l'impossible assimilation de la rationalité-puissance avec tout le possible de la rationalité (3) le danger d'une occultation des dérives de la puissance (occultation qui constitue une institutionnalisation de l'éthique de l'irresponsabilité, dangereuse pour le présent et l'avenir) (4) l'obligation, pour le Tiers-monde, de passer de la problématique du transfert seulement à celle de la créativité technoscientifique, (5) l'ouverture à une problématique de la raison plurielle.

[74] Il y a là blocage de l'horizon de l'avenir par de douteux impératifs du présent.

[75] Que d'ouvrages, pourtant, sur cette nécessité pour l'homme de valoriser la nature, l'homme devant avoir des devoirs vis-à-vis du monde ! Lire Luc Ferry : *Le nouvel ordre écologique*. Paris. Grasset, 1992.

Raison plurielle et humanisme de l'avenir

a) Arraisonnement de l'homme /des hommes

Des deux processus que sont l'**hominisation** (biologique) et l'**humanisation** (historico-sociale), nous savons que le second est le premier, (primauté axiologique) même si désormais, l'on tend à utiliser ces deux concepts de manière interchangeable. L'hominisation une fois réalisée (en tant qu'émergence de l'*homo sapiens)*, l'humanisation reste à faire, patiemment, méthodiquement, en société, pour l'émergence de la subjectivité, de la liberté, de l'autonomie, et pour l'auto-inscription du sujet dans une histoire traversée de part en part par une problématique du sens (du double point de vue de la signification et de la destination), problématique rendue elle-même possible grâce à l'intersubjectivité. Pour Luc Ferry, « Là où il n'est pas de sujet auquel on prête, fût-ce par analogie, une certaine forme de liberté, une capacité d'intentionnalité, il n'est jamais aucun sens possible. »[76]

Dans le « cybermonde », intégrant la logique libérale du profit et l'hypostase dudit profit, quel statut de l'individualité, de la subjectivité ? Le sujet est-il toujours valeur, siège du sens, acteur privilégié de l'histoire ? Que de transcendances nouvelles, au premier rang desquelles la technoscience elle-même, le progrès, malgré l'illusoire et idéologique liberté[77] dont l'effectuation est loin d'être au rendez-vous (et c'est bien là un euphémisme) ! Les manipulations diverses de l'individualité, de la liberté, de la volonté, des comportements, du bagage génétique, ne peuvent-elles pas constituer ce que nous pourrions appeler **attentat contre l'humanité de l'homme ?** Il n'est d'ailleurs pas sûr, en revenant au problème du clonage, que le désir d'immortalité porté par ce processus soit autre chose qu'un arraisonnement, et ce désir n'est-il pas tout à fait illusoire, pour ce qui concerne cette immortalisation même de l'homme ?

En tout état de cause, que dire de l'unicité de l'être, de la singularité du sujet, dont les caractéristiques essentielles, n'émergeant pas de la volonté d'autrui, devraient relever plutôt du choix personnel

---

[76] En collaboration avec André Comte-Sponville. *La sagesse des modernes*. Paris. Robert Laffont. 1998. p. 275

[77] L'insistant rappel des Droits de l'homme n'est-il pas à la mesure des menaces récurrentes pesant sur eux ?

d'essence, puisque le sujet est et a à être ?[78] Quelle irréductibilité de l'être, de la personne,[79] un être prédéterminé désormais dans ses caractéristiques essentielles en tant qu'être cloné-créé par l'homme ?

b) Arraisonnement de la planète : la mondialisation

Si la nature est ainsi arraisonnée, si l'organisation de l'existence et de la coexistence des hommes est ainsi placée sous le mode de l'arraisonnement, cela signifie donc que la rationalité de la domination est en marche à la dimension même de la planète tout entière. Ceci se comprend aisément. Jacques Ellul le faisait déjà remarquer avec pertinence : « *La puissance de la technique s'actualise dans une technique de la puissance.* »[80] Non seulement la maitrise-domination du monde est assurée, grâce à la puissance, mais encore l'extension universelle de cette rationalité s'auto-institue et se légitime : le monde entier est arrimé à cette rationalité-puissance au point où se trouve réalisée la « *mondialisation pratique et symbolique du système* »[81]. C'est bien à la lumière de cette mondialisation pratique et symbolique qu'il s'agit de saisir-interpréter l'histoire et les relations homme-nature, hommes-hommes, et celles des sociétés entre elles. Comme preuve actuelle, les rapports Nord-Sud, rapports d'exploitation du Sud par le Nord, sur la base de la puissance[82]. En tout état de cause, la mondialisation, qui se présente (du point de vue de l'idéologie dominante) comme sens (unique ?) de l'histoire, n'est en fait rien d'autre que l'arraisonnement en marche, aux divers niveaux que sont l'économique, le politique et le culturel.

---

[78] Axel Kahn, insistant sur l'unicité de la personne, peut dire : « peut-être avons-nous été créés à l'image de Dieu, mais certainement pas à celle d'un autre homme. De quel droit et sous quel prétexte accepter que des hommes se voient reconnaître ce privilège unique et inouï de décider que d'autres vont naître qui leur ressembleront si étroitement, dont ils auront décidé tant de traits essentiels ? »*Op. cit.* p. 237

[79] Notamment pour un « enfant à la carte » ? Lire : Jacques Testart. *Le magasin des enfants. F. Bourin.* Paris. 1990

[80] Jacques Ellul, *Le système technicien.* Paris. Calmann-Lévy. 1977. p. 142

[81] « Technoscience et humanisme. Plaidoyer pour une épistémopolitique ». *Annales de la Faculté des Lettres et Sciences Humaines.* Vol. VI. N° 1, Janvier 1989 p.61.

[82] On a ainsi : (1) raison-logos (norme unique de compréhension du réel) → (2) puissance (modalité pratique unique de gestion du réel) → (3) norme historique d'évolution des sociétés → (4) hiérarchisation des sociétés sur la base de la puissance technoscientifique.

2- Arraisonnement, déraison et décréation

Il est évident que la puissance arraisonnante, de même que la mondialisation qu'elle permet, si elles ont pu soulever de nombreux espoirs d'élargissement de l'aire mondiale du développement, n'en ont pas moins engendré de graves inquiétudes pour l'avenir même du monde[83].

a) - Raison et déraison

Comment ne pas interpréter, de manière dialectique, cette possible transition de la raison à la déraison, du rationnel à l'antirationnel ? La puissance dérivant du rationnel ne produit-elle pas, en tant que dimension exclusive de la rationalité, une domination pour le moins antirationnelle ? Ne peut-on pas relire avec intérêt ici ces lignes de Dominique Janicaud : « L'humanité est précipitée, malgré elle (mais aussi de sa propre faute !) dans une course à la puissance qu'elle n'a pas choisie et qu'elle maîtrise de moins en moins. Pour que l'histoire pût définitivement s'éclairer comme l' « humanisme achevé », il eût fallu que la puissance fût, dès l'origine, à la mesure de l'homme » ?[84] Peut-on encore faire rythmer rationalité et raisonnabilité, raison et bon sens, de manière quasi automatique ? Rien n'est moins sûr !

On le voit bien : le destin de puissance impliqué par la rationalité renvoie, nécessairement, à la domination, **principielle**, de tout, du tout[85], dans un processus cumulatif, mais qui ne saurait, sauf déraison/irrationalité, être la totalité même (exclusive) de la rationalité. Il s'agit là d'un réel renversement tout à fait paradoxal de la rationalité en irrationalité, du fait même de l'irrationalité du processus de rationalisation intégrale du réel et du fait de l'arrimage de ce processus à la logique libérale dominante.

---

[83] On comprend aisément le mouvement antimondialisation, qui milite pour une mondialisation autre, avec une autre logique que la logique actuelle qui est hypostase du libéral, hiérarchisation, imposition du schéma général du capitalisme…

[84] Dominique Janicaud, *La puissance du rationnel*. p.339

[85] « Toute rationalité potentialise. Il n'y a pas […] de rationalité non dominatrice », note Dominique Janicaud. *Op. cit.*, p. 341

b) – Déraison et décréation[86]

De la déraison à la décréation et à la mécréation, le pas est facilement fait, la distance vite franchie : la bioéthique fait-elle autre chose que de prévenir toute menace à l'hominisation, à partir de l'analyse des effets réels ou potentiels de la puissance, et ce pour qu'une réponse, humaniste, soit donnée aux problèmes philosophiques que suscite cette puissance ? Au premier rang de ces problèmes philosophiques, la possibilité même de la remise en cause de la singularité originelle et de la prééminence du sujet humain, être rationnel "d'essence divine". On pourrait encore citer l'éclatement du concept de progrès, et **la transition du progrès à la barbarie**. Si le progressisme ascensionnel d'un Jean-Paul Sartre pour ce qui est de la technoscience[87] est ici battu en brèche, tout comme l'idéologie positiviste d'Auguste Comte, c'est bien parce que l'on enregistre la rupture de la linéarité (1) progrès technoscientifique → (2) évolution globale continue → (3) plénière réalisation de l'homme, des hommes, des sociétés.

c) – Décréation et catastrophe

Il ne faudrait pourtant pas voir dans le discours que nous tenons un recul dans l'irrationalisme, ni un rejet massif (technophobe) de la technoscience, mais tout simplement la conscience des risques de catastrophes, qui constituent de réels risques pour l'hominisation. L'on ne saurait, comme l'ont fait/le font par exemple certains philosophes hystériquement technophiles, procéder à une essentialisation de la rationalité[88], corrélative d'une occultation de la déraison[89] de la rationalisation technoscientifique, occultation elle-même adossée à un positivisme idéologique de type comtien qui est nécessitarisation historiciste du cours d'une histoire saisie comme inexorable cheminement vers le maximum de technoscientificité, vers le libéralisme, sans

[86] Les concepts de décréation et de mécréation sont de Jean Marc Gabaude et renvoient au constat des dérives (potentielles/réelles) de la puissance technoscientifique.

[87] Pour Jean-Paul Sartre, « le progrès des connaissances et des techniques tend par essence vers le bien et le bon » …

[88] A partir de l'absolutisation de la raison-essence, faculté figée non susceptible de remise en cause et après hypostase de la logique du même.

[89] Réelle/potentielle.

que puisse être entrevue la violence qui intègre dans le processus tout et tous, l'unification du monde étant faite (planète unifiée) sur la base d'une internationalisation du modèle occidental/dominant.

Comment ne pas considérer ici ce nouveau sens de l'histoire sous le mode de la reddition totale du monde devant les intérêts d'une logique (loi de la valeur) unique découlant d'une hypostase de la rationalité instrumentale/technoscientifique du fait de la puissance qu'elle promeut ?

IV - Vers une "raison plurielle"

A - La raison et son "autre"

L'interrogation principale qui oriente ce texte est, faut-il le rappeler, celle de savoir si la raison est dépassée. Encore qu'à ce niveau, l'on puisse se demander : dépassée par quoi ? Dépassée vers quoi ?

Y répondre nous situe déjà face à la raison telle qu'elle est traditionnellement posée/affirmée à partir des principes d'identité, de tiers-exclu et de non-contradiction. Or nous venons de voir plus haut le nécessaire éclatement de ce principe, pour le rationnel[90] et aussi, pour que puisse être posée une humanité authentique.

C'est donc d'une véritable **dialectique de la raison** qu'il s'agit : une dialectique qui ne saurait absolutiser ni l'identité, ni le tiers-exclu, ni la non-contradiction. L'architectonique de la raison, à partir de ces principes traditionnels, ne saurait être absolutisée, la raison apparaissant désormais sous le mode du processus et de la progression (hominisation) sans que puisse être occulté ce qui fait l'essence même de l'être humain à savoir la subjectivité[91], comme y tend, programmatiquement, la logique rationaliste dominante dans le positivisme.

---

[90] Dont le déploiement exponentiel, sans anticipation axiologique sur les effets, devient irrationnel.

[91] C'est la critique devenue traditionnelle de l'idéologie positiviste.

Raison plurielle et humanisme de l'avenir

Et si la rationalité est critère distinctif de l'humanité, cette rationalité ne peut être enclose dans la seule instrumentalité telle qu'elle se développe dans les technosciences [92].

Si la rationalité positiviste instrumentale imposa une rupture par rapport au vécu, si elle impose cette « mise à distance objectivante à l'égard du vécu »[93] dont la visée est universalisante et uniformisante, réductrice des diversités individuelles/culturelles et négatrice des originalités et des particularités, **c'est finalement cette rupture qu'il s'agirait de rompre**, pour que soit réaffirmé l'homme (et l'humanité véritable), source du sens de l'existence et de l'histoire. Il conviendrait de prendre acte de l'ambiguïté de la rationalité dominante qui ne devrait pas impliquer l'anéantissement de la liberté d'affectation du sens.

Parler de la raison et de son autre renvoie donc à la relationalité et à l'interrelationalité de l'irrationnel et du rationnel[94] ; c'est d'un retour à ce qui fait fondamentalement l'homme qu'il s'agit, à savoir l'articulation de l'imaginaire, de la conscience, de l'intériorité (insondable), de la liberté, ceci pour limiter le vertige de la rationalisation intégrale. A ce niveau d'ailleurs, la thématique de la complexité que développe Edgar Morin s'avère éclairante, pour cerner le statut de la raison[95] et celui de l'être humain lui-même.

Il y a dans cette position, plusieurs démarches: (1) la réaffirmation de ce que la tyrannie idéologique du positivisme occultait[96], (2) le rejet de l'autofinalisation du rationnel, (3) le rejet de la technoscientificisation de l'essence l'homme et de la totalité du réel, (4) le

---

[92] Jean Ladrière, prenant acte de l'impact culturel/existentiel de la technoscience, montre : « Par sa dynamique même, la science, de manière non explicite, non directement apparente, a complètement bouleversé l'idée que la tradition occidentale s'était faite de la raison, de la vérité, des rapports entre la raison théorique et la raison pratique, de la finalité de l'homme et de la nature de son historicité ; » *Les enjeux de la rationalité. Le défi de la science et de la technologie aux cultures*. Paris. Aubier/Unesco. p.15

[93] *Ibidem*, p. 17

[94] Sans qu'aucun de ces deux pôles ne réalise sa clôture en lui-même et l'extrincésité par rapport à l'autre.

[95] Edgar Morin loge l'irrationnel au cœur même de la raison

[96] A savoir la subjectivité, la transcendance du sujet historique, l'ouverture potentielle/libre à la Transcendance.

dépassement d'une finalisation technoscientifique de l'évolution historique, (5) l'émergence nécessaire d'une raison non arraisonnante, c'est-à-dire d'une raison ouverte, plurielle, promotrice d'une humanité véritable…

B - Rationalité et authenticité : une humanité plurielle

C'est bien autour de trois axes que nous allons maintenant faire évoluer notre réflexion : l'axe des identités plurielles, qui est la reconnaissance de l'émergence diversifiée des identités/singularités ; l'axe du pluralisme des cultures, en menace de résorption par la culture dominante ; l'axe de la "**cosmopolitique**", qui nous permettra de donner, en termes de principes/valeurs, les linéaments d'une organisation "**autre**" du réel, du monde.

1- Identités plurielles

C'est de l'universalité potentielle de l'humanité qu'il faut partir, une humanité en émergence, à développer, en actualisant l'ensemble de ses potentialités. Ici se trouve donc déployée la connexion dialectique/interrelationnelle entre puissance-processus et socialité puisque, pour que la subjectivité individuelle se déploie à son maximum, il faut une intersubjectivité et une socialité à considérer comme données transcendantales. Développant dans un texte antérieur[97], cette importance idée de l'effectivisation progressive et processuelle des potentialités de l'humanité générique en contexte nécessairement social, nous faisions remarquer : « Le devenir-sujet de l'homme conjoint évolution anatomique et physiologique et évolution psychologique, affective et intellectuelle. Et ce devenir-sujet de l'homme va de pair avec le devenir même de la société : le devenir-sujet de l'homme renvoie à l'autoréflexion […][98] d'une part, il renvoie aussi à l'auto-fondation…[99] d'autre part. »

---

[97] "Pour une ontologie de l'être-valeur" Paru désormais dans *Existence et Valeurs. L'urgence de la philosophie*, Paris, L'Harmattan, 2009

[98] Capacité de l'homme d'être conscient de lui-même.

[99] Capacité des hommes, de l'humanité, à fonder le destin de l'humanité elle-même.

Ceci signifie, dès lors, que les fortuités inéluctables de l'humanité, et qui définissent la condition humaine[100], sont gérées, et au bout de cette gestion-gestation, se trouve la production d'une humanité différenciée, diversifiée. Le surgissement de **l'autonomie organisationnelle** s'article ici à l'émergence de **l'autonomie existentielle.** Et c'est avec intérêt que nous lisons ces lignes d'Edgar Morin : « Il ne s'agit pas de poser en alternative ou en pure et simple complémentarité la génétique et la culture. Il faut concevoir en complexité, c'est-à-dire simultanément en chaque être humain : - l'omniprésence génétique – l'omniprésence des évènements du développement individuel – l'omniprésence culturelle. »[101]

Que notre humanité authentique soit ainsi plurielle résulte de l'intégration différentielle, par une nature humaine déjà différenciée d'un individu à un autre, des acquis progressifs, différenciés et cumulatifs de la culture et de la civilisation. Dans le même texte, Edgar Morin nous met en garde : « Il nous faut […] rompre avec le systémisme simplicateur, et tirer une nouvelle leçon de complexité systématique où les termes de système, sous-système, élément, etc […] sont nécessairement relativisés. Il faut d'abord situer le problème de l'individu dans l'unité récursive génophénoménale de l'auto, elle-même située dans l'auto-éco-organisation et éventuellement auto-socio-éco-organisation ; dès lors, l'individu est à la fois de façon complémentaire, concurrente, antagoniste, unité élémentaire, état fugitif, sous-système unité élément/tout, appartenant à plusieurs systèmes à la fois au sein d'une poly-organisation multidimensionnelle. »[102]

Une des conséquences les plus importantes de cette identité plurielle est donc la structuration de cette ontologie de l'indétermination qui allie ouverture et illimination, socialité inéluctable et fortuités biologiques tout aussi inéluctables, liées, fondant cette articulation de l'intériorité à soi à l'ouverture à autrui, conscience et intentionnalité, projection de soi et liberté, ouverture à la problématique (éthique et juridique) des droits et des devoirs humains, immanence et transcendance.

---

[100] Conception, naissance, constitution génétique, sexe, potentialités physiques et mentales, destin sanitaire, sénescence, mort.

[101] Edgar Morin, *La méthode*. II. *La vie de la vie*. Paris. Seuil. 1980. p.137

[102] ***Op. cit,*** p. 149

2 - Pluralisme culturel

Nous passons ainsi, naturellement, des identités plurielles au pluralisme des cultures, dans un monde divers et ouvert. Mais il est vrai que ce pluralisme, qui est richesse, se trouve fondamentalement menacé par l'impérialisme idéologique de la pensée dominante conforme, qui arrime l'univers entier à une seule culture mondiale. Phagocytose programmée de la diversité, arrimage à une historicité unique en lieu et place des diverses particularités historiques, uniformisation des systèmes normatifs (droits, valeurs), unicité du destin historique de l'humanité,... tel se présente le nouveau visage du monde, à l'heure où la déstructuration implique : (1) remise en cause théorique et pratique desdites cultures, (2) effondrement des croyances et des valeurs, (3) ébranlement des assises de l'existence et de la coexistence, (4) rupture du rapport traditionnel du sujet au passé, au présent et à l'avenir, (5) bouleversement de toute la problématique du sens.

Si, comme le note Jean Ladrière « l'essentiel de ce que doit offrir une culture, c'est un enracinement et des finalités »[103], quel enracinement, et quelles finalités, désormais ?[104] Y répondre nous situe au double niveau interne/externe de la reconnaissance et de la permanence des identités, individuelles ou collectives[105]. Faute de reconnaissance, individus et groupes, revendiquant bruyamment (et souvent violemment) le respect et la préservation de leurs identités et valeurs, font constamment peser la menace de la rupture de la cohérence et de l'équilibre de l'ensemble.

Comment, dès lors, envisager le maintien de la complexité et de la diversité, alors que l'histoire est désormais engagée dans une trajectoire qui va du multiforme à l'uniformité ? Ce maintien n'est-il pas, d'ailleurs, la condition *a priori* d'une coexistence réussie (la préservation de la diversité et de la complexité dans la tolérance), pour les individus comme pour les sociétés et les cultures ? Deux linéarités

---

[103] *Op. cit.,* p. 197. Quelle auto-interprétation du sujet, quelle interprétation du procès historique, quelle visée unificatrice de la vie, visée qui est sens, significativité, pour vivre et "convivre" ?

[104] En dehors des finalités dominantes du libéralisme désormais hypostasié.

[105] Il y a ainsi une double dialectique : une dialectique à l'intérieur des sociétés où se joue la double obligation de reconnaissance des individus et des cultures de base (ethniques) et aussi, une dialectique à l'extérieur, vu l'ouverture de l'ensemble des cultures les unes sur les autres.

ne doivent-elles pas être mises en lumière ici, pour l'individu d'abord, pour les cultures et les sociétés, ensuite ?

• **Pour l'individu /les individus** : (1) affirmation des droits de l'homme → (2) affirmation des droits de tous les hommes → (3) égalité/réciprocité de tous, de toutes les subjectivités/individualités → (4) succès possible de la communauté d'existence.

• **Pour les cultures/les sociétés** : (1) affirmation des droits des cultures à l'existence et à la permanence → (2) reconnaissance interculturelle → (3) égalité/réciprocité des diverses cultures → (4) coexistence pacifique des cultures et des sociétés.

3 - Cosmopolitique

Un défi permanent, lancinant, demeure cependant. Le respect des droits de l'homme à l'intérieur des sociétés, la coexistence pacifique des cultures au sein desdites sociétés, n'impliquent en rien la fin de l'impérialisme et du monde inégal où l'affrontement entre **dominants** (nations dotées de la puissance technoscientifique et économique) et **dominés** (nations faibles-exploités) non seulement perdure, mais encore s'intensifie.

C'est donc dire qu'une véritable démocratie mondiale apparaît non comme un mythe ou une utopie, mais comme une normativité et une urgence, du fait que l'autoconstitution/organisation libérale du monde sous la bannière du libéralisme économique pérennise la domination. Et il est vrai que l'unification du champ économique mondial (mondialisation) est grosse de toutes les hypothèques et menaces ; il est aussi vrai que le nouvel ordre mondial pour lequel militent les altermondialistes demeure un défi important à relever. Pour l'altermondialiste Susan George : « l'objectif est de redonner aux peuples, aux citoyens, les moyens de redevenir maîtres de leur destin. Il s'agit d'un objectif hautement politique qui vise à conquérir des espaces démocratiques, à permettre le développement de processus démocratiques. »[106] Si donc un autre monde est possible, si un monde nouveau peut émerger, à quelles conditions ?

[106] Susan George, *Un autre monde est possible si…* Paris. Fayard. 2004, p.25.

C - Histoire et illimitation

L'alternative au monde présent implique, (1) l'instauration d'une solidarité mondiale → (2) la réforme structurelle et institutionnelle des organisations et organismes internationaux tels que l'ONU, le FMI, la Banque Mondiale...[107] → (3) l'initiative économique et politique rendue aux Etats → (4) l'instauration d'une meilleure équité mondiale → (5) un nouvel « esprit du monde »

Ce ne sont là que des axes programmatiques, mais leur effectivisation ne se décline-t-elle pas sous le signe de l'urgence absolue ? Une telle effectivisation ne produirait-elle pas, *a priori*, non seulement une socialité résolument humanisante, non seulement encore un développement humain, mais aussi et surtout la promotion pour tous (individus et sociétés) du **droit à l'avenir**, c'est-à-dire à l'illimitation de l'histoire ?[108] N'est-ce pas là la condition transcendantale de la symbiose sociétale qui seule permet d'articuler complexité et singularités, tolérance et coexistence et ainsi, de donner une figure concrète à cette "**Civilisation de l'Universel**" sur laquelle beaucoup a été dit ?

V - Raison plurielle et humanisme de l'avenir

A - Instauration et restauration

Nous pourrions alors méditer à nouveau ces interrogations de fond formulées par Jean-Marc Gabaude : « L'humanité sera-t-elle dépossédée de son pouvoir de **causa sui** ? L'**être-au-monde** ne sera-t-il plus que « **l'être-au –technocosme** ? » Ces interrogations, de nature ontologique, nous ramènent à cette conscience, nécessaire plus que jamais, de la modification réelle/potentielle, de ce qui fait l'essence et l'environnement même de l'homme. A ces interrogations, ontologiques, s'articulent d'autres, éthico-axiologiques ainsi qu'une mise en garde « Mesure de la technique, sera t il lui même de plus en plus mesuré/démesuré par la technicisation ? Il n'y aura création humaine d'avenir que dans la mesure où hommes et sociétés hominiseront la technique au lieu que ce soit celle-ci qui les technicise. »

[107] Avec l'affectation de finalités autres que les finalités actuelles.
[108] Une création réussite de l'avenir nous semble à ce prix.

Raison plurielle et humanisme de l'avenir

Qu'il y ait positivité de la rationalité en œuvre dans la technoscience, et que cette technoscience puisse permettre, à partir du développement interrompu des forces productrices, de modifier possiblement dans le sens de la libération la condition humaine, voilà ce qui est objectif, à l'heure actuelle. Ce qui est tout à fait objectif et évident aussi, c'est la modification conjointe du réel et du sujet, du contexte et de l'ontologie, que rend possible ce développement ininterrompu des technosciences, dont l'illimitation non finalisée pour l'homme nous introduit dans une trajectoire historique ouverte, certes, mais tout aussi opaque, et surtout, critique.

Comment donc ne pas évoluer vers une raison plurielle, en dépassement de la forme seulement instrumentale/technoscientifique actuellement dominante à partir de laquelle l'unidimensionnalité devient possible/réelle[109] et où la rationalité est devenue mesure apologétique justifiant à la fois les rapports de production existants et le cadre institutionnel mis en place et présenté comme fin même du processus de l'évolution historique ?

Instauration ? Restauration ? Que faudrait-il donc instaurer ? Que faudrait-il donc restaurer ? Il est question bien évidemment, de restaurer/réinstaurer la raison dans sa dimension critique et normative, en lieu et place de la dimension seulement analytique, celle de la puissance. C'est bien le sens profond de ce que nous disions dans un texte antérieur portant sur l'humanisme[110] : « Ordonner le réel grâce à la raison, et finaliser humanistement cet ordonnancement, voilà la tâche fondamentale et permanente de la philosophie ».

B - Eloge de la philosophie

Qu'est-ce donc qu'être philosophe, aujourd'hui ? Et si la philosophie est amour/quête de la sagesse, quelle sagesse aujourd'hui et demain ?

---

[109] Unidimensionnalisation de la connaissance et de la pratique, uniformisation du cadre existentiel, évacuation des problématiques de type métaphysique… C'est bien là le positivisme idéologique que nous avons déjà critiqué.

[110] « L'humanisme, demain.» in : *Existence et valeurs I. L'urgence de la philosophie.* Paris. L'Harmattan. 2009

Etre philosophe aujourd'hui, c'est prendre en charge l'être[111] : à la fois la nature et la subjectivité humaine ; c'est prendre en charge le réel et l'histoire[112] dont il faut resituer le processus du point de vue de la valeur absolue du sujet et de sa transcendance[113], pour battre en brèche le triomphalisme scientiste/positiviste[114] ; c'est, en un mot, la recherche d'une sagesse du présent à partir de laquelle le sujet humain, de nouveau perçu comme transcendance, retrouve sa valeur absolue.

La philosophie, urgence du présent et de l'avenir. C'est ce que nous soutenons. Et le présent, lesté de négativité, d'aliénation, de crainte, ne constitue-t-il pas une hypothèque pour un avenir opaque dont l'issue, sauf anticipation axiologique, pourrait bien être la catastrophe ?

La sagesse du présent et de l'avenir n'est rien d'autre que le redimensionnement du sujet humain, responsabilisé au plus haut point dans ce choix d'essence et d'existence de l'homme[115] à partir d'une philosophie des valeurs qui permette à l'homme de se conduire comme le sage stoïcien, c'est-à-dire divinement → raisonnablement → naturellement → harmonieusement.

Dans notre monde ouvert, transformé/déformé, aux défis multiples et aux urgences nécessairement contradictoires, ne revient-il pas à la philosophie de rappeler la nécessité de ce vivre-mieux que l'on nomme encore sagesse ? Comment donc répondre aux questions fondamentales de l'être, de la vie, de l'avenir, du sens, si ce n'est en philosophant ?

---

[111] Retour à la problématique ontologique.

[112] Philosophie de l'histoire.

[113] C'est le point de vue de la normativité et des valeurs.

[114] Problématique épistémopolitique.

[115] Un homme en menace de décréation, si une réflexion éthico-axiologique ne prend pas en charge des hypothèques de l'hypertechnologisme et n'oriente pas la sélection des seuls possibles technologiques créateurs d'avenir humaniste.

BIBLIOGRAPHIE

AYISSI, L., 2006, « Essai de clarification du rapport de l'Afrique à la technoscience ». *Annales de la Faculté des Arts, Lettres et Sciences Humaines*. Université de Yaoundé I. Vol. 1. N° 4. Nouvelle série. PUY.

BENOIST, J-M., 1975, *La tyrannie du logos*. Paris. Editions de Minuit. Collection « Critique »

CHATELET, F., (sous la direction de), **1972**, *La philosophie païenne. Du VIè siècle avant Jésus-Christ au IIIè siècle après Jésus-Christ*. Paris. Hachette Littérature.

COMTE-SPONVILLE, A., & FERRY, L., 1998, *La sagesse des modernes. Dix questions pour notre temps*. Paris. Robert Laffront

de ROSNAY, J., 1995, *L'homme symbiotique. Regards sur le troisième millénaire*. Paris. Le Seuil.

DIAKITE, S., 1985, *Violence technologique et développement*. Paris. L'Harmattan.

ELLUL, J., 1977, *Le système technicien*. Paris. Calmann-Lévy.

FERRY, L., 1992, *Le nouvel ordre écologique*. Paris. Grasset.

GABAUDE, J-M., 1970, *Liberté et raison. La liberté cartésienne et sa réfraction chez Spinoza et Leibniz*. Tome 1. Toulouse. Imprimerie ESPIC.

GEORGE, S., 2004, *Un autre monde est possible si …* Paris. Fayard.

GUIBERT, B., & LATOUCHE, S., (sous la direction de), **2006,** *Antiproductivisme, altermondialisation, décroissance*. Paris. Parangon.

JANICAUD, D., 1985, *La puissance du rationnel*. Paris. Gallimard.

KAHN, A., 2000, *Et l'homme dans tout ça ? Plaidoyer pour un humanisme moderne*. Paris. NIL éditions.

LATOUCHE, S., a) **2002**, *La déraison de la raison économique*. Paris. Albin Michel. b) **2000**, *La planète uniforme*. Paris. Climats.

LEBEAU, A., 2005, *L'engrenage de la technique. Essai sur une menace planétaire*. Paris. Gallimard.

MORIN, E.,

1973, *Le paradigme perdu : la nature humaine*. Paris. Le Seuil

1977, *La méthode.1. La nature de la nature*. Paris. Le Seuil.

1980, *La méthode.2. La vie de la vie*. Paris. Le Seuil.

1982, *Science avec conscience*. Paris. Fayard.

1986, *La méthode.3. La connaissance de la connaissance/1*. Paris. Le Seuil.

1994, *La complexité humaine*. Paris. Flammarion.

ONDOUA, P., **1989**, Janvier, « Technoscience et humanisme. Plaidoyer pour une épistémopolitique ». *Annales de la Faculté des Lettres et Sciences Humaines.* Université de Yaoundé. Série Sciences Humaines. Vol. n°1.

1989, Avril, *Positivité scientifique et positivisme idéologique. Une analyse épistémopolitique du fétichisme de la science.* Thèse de Doctorat d'Etat. Toulouse.

ROSE, H. & ROSE, S., et al. **1977,** *L'idéologie de/dans la science.* Paris. Le Seuil.

ROBERT, J., 2006, *La domination du monde.* Paris. Julliard.

TESTART, J., **2006**, *Le magasin des enfants.* Paris. F. Bourin.

VARVOGLIS, M., 1992, Avril, *La rationalité de l'irrationnel.* Ed. Inter Editions.

WADE, P., **& FALCAND, D., 1998,** Février, *Cyberplanète. Notre vie en temps virtuel.* Autrement. N° 176.

ENTRETIEN N° I

QUELLE COSMOCITOYENNETE ?

UNE RELECTURE DE JÜRGEN HABERMAS

Août – Septembre 2007

I - CONSIDÉRATIONS PRÉLIMINAIRES. VERS UNE CITOYENNETÉ MONDIALE ?

Jean Bertrand Amougou : *Le monde actuel est bien un monde en marche : il est animé d'une dynamique de transformation structurelle dans le sens de la mondialisation, il s'unifie, s'uniformise, au plan des représentations et idéologies comme au plan de l'organisation, c'est-à-dire des structures et des institutions. Est-ce cela qui justifie votre choix du thème de la cosmocitoyenneté pour nos entretiens ?*

Pius Ondoua Olinga : Le philosophe, qui prend acte des évolutions multiformes du monde actuel, peut-il rester insensible à ces évolutions ? Comment **peut**-il ne pas prendre en charge, sur le plan conceptuel, ces évolutions, pour en saisir les modalités, les rythmes (notamment avec leurs accélérations), les acteurs (aux visages désormais divers), les finalités (dont la transparence est loin d'être assurée) ? Encore que cette prise en charge conceptuelle, urgente, doive être menée du point de vue de l'affectation aux dites évolutions, de l'homme-valeur, comme finalité transcendantale.

Le choix de la cosmocitoyenneté comme sujet de nos entretiens se justifie par rapport à la nécessité de réfléchir sur ce que peut bien être la citoyenneté mondiale, ce qui implique que l'on redéfinisse le statut même du citoyen, le cadre de l'exercice de cette citoyenneté (**dialectiques internes**), à savoir l'**Etat-nation**, au moment même où l'interrelation des Etats-nations amène à l'émergence de grands ensembles d'institutions supranationales **(dialectiques externes),** au point où se pose de plus en plus, de manière lancinante, cette question fondamentale : Quel avenir pour l'Etat-nation ?

Jean-Bertrand Amougou : *Quand on vous écoute, on a l'impression que tout est "en examen", la citoyenneté, l'Etat-nation, la dialectique des grands ensembles, la dialectique globale du monde...*

Pius Ondoua Olinga : C'est bien cela. Cet examen me semble urgent. Le statut du citoyen ? Bien sûr, si les modifications structurelles internes de l'Etat-nation hypothèquent l'effectivité de l'autonomie privée du sujet de droits. Ce qui a comme conséquences la modification du rapport du sujet à lui-même, et celle de l'intersubjectivité au sein de la nouvelle figure du social. Le statut même de l'Etat-nation dans ses relations avec les autres Etats-nations et au sein des grands ensembles et du monde global ? Assurément aussi, puisque l'on passe de la souveraineté formelle et postulée des Etats-nations à leur assujettissement à une logique dont les articulations et le déploiement dérivent de finalités qu'il s'agit de saisir, de comprendre, non point comme résultant de la nature même du réel et de ses exigences, mais comme choix stratégiques, politiques, économiques, de forces à figures multiples, arrimées elles-mêmes à la loi de la valeur dont les valeurs cardinales sont (1) **efficience** → (2) **arraisonnement maximal** → (3) **valorisation maximale**, la figure du monde nouveau (issu de la mondialisation) et les valeurs cardinales de ce monde bien évidemment aussi, puisque l'extension des marchés et des liens multiformes des économies à l'échelle de la planète ne manquent pas d'avoir des conséquences multiples (liens d'interdépendance entre les hommes, entre les activités humaines, entre les systèmes idéologiques et politiques) dont le paroxysme est atteint lors de l'imposition d'une figure (dominante) unique à ce monde, avec minoration et résorption programmée des diversités et des différences.

Jean-Bertrand Amougou : *Ce processus historique qu'est la mondialisation, ne pouvez-vous pas à titre provisoire nous en donner quelques éléments à ce niveau ?*

Pius Ondoua Olinga : Nous en ferons une analyse détaillée dans une partie spécifique. Mais on peut déjà placer l'ensemble du processus dans la dynamique d'une interdépendance de plus en plus totale autant des économies que des politiques. Tous les aspects sont ici liés : de la **mondialisation économique**, on passe à l'**aspect culturel** (résorption progressive de la diversité culturelle dans le cadre de l'unique culture mondiale hypostasiée)[116] et à l'**aspect politique**.

Vous parlez de la mondialisation comme processus historique, et vous avez entièrement raison. Mais cela sous-entend que c'est au détour d'une analyse historique diachronique que l'on peut en saisir la

[116] Sur le plan proprement culturel, c'est l'émergence de l'idéologie mondialiste, dont les trois axes sont (1) l'inéluctabilité de la mondialisation → (2) l'incompatibilité de la mondialisation avec la structuration actuelle des Etats-nations → (3) l'ouverture tous azimuts, et dont la finalité se pose comme l'instauration d'une paix perpétuelle (problématique kantienne ?), et la modalité comme l'instauration d'une gouvernance mondiale.

dynamique et montrer par exemple, les extensions des empires (carolingien IXè - Xèsiècles), l'ouverture de routes commerciales, la Renaissance (XVè siècle) comme étape privilégiée (avec la multiplication des échanges maritimes intercontinentaux et les grandes découvertes), les Lumières, la Révolution industrielle du XIXè siècle (l'industrialisation est bien au centre du déploiement et de l'intensification des échanges…), le XXè siècle (avec l'accélération même du processus de la mondialisation dans la seconde moitié du siècle, qui se manifeste dans la création de nombreuses organisations internationales : ONU, Banque Mondiale, FMI, OMC), et désormais le XXIè siècle, dont les principaux aspects sont (1) l'intensification des échanges de biens matériels et culturels → (2) le déploiement exponentiel des TIC → (3) la financiarisation et la multinationalisation/transnationalisation des entreprises → (4) la création (à partir de la prise en compte des problèmes de type écologique) d'une réelle conscience de l'**unicité de la planète**.

Jean-Bertrand Amougou : *Au bout du processus donc, une division internationale du travail (avec à la clé l'antagonisme pays riches - pays pauvres), la communion à une même culture mondiale (même si reste très grande la conscience de la diversité des cultures et celle de l'interdépendance de tous), le primat à l'international comme modalité transcendantale de régulation. . .*

Pius Ondoua Olinga : Votre synthèse est exacte. Comme phénomène planétaire, la mondialisation renvoie ainsi à un processus d'unification faisant du monde un monde unique, un « village planétaire », un monde sans frontière[117], avec (1) interpénétration des économies → (2) interpénétration des forces productives → (3) interpénétration des cultures.

D'ailleurs, une conceptualité nouvelle s'impose désormais : (1) économie mondiale → (2) gouvernance mondiale → (3) culture ou civilisation mondiale → (4) citoyenneté mondiale → (5) hypostase du système économique libéral capitaliste. Mais cette nouvelle conceptualité véhicule comme idéologie dominante l'absolutisation du système libéral en vigueur.

---

[117] Les approches géographique, idéologique et économique sont ici articulées, liées.

Jean-Bertrand Amougou : *Cette présentation quelque peu "unitaire" de la mondialisation n'est-elle pas dangereuse et idéologique ? N'oublie-t-elle pas qu'au sein de cette nouvelle identité, qui est loin d'être monolithique, se déploie une logique du conflit, de l'antagonisme ?*

Pius Ondoua Olinga : Pour l'instant en tout cas, je ne fais aucune analyse critique. Ce je viens de faire, c'est l'exposition "phénoménologique", pour identifier le phénomène et en déployer les articulations, sans m'attarder sur la critique des sous-entendus idéologiques tels que celui de l'articulation ouverture → paix, celui du méliorisme de la suppression de toutes les frontières...

Ce qui est sûr c'est que, dans le concept même de mondialisation, on retrouve des exigences (transition de l'hétérogène à l'homogène, de l'incompatibilité à la compatibilité, de la fragmentation à l'intégration, du désordre à l'ordre) et aussi, en marche, des dialectiques (inégalités et égalité, exclusions et inclusion, solidarité et affrontements), exigences et dialectiques mettant clairement en lumière le caractère dialectique du réel (affrontements idéologiques, antagonismes des rapports sociaux...) ; ces dialectiques, par ailleurs, rendent compte du fait que, face à cette réalité, émergent, en contre-position, les nouvelles idéologies antimondialistes ou altermondialistes.

Jean-Bertrand Amougou : *Les linéaments que vous venez de donner de la mondialisation annoncent que les débats seront nourris, intenses. Mais revenons d'abord à la cosmocitoyenneté et surtout, au choix de Habermas, comme auteur de référence pour nos entretiens...*

Pius Ondoua Olinga : Il y a matière à discussion, à débat. Mais pourquoi Habermas ? Je répondrai tout simplement qu'il s'agit d'un choix non pas tellement arbitraire ; encore qu'il y ait toujours une dose d'arbitraire pour tout choix subjectif ! C'est un choix que je pense fondé, pour autant que Habermas nous a livré au moins trois ouvrages sur les thématiques de la cosmocitoyenneté, de l'Etat de droit et de la démocratie, de la constellation politique qui succède à l'Etat-nation.[118]

[118] Ces ouvrages sont les suivants :

a) *Droit et démocratie. Entre faits et normes* Paris. Gallimard. 1987.
b) *Après l'Etat-nation. Une nouvelle constellation politique*, Paris. Fayard. 2000.

Quelle cosmocitoyenneté ?

Dans ces trois ouvrages donc, Habermas examine le processus de transition de l'Etat-nation à une réalité autre, sous la « pression de la mondialisation ». Mais ce n'est là que le second moment, dans la mesure où il aura montré dans le premier moment l'avènement de l'Etat-nation ; le troisième moment sera celui de l'interrogation sur l'avenir de cette figure politique, vu les défis à relever, vu les hypothèques multiples à transcender.

Dans tous les cas, cheminer avec Habermas peut s'avérer d'un grand intérêt, au moins en tant qu'il nous permettra de faire une confrontation des solutions habermassiennes à nos réalités et défis, les réalités et les défis d'une Afrique dominée, arrimée à la mondialisation alors même que : (1) au plan interne des Etats, l'accession à la souveraineté internationale n'a pas *a priori* correspondu avec une émergence de la conscience nationale, fondement transcendantal de l'Etat-nation, et (2) au plan des relations internationales, c'est-à-dire des relations entre Etats-nations et blocs, les rapports de forces inégalitaires (réels, mais non figés) entraînent vers une phagocytose programmée (tendancielle mais pas inéluctable) des nations faibles.

Jean-Bertrand Amougou : *On perçoit de mieux en mieux le cheminement que vous nous invitez à suivre…*

Pius Ondoua Olinga : C'est vrai que mes développements précédents nous permettent de cerner le cheminement que nous allons adopter. Après avoir suivi la trajectoire historique de l'Etat-nation, dans sa constitution même, nous mettrons en lumière la dialectique de la nationalité et de la mondialité sur un plan général certes, mais surtout chez Habermas ; nous mettrons en outre en lumière la double dialectique africaine à savoir la nécessité d'accès à la nation, à l'Etat-nation, au moment même où est inscrit comme urgence le dépassement du national vers le transnational et le mondial.

Jean-Bertrand Amougou : *Quelle perspective spécifique de nos entretiens ? De la philosophie morale ? De la philosophie politique ?*

Pius Ondoua Olinga : Dans la plupart de nos entretiens, nous adoptons une vision holistique. C'est la raison pour laquelle il n'y a pas de mon point de vue de séparation nette, absolue, entre philosophie mora-

c) *L'intégration républicaine* Paris. Fayard, 1998.

le, philosophie politique, métaphysique/ontologie. Incontestablement, nos entretiens relèveront de la philosophie politique[119] ; ils n'en relèveront pas moins de la philosophie morale et de la métaphysique/ontologie[120]. D'une manière générale, la philosophie n'est-elle pas, fondamentalement, **choix de l'homme, pari sur l'homme ?**

II - DE KANT A HABERMAS

Jean-Bertrand Amougou : *Quelle citoyenneté mondiale ? Quel statut des Etats-nations ? Le monde, quel monde ? L'avenir, quel avenir ? Si je vous ai bien compris, c'est bien de cela dont nous allons nous entretenir maintenant...*

Pius Ondoua Olinga : Effectivement ; à plusieurs conditions tout de même : (1) que la problématique du statut du citoyen, dans la nouvelle réalité de nature tendanciellement cosmopolitiste vu l'intégration progressive des divers Etats-nations, s'articule à l'émergence d'une conscience d'un type nouveau. On peut lire sous la plume de Jürgen Habermas, ces lignes tout à fait éclairantes : « Il faudrait que les Etats soient progressivement intégrés, d'une manière perceptible au niveau de la politique intérieure, aux procédures de coopération d'une communauté d'Etats ayant force d'obligation dans un esprit de cosmopolitisme.[121] C'est pourquoi il s'agit essentiellement de savoir s'il est possible de faire surgir la conscience qu'une solidarité cosmopolitique est absolument nécessaire dans les sociétés civiles et les espaces publics politiques des régimes qui commencent à s'unir à grande échelle.[122] Car ce n'est que sous la pression d'un tel changement dans la conscience des citoyens, rendu effectif au niveau de la politique intérieure, qu'il sera possible de changer l'idée qu'ont d'eux-mêmes les acteurs capables d'agir à l'échelle de la planète. Changement en vertu duquel

---

[119] Sont examinés ici le statut des protagonistes du jeu politique et social, la structure du social, les institutions, les principes et les règles constitutionnels…

[120] Ce qui est en jeu ici, c'est le statut ontologique du sujet humain et les conditions de son hominisation.

[121] On perçoit déjà à ce niveau la primauté de l'extérieur (communauté d'Etats, supranationalité) sur l'intérieur (Etat-nation), primauté qui est prégnance et détermination.

[122] Habermas fait ici référence à tout le processus par lequel s'organise l'intégration des nations européennes dans un ensemble de plus en plus vaste après l'implosion du bloc de l'Est, depuis la chute du mur de Berlin.

ils devraient se considérer de plus en plus eux-mêmes comme les membres d'une communauté internationale, obligés, qu'ils le veuillent ou non, de coopérer et par là de tenir compte de leurs intérêts respectifs ».[123]

(2) Que la problématique du statut des nations éclaire sur la réalité de ce que Habermas appelle « constellation postnationale », et qui porte en elle des hypothèques et des défis pour l'Etat-nation, la problématique de la souveraineté se formulant sous un autre éclairage. « Si la souveraineté de l'Etat, note Habermas, n'est plus conçue comme indivisible mais partagée avec des acteurs internationaux ; si les Etats n'ont plus le contrôle de leurs propres territoires, et si les frontières territoriales et politiques sont de plus en plus perméables, les principes centraux de la démocratie libérale - l'autonomie politique, le *demos*, la condition du "commun accord", la représentation et la souveraineté populaire - deviennent incontestablement problématiques.»[124]

(3) Que la figure de la nouvelle solidarité cosmopolitique puisse être esquissée ; une telle solidarité on le sait, implique instauration de nouvelles modalités d'intégration sociale (**dialectique interne**), développement des capacités de coopération des régimes et des Etats-nations (**dialectique externe**) et transition de l'antagonisme (?)[125] à la solidarité.

Jean-Bertrand Amougou : *Avant que nous n'opérions ce retour à Kant, préparatoire à notre examen de la problématique habermassienne, revenons à des considérations minimales, terminologiques, relatives au concept de nation…*

Pius Ondoua Olinga : Bien volontiers. Et c'est une fois de plus à Lalande que nous allons nous référer. Si pour lui, l'Etat est « une société organisée, ayant un gouvernement autonome, et jouant le rôle d'une personne morale distincte à l'égard des autres sociétés analo-

---

[123] *Après l'Etat-nation.* p. 37. La démarche de Habermas nous parait ici simultanément analytique/descriptive et normative. Ce qui relève de l'idéologie, de manière fondamentale.

[124] *Ibidem.* p. 47.

[125] Une fois encore, Habermas se déploie ici en plein dans l'idéalisme et l'idéologie : la transition de l'antagonisme à la solidarité, sous quel mode est-elle faite ? C'est bien le mystère…

gues avec lesquelles elle est en relation »[126], la nation quant à elle est « l'ensemble des individus qui constituent un Etat [...] considérés en tant que corps social et par opposition au gouvernement ».[127]

De ces deux définitions émergent plusieurs choses : (1) la dimension de totalité, (2) la dimension de communauté (de race, mais pas forcément ; de civilisation, d'histoire, d'aspirations) où l'on voit s'articuler l'unité de fait (**territorialité**) et l'unité idéale (**volonté du convivre**), (3) la fonction intégratrice de l'Etat, de dimension double : interne et externe...

Si l'on se réfère à la situation africaine, en appui à la triple articulation ci-dessus exhibée, on peut lire cette analyse que mène Lancine Sylla[128], de l'émergence de la nation territoriale (inexistante avant du fait du tribalisme et des multipartismes ethniques) à l'Etat territorial à partir des découpages coloniaux : « La conception africaine de l'Etat et de la nation pose d'emblée l'Etat comme principal formateur de la nation. C'est l'Etat qui a pour fonction de rassembler les tribus ou les « patries » [...] dans un ensemble harmonieux appelé nation [...] La nation en Afrique noire est volonté de construction. C'est un projet à réaliser ou en voie de réalisation par le renforcement de la machine technobureaucratique ».[129]

Si l'on revient donc à Kant, c'est en fait à une relecture du *Projet de paix perpétuelle*[130] que nous allons nous atteler, très brièvement. Sur un plan global *le Projet* se veut une doctrine politique complétant la philosophie, essentiellement centrée sur l'homme-individu, des trois critiques[131], du fait de l'obligation/urgence d'assurer une conciliation entre le libre-arbitre de chacun des sociétaires et la nécessité d'un convivre harmonieux, et ce à partir d'une « loi universelle de la liberté ».[132]

---

[126] *Vocabulaire technique et critique de la philosophie*. Paris. PUF. 1968. p. 304.
[127] Ibidem. p. 665.
[128] *Tribalisme et parti unique en Afrique noire*. Université Nationale de Côte d'Ivoire. Presses de la Fondation Nationale des Sciences Politiques. Paris. 1977.
[129] *Op. cit.* pp. 327-328.
[130] Traduction par J. Gibelin. Paris. VRIN 1975.
[131] Focalisées sur la connaissance, la pratique, le jugement.
[132] Kant. *Op. cit.* p. X.

Quelle cosmocitoyenneté ?

Mais ce convivre harmonieux ne concerne pas seulement l'existence/coexistence au sein de la nation, il concerne aussi essentiellement la coexistence des nations. Où l'on voit la linéarité (a) état de nature → (b) vie sociale → (c) juridicité → (d) nationalité → (e) Société des nations → (f) réalisation de la fin suprême de l'univers. C'est bien ce que met en lumière J. Gibelin dans son Avant-propos au *Projet.* « Les critiques, en effet, avaient mis en lumière le primat de la raison pratique et montré comment le déterminisme des lois de la nature n'est en somme que l'instrument de la moralité : "Tu peux, car tu dois". De même, les forces qui dans la société s'opposent et luttent les unes contre les autres finissent par s'harmoniser[133], naturellement en quelque sorte, pour permettre le graduel établissement, parmi les hommes à l'état sauvage, d'une organisation juridique ».[134] C'est la même dialectique entre les nations. Et J. Gibelin peut poursuivre : « En politique donc, comme en morale, il nous vient de l'extérieur [...] du côté de la nature et de l'histoire, des indications qui, interprétées comme il convient, nous invitent, renforçant ainsi la voix de la conscience, à consacrer tout notre effort à réaliser la fin suprême de l'univers : le règne de la liberté dans la moralité, et à conserver la foi en l'ultime et providentiel accord de la vertu et du souverain bien. »[135]

Jean-Bertrand Amougou : *Vous venez de donner l'objectif du* ***Projet****. Un mot, si vous le voulez bien, sur l'économie des articles de cet important texte.*

Pius Ondoua Olinga : Vous me demandez bien de dire un mot. Et je vais donc vous prendre au mot, en ne faisant pas de trop longs développements. Le premier axe que l'on dégage de ces articles, c'est la linéarité (1) Constitution républicaine → (2) Liberté des sujets → (3) Egalité des sujets, mais aussi une égale dépendance de ces derniers par rapport à une législation commune →(4) Primauté du droit (juridicité).

Le second axe, c'est la problématique de l'Etat, Kant marquant ici sa préférence pour le gouvernement républicain. On peut effectivement lire : « La constitution républicaine, outre la limpidité de son origine puisqu'elle est issue de la source pure qu'est la notion de droit, présente encore la perspective de la conséquence que nous

---

[133] Dialectique de la convergence.

[134] *Op. cit.* pp. XIII – XIV.

[135] *Ibidem* p. XIV.

désirons, à savoir la paix perpétuelle ».[136] Pour Kant, seule la constitution civile républicaine **réalise** la souveraineté du peuple. En amont, elle est instituée « suivant les principes de la liberté ».[137] Dans la réalité, elle réalise le respect des « principes de la dépendance de tous »[138] et l'égalité de tous, sociétaires et auteurs du contrat primitif support de la législation juridique. Et, comme finalité même de son institution, la réalisation de la paix perpétuelle.

Jean-Bertrand Amougou : *Il y a cependant un paradoxe dans la pensée de Kant, lorsqu'il préfère la constitution républicaine à la démocratie. Qu'est-ce qui fonde chez Kant cette opposition entre républicanisme et démocratie ?*

Pius Ondoua Olinga : La constitution républicaine est préférée (1) vu « la limpidité de son origine ». → (2) vu son respect de la souveraineté populaire → (3) vu la séparation assurée des pouvoirs dans l'Etat républicain : « le **républicanisme** est le principe politique qui admet la séparation du pouvoir exécutif (gouvernement) et du pouvoir législatif ».[139]

Et si la forme démocratique est critiquée c'est parce que, selon Kant, « la forme **démocratique** [...] est nécessairement **despotique**, parce qu'elle fonde un pouvoir exécutif, où tous prononcent sur un seul et en tout cas contre un seul (celui-ci n'étant pas par suite du même avis) ; tous décident par conséquent, qui ne sont pourtant pas tous ; ce qui met la volonté générale en contradiction avec elle-même ainsi qu'avec la liberté. »[140]

En tout cas, cette critique kantienne du despotisme démocratique peut être considérée comme tout à fait actuelle pour autant qu'elle intègre la problématique de la majorité et celle de la volonté générale, la volonté de la majorité (qui se constitue à partir de la dialectique des forces) s'hypostasiant en volonté générale sans que l'on puisse être sûr de la coïncidence des deux.

---

[136] *Op. cit.* p. 16.
[137] *Ibidem.* p. 15.
[138] *Idem.* p. 15.
[139] *Ibidem.* p. 19.
[140] *Idem.* p. 19.

Quelle cosmocitoyenneté ?

Jean-Bertrand Amougou : *Pour que la paix perpétuelle soit possible, il faudrait que s'instaure un fédéralisme d'Etats libres ...*

Pius Ondoua Olinga : C'est bien ce à quoi aboutit la démarche kantienne. Si au niveau des individus, la transition est nécessaire de l'état de nature (où règne la violence et l'absence de droit) à l'état civil, c'est la même transition qui a lieu au niveau des Etats, pour transcender la violence mutuelle "naturelle" de ces Etats les uns contre les autres : c'est bien le passage de l'anarchie à la régulation par le droit, ce qui conserve et garantit la liberté de chacun des Etats, au sein desquels la liberté de chaque citoyen est elle aussi garantie. « La possibilité de réaliser (réalité objective) cette idée d'une **Fédération** qui s'étendrait peu à peu à tous les Etats conduisant ainsi à la paix perpétuelle peut se représenter. »[141]

L'essentiel de la démarche de Kant dans le *Projet* peut alors se présenter ainsi qu'il suit : (1) l'Union du peuple en un Etat est fondée ou plutôt menée à partir des notions de droit, de liberté et d'égalité.[142]→ (2) Articulation de la politique et de la morale → (3) Affirmation du droit (ou des droits) de l'homme comme droit sacré → (4) Passage du droit de l'homme au droit des Etats et au droit cosmopolitique avec affirmation consécutive de la primauté du droit international.[143]

Le droit naturel des gens qui se matérialise dans la loi et la constitution, et l'obéissance à la loi dont les citoyens sont eux-mêmes législateurs, fondent l'Etat, (Etat de droit démocratique), qui est appelé à s'ouvrir à une forme juridique nouvelle, la fédération des peuples

---

[141] *Ibidem*. p. 26.

[142] Parlant du *Projet* de Kant, Habermas peut dire : « Kant apporte ainsi à la théorie du droit une troisième dimension républicaine: au droit étatique et au droit des gens vient en effet s'ajouter [...] le droit des citoyens du monde. L'ordre d'un Etat de droit démocratique fondé sur les droits de l'homme ne requiert pas seulement que les rapports internationaux dominés par la guerre bénéficient d'un encadrement minimal grâce au droit des gens. Bien au contraire, la situation juridique intra-étatique doit s'étendre à une situation juridique globale qui, en unissant les peuples, supprimera la guerre ». *L'intégration républicaine*. p. 161.

[143] On peut dégager ici la linéarité suivante : (1) Insociabilité naturelle → (2) Besoin de sécurité → (3) Constitution d'Etats à partir d'un contrat originaire fondant un Etat juste (Liaison législation/volonté générale) → (4) Avènement de l'Etat cosmopolitique à partir du dépassement de la seule stratégie de la guerre (recherche de paix) et grâce à l'institution d'une société des Etats libres.

et des Etats : l'Etat cosmopolitique. Où l'on voit donc s'opérer (au moins idéalement) la transition de la citoyenneté dans un Etat, à la cosmocitoyenneté, comme citoyenneté mondiale.[144]

Jean-Bertrand Amougou : *Chez Kant, la citoyenneté mondiale relève d'une urgence logique/idéale ; mais dans la réalité actuelle, la cosmocitoyenneté s'inscrit-elle dans ce seul registre, ou la déduit-on, comme nécessité, de l'évolution historique elle-même ?*

Pius Ondoua Olinga : Habermas, c'est vrai, critique la démarche kantienne qui (1) ne conçoit pas l'alliance des Etats comme organisation (étatique ?) juridiquement fondée/articulée[145], mais qui opère la transition de l'obligation morale à son institutionnalisation dans le réel. C'est ce que Habermas appelle le « simple appel à la raison ».[146] Il ne manque cependant pas de dégager certaines tendances pertinentes inhérentes à la pensée kantienne, notamment l'interdépendance désormais croissante des sociétés grâce (1) à l'échange des informations, des personnes et des marchandises → (2) à l'extension elle aussi croissante du commerce, cette interdépendance débouchant sur une union pacifique des peuples. Toutefois, Habermas trouve encore cette pensée kantienne non dialectique,[147] sur la base de l'analyse dialectique qu'il en fait, en montrant, en dévoilant la réalité de la mondialisation qui « pacifie » les antagonismes de classes et d'Etat (du moins théoriquement) du fait d'une « économisation de la politique internationale » elle-même liée à « l'enchevêtrement économique des économies nationales.[148]

---

[144] Liaison avec la problématique globale de notre entretien.

[145] Aucun pouvoir suprême ne garantit ici les droits réciproques des Etats. Seul l'engagement moral des gouvernements suffit ! N'est-ce pas idéaliste ?

[146] *L'intégration républicaine.* p. 166.

[147] Habermas l'explique : « Il est vrai que Kant n'avait pas encore appris - comme le fera bientôt Hegel en lisant les économistes anglais - que le développement capitaliste conduisait à une opposition entre classes sociales qui menacerait à la fois la paix et le caractère supposé pacifique des sociétés politiquement libérales. Kant n'a pas prévu que les tensions sociales rendues d'abord plus intenses sous l'effet de l'industrialisation capitaliste accélérée pèseraient sur la politique intérieure en débouchant sur la guerre civile, et favoriseraient, en politique extérieure, un impérialisme belliqueux. Au cours du XIXe siècle et de la première moitié du XXe, les gouvernements européens n'ont cessé de mettre à profit l'impulsion nationaliste pour dévier la force des conflits sociaux vers l'extérieur et pour les neutraliser par les succès obtenus sur les théâtres extérieurs ». *Ibidem.* pp. 170-171.

[148] *Ibidem.* p. 171.

Les effets pacificateurs de cet enchevêtrement étaient « naturellement » induits pour Kant : c'est la mondialisation qui désormais, pour Habermas, les impose, du moins tendanciellement, ceci parce que « la mondialisation remet en question certaines conditions essentielles du droit international classique, notamment la souveraineté des Etats et la séparation rigoureuse entre politique intérieure et politique extérieure ».[149]

Jean-Bertrand Amougou : *On ne peut certes pas déjà à ce niveau, (cela n'est pas opportun) s'étendre sur les effets d'une mondialisation que nous allons examiner dans le détail*[150]*...*

Pius Ondoua Olinga : Vous avez raison, puisque l'essentiel ici est de situer la cosmocitoyenneté en dérivation par rapport au cosmopolitisme kantien, et d'en voir la figure, et aussi les défis ; ce n'est évidemment pas de procéder à une critique globale de toute la philosophie transcendantale kantienne qui « sépare l'intérieur et l'extérieur, la morale et la légalité »[151], mais de suivre Habermas dans « la révision des concepts fondamentaux »[152] à laquelle il procède et qui concerne, comme il le fait remarquer : « (1) la souveraineté extérieure des Etats et la transformation des relations entre Etats ; (2) la souveraineté intérieure des Etats et les limitations normatives de la politique de puissance classique, et enfin (3) la stratification des risques qui appelle un nouveau concept de "paix" ».[153]

Jean-Bertrand Amougou : *Revenons donc à certaines récupérations habermassiennes et à certaines de ses thématisations propres.*

Pius Ondoua Olinga : Bien volontiers. Nous pouvons commencer par les figures de l'Etat-nation (après sa genèse), avant l'examen des rapports entre Etat-nation et démocratie.

---

[149] *Idem.* p. 171.

[150] Notamment pour voir comment « les acteurs non-étatiques, multinationales et banques privées exerçant une influence internationale, sapent la souveraineté nationale formellement reconnue ». *Idem.* p. 171.

[151] *Ibidem.* p. 176.

[152] *Ibidem.* p. 177.

[153] *Idem* .p. 177.

Quelle cosmocitoyenneté ?

Habermas entend prendre acte des nouveaux défis à la citoyenneté et à l'identité nationale[154], à partir de la saisie d'une histoire en marche, une marche qui se repère pour lui à partir (1) de l'unification allemande[155] (2) de la cohésion croissante de l'Union Européenne[156] et (3) des mouvements migratoires **Est → Ouest** et **Sud → Nord.**[157]

Habermas, on l'a vu, saisit une histoire en marche. En marche vers quoi ? Certainement vers la société postnationale. Mais n'y-t-il pas eu une trajectoire vers l'Etat-nation ? Assurément, la trajectoire vers l'Etat-nation renvoyant à la transcendance d'une communauté prépolitique, à une communauté de destin historique.

Parler de communauté de destin historique renvoie avant tout à l'instauration de l'Etat territorial à administration centrale, un Etat qui a permis la mise en place de l'économie capitaliste à vocation mondiale.[158] Cela renvoie aussi à la création d'une homogénéité (peut-être jamais totale) culturelle et ethnique, condition transcendantale de la démocratisation, avec comme corollaire cependant l'oppression et l'exclusion (possibles/réelles) des minorités. D'où cette articulation que pose/relève Habermas (1) Etat-nation → (2) démocratie → (3) nationalisme.[159]

Pour Habermas, « la conscience politique de la cohésion nationale naît d'une dynamique qui n'a pu entraîner la population qu'à partir du moment où les processus de la modernisation économique et sociale l'avaient déjà arrachée à ses groupements corporatifs d'origine et où elle avait donc été à la fois mobilisée et singularisée ».[160]

---

[154] Cf. "Citoyenneté et identité nationale" in : *L'intégration républicaine.* pp. 67-94.

[155] La libération des Etats de l'Europe centrale de la tutelle soviétique a fait émerger de nombreux conflits de nationalité.

[156] De nouveaux rapports s'instaurant, entre l'Etat-nation et la démocratie.

[157] Aiguisement des tensions entre « les principes universalistes de l'Etat de droit démocratique et les revendications particularistes ». *Ibidem.* p. 68.

[158] « Cette formation étatique (l'Etat-nation) a assumé des conditions-types dans lesquelles le système de l'économie capitaliste a pu s'étendre à l'échelle mondiale.» *Ibidem.* p. 69.

[159] Qui dérive d'une conscience nationale consécutive à l'intégration culturelle.

[160] *Ibidem.* pp. 69-70. Dans le nationalisme, on a : (1) appropriation collective de traditions culturelles → (2) Historiographie commune → (3) Diffusion, communication et préservation.

Quelle cosmocitoyenneté ?

Jean-Bertrand Amougou : *Avant de poursuivre avec l'examen des nouveaux défis à la citoyenneté et à l'identité nationales, revenons un peu encore avec Habermas, à la genèse de l'Etat-nation.*

Pius Ondoua Olinga : Habermas revient à une acception tout à fait kantienne de la nation, une fois examinée la nation chez les Romains, où la **nation** désigne les peuples sans forme organisée de l'unité politique. Ce qui est premier ici c'est (1) la communauté d'origine (prépolitique) → (2) l'intégration géographique et culturelle (par les langues, moeurs et traditions).

Chez Kant en effet : « Cette masse [...] qui se reconnaît unie pour former un ensemble civique, s'appelle *natio (gens).*[161] Si au départ, la nation renvoie à l'autodétermination politique avec transition de la cohésion ethnique à la volonté démocratique, la nation désormais devient « trait constitutif de l'identité politique des citoyens d'une communauté démocratique. »[162]

L'insistance à ce niveau, c'est sur la volonté commune créatrice d'une citoyenneté décrochée de la culturalité ou de l'ethnicité d'origine, et fondée désormais sur l'exercice de droits démocratiques[163] ; c'est aussi sur l'adhésion, sur l'engagement.

Mais il faut passer des individus à la nation prise dans son ensemble[164]**,** l'autonomie de la nation se fondant sur l'auto-législation qui découle de la volonté concordante et unifiée de tous. Ce qui signifie que l'universalité substantielle de la volonté populaire qui n'impliquait pas *a priori* une homogénéité préalable (qui aurait été fondée sur la culture) se fonde désormais sur l'association de sujets libres et égaux ayant réalisé leur consensus à partir d'une unité de procédure acceptée[165].

Comment se forme ce consensus ? Y répondre implique « l'identité similaire » des citoyens sujets libres et égaux, chacun devant jouir de sa reconnaissance. « Chacune et chacun a droit à une

---

[161] E. Kant. *Anthropologie du point de vue pragmatique*. Trad. P. Jalabert. *Oeuvres philosophiques*. T. III. Paris. Gallimard. 1986. p. 1123.

[162] *L'intégration républicaine*. p. 71.

[163] Participation et communication sont des principes essentiels.

[164] L'autonomie individuelle trouve son pendant dans l'autonomie collective.

[165] C'est la procédure de formation démocratique de l'opinion et de la décision. Mais ne peut-il pas y avoir simple formalisme du consensus constitutionnel ?

triple reconnaissance : on doit pouvoir trouver une égale protection et un égal respect, à la fois dans son intégrité d'individu irremplaçable, de membre d'un groupe ethnique ou culturel, et de citoyen, c'est-à-dire de membre de la communauté politique ».[166] Il y a donc (1) autodétermination de la communauté politique → (2) mise en place de constitutions reconnues au niveau interne comme au niveau international.

Jean-Bernard Amougou : *On le voit bien, il y a un statut juridique du citoyen tout comme il y a un statut juridique de l'Etat-nation. Théoriquement, ce statut juridique est respecté à partir de l'exigence « de relations égalitaires fondées sur la reconnaissance réciproque ». Mais ce n'est que théoriquement. Et alors, dans la réalité ? Et si l'on passait du citoyen à l'Etat-nation ? Quid de la reconnaissance réciproque des Etats ?...*

Pius Ondoua Olinga : Vous soulevez là d'importants problèmes. C'est autour des deux volets ci-après que nous pouvons faire tourner notre réflexion : le volet Etat de droit et démocratie (volet intérieur) ; le volet Etat-nation et souveraineté (volet extérieur).

Sur le plan interne : Au premier niveau, le droit positif (qui est mise en place d'un système des droits) permet l'harmonisation de l'autonomie privée et de l'autonomie publique. Théoriquement du moins, car, est-on sûr que cette garantie des deux autonomies soit équivalente, et donc, autre chose que formelle ? Mais à un second niveau peuvent se poser les problèmes de légitimation et même ceux de l'effectivité. Où l'on voit que légitimité et légitimation peuvent être hypothéquées par des rapports de forces inégalitaires, l'arbitraire ne pouvant donc pas être *a priori* totalement limité au sein de l'Etat démocratique.

A un troisième niveau, comment décrocher les droits sociaux des droits civiques ? Ce qui revient à mettre en lumière les crises et dysfonctionnements que doit prendre en charge l'Etat de droit démocratique : l'aggravation de la pauvreté, la désintégration sociale, les exclusions diverses, la désolidarisation croissante comme menace tendancielle de la culture politique libérale...

---

[166] *Ibidem*. p. 73. C'est la réalisation par tous de l'autonomie politique à partir de ce que Habermas appelle « pratique intersubjectivement partagée. »

Quelle cosmocitoyenneté ?

Sur le plan externe : C'est essentiellement le problème de la souveraineté de l'Etat-nation qui est ici en examen. On peut déjà noter au départ la transformation structurelle de l'économie mondiale par la limitation, comme nous l'avons entrevu, du rayon d'action des acteurs de l'Etat-nation[167], ainsi que par la réduction des options ouvertes à l'Etat-nation[168] : « Les options ouvertes à l'Etat-nation sont de plus en plus réduites, note Habermas. Deux d'entre elles sont même exclues : le protectionnisme et le retour à une politique économique fondée sur la demande ». Ce qui signifie donc que la transnationalisation de l'économie hypothèque lourdement la souveraineté de l'Etat-nation : les rôles historiques de l'Etat-nation souverain ne peuvent plus être effectivement/efficacement assumés.[169]

On peut encore noter ici la stratification de l'économie mondiale, avec interdépendance « asymétrique » et irréconciliabilité des intérêts des nations.

Jean-Bertrand Amougou : *C'est donc là que se fonde la nécessité de la transition de la nationalité au cosmopolitisme...*

Pius Ondoua Olinga : Avec cependant une précision de taille à opérer. Certes, il y a une solidarité cosmopolitique à promouvoir[170] : « Il faudrait, note Habermas, que les Etats soient progressivement intégrés, d'une manière perceptible au niveau de la politique intérieure, aux procédures de coopération d'une communauté d'Etats ayant force d'obligation dans un esprit de cosmopolitisme. »[171]

Cependant, il n'y a pas, *stricto sensu*, d'Etat mondial. Ce qui est affirmé dès le départ, c'est la linéarité (1) surgissement d'une conscience de la solidarité cosmopolitique → (2) induction de comportements nouveaux à l'intérieur des Etats, de la part des citoyens → (3) articulation de l'action intérieure et de l'action extérieure dans la conscience des citoyens → (4) primauté de la conscience de

[167] Puisque le marché est devenu transnational.

[168] *Après l'Etat-nation*. p. 31.

[169] Comme fonctions/rôles : l'administration, la fiscalité, la régulation à finalité prioritairement sociale. Ces fonctions-rôles doivent-elles/peuvent-elles être transférées à des unités politiques supranationales ?...

[170] Transition de la conscience nationale à la nouvelle conscience cosmopolitique.

[171] *Ibidem*. p. 37

l'appartenance à la communauté internationale[172] → (5) modification des paramètres culturels (la culture politique) → (6) règlement/régulation de la société mondiale (avec redistribution des charges sur la base de la solidarité cosmopolitique…).[173]

Habermas est donc conscient des pesanteurs ethniques et nationales, et c'est la raison pour laquelle il peut dire ici : « L'institutionnalisation de procédures permettant d'accorder et de généraliser les intérêts à l'échelle de la planète et de construire, en faisant preuve d'imagination, des communautés d'intérêts ne pourra pas s'opérer sous la forme d'un Etat mondial, perspective qui n'est d'ailleurs pas souhaitable ; au contraire, elle devra tenir compte de l'indépendance, de l'obstination et du caractère particulier des Etats naguère souverains ».[174] C'est dire que la solidarité cosmopolitique est le nouveau type ou, mieux encore, la nouvelle modalité de l'intégration sociale.

Jean-Bertrand Amougou : *La figure précise de la constellation post-nationale n'est cependant pas dessinée, même si on en perçoit l'urgence... Et le problème de la démocratie dans cette constellation post-nationale demeure... Que pouvez-vous en dire ?*

Pius Ondoua Olinga : Beaucoup de choses assurément. Sur le plan diachronique, nous avons pu suivre la trajectoire de l'émergence de l'Etat territorial et de la nation. Et la configuration institutionnelle y afférente a eu pour détermination fondatrice, l'émergence d'une économie capitaliste libérale. Les piliers de cette configuration institutionnelle : (1) la limitation de l'Etat à l'intérieur de ses frontières nationales → (2) la démocratie et les droits de l'homme → (3) la souveraineté de l'Etat démocratique → (4) une logique interniste de l'action politique à partir de « la volonté et la conscience de […] citoyens démocratiquement unis ».[175]

---

[172] C'est le passage des relations internationales (avec marge d'autonomie des Etats) à la seule articulation politique intérieure - politique de la planète entière.

[173] Il y a ici des relents d'idéalisme, vu le caractère peu normatif/peu impératif d'une telle solidarité. Mais Habermas pense que le cheminement (1) conscience locale et dynastique → (2) conscience nationale et démocratique → (3) conscience cosmopolitique et donc universaliste, devient un cheminement historique nécessaire.

[174] *Ibidem*. p. 38.

[175] *Ibidem*. p. 46.

Quelle cosmocitoyenneté ?

Mais la mondialisation est là, qui déstructure/restructure tout ; tout évolue et se modifie, et la trajectoire vers la post-nation est amorcée. Ce qui signifie la prégnance de plus en plus marquée des acteurs internationaux sur la détermination de la politique intérieure et sur ses orientations fondamentales - D'où : (1) porosité des frontières territoriales → (2) réduction de l'autonomie politique → (3) réduction concomitante de la souveraineté politique → (4) la légitimité démocratique est affectée au sein de l'Etat-nation...[176]

Jean-Bertrand Amougou : *De cette mondialisation alors, que de conséquences ! Pouvons-nous les analyser, même brièvement ? Ou plutôt, comment apparaît-elle, dans l'analyse qu'en fait Habermas ?*

Pius Ondoua Olinga : S'il faut faire un listing de ces conséquences, rien de plus facile. Encore que dresser un tel listing ne pourrait en rien être d'une exhaustivité absolue.

Citons donc, pour commencer : (1) l'érosion de l'efficacité de l'administration publique au sein de l'Etat-national ; (2) le développement de rapports de plus en plus agonistiques entre divers secteurs : le secteur public et le secteur privé, même si ces antagonismes n'atteignent pas un niveau paroxystique ; (3) l'impossibilité d'un réel contrôle de certains risques de plus en plus nombreux, par les divers Etats-nations pris isolément[177] ; (4) les difficultés accrues de maîtrise de la mobilité des capitaux [178] en évasion permanemment programmée au gré de la recherche maximale du rendement ; (5) la fragmentation/fissuration de la nation, sur le plan politique : on peut observer alors la résurgence de conflits divers : des conflits interethniques au sein de la nation, des conflits inter-nations au sein des régions, sans que l'antagonisme entre (anciens) blocs se soit véritablement estompé[179] ; (6) la redéfinition de la nouvelle citoyenneté multiculturelle,

---

[176] De l'autodétermination politique dans l'Etat-nation démocratique à la détermination de la politique intérieure par des impératifs transnationaux.

[177] L'on pense ici à l'ensemble des risques et catastrophes que prennent en charge les réflexions sur les politiques relatives à l'environnement.

[178] Difficulté de maîtrise des bénéfices, des fortunes.

[179] Comme le développe Habermas : « Dans nos sociétés prospères on voit se multiplier les relations ethnocentriques de la population autochtone à l'égard de tout ce qui est étranger : haine et violence vis-à-vis des étrangers en général, de ceux qui pratiquent d'autres religions ou dont la couleur de la peau est différente, mais aussi à l'égard des marginaux, des handicapés et, une fois de plus des Juifs. Il faut également citer dans ce contexte les ruptures de solidarité qui éclatent à propos de ques-

avec relecture nécessaire de la dialectique culture nationale/cultures majoritaires, antagonistes naturellement, ce qui produit, tout aussi naturellement, la mise en épreuve de la cohésion sociale au sein de la nation ; (7) l'aggravation de la course aux lieux de production (marchés) les plus rentables[180] ; 8) l'incertitude accrue de l'identité nationale[181] : capacité d'intégration nationale en diminution constante, ébranlement de la solidarité citoyenne initialement fondée sur une relative homogénéité (désormais éclatée du fait des migrations politiques multiples liées à l'ouverture tous azimuts du monde).

Jean-Bertrand Amougou : *Ces conséquences, on les voit de mieux en mieux. On aurait pu penser que la constellation postnationale, à cause de ces conséquences, devenait impossible. Ce n'est pourtant pas le cas... Et même Habermas va jusqu'à parler de la démocratie postnationale... Qu'en pensez-vous ?*

Pius Ondoua Olinga : Je ne sais pas s'il faut en penser quelque chose. Habermas montre, pour commencer, le caractère désormais dépassé de « cette conception ethnico-politique qu'ont d'eux-mêmes les citoyens d'une communauté démocratique »[182] dès lors que l'on veut parler de citoyens du monde, de cosmocitoyenneté. Cependant, il n'y a pas autoréférentialité de l'auto-détermination de la collectivité, à ce niveau, comme c'est le cas dans le cadre de l'Etat-nation démocratique.[183] Dès lors, dans quel cadre normatif penser l'organisation de la communauté cosmopolitique ?[184] Habermas esquisse une réponse : « Si les citoyens du monde s'organisaient néanmoins au niveau mondial et allaient jusqu'à instituer une représentation démocratiquement élue, ils ne pourraient pas tirer leur cohésion normative de la conception éthico-politique qu'ils ont de leur identité et donc d'autres traditions et valeurs, mais seulement d'une conception d'ordre juridico-moral relative à cette même identité. Le modèle normatif d'une communauté qui ne peut procéder à aucune exclusion n'est autre que

tions relatives à la redistribution et qui sont susceptibles d'entraîner la fragmentation politique.» *Ibidem*. p. 64.

[180] Ce qui signifie que l'impérialisme est loin de pouvoir se réduire, de s'estomper...

[181] Avec de nombreux problèmes de légitimation au sein de l'Etat-nation.

[182] *Ibidem*. p. 117.

[183] Qui a une identité collective, une histoire des principes.

[184] C'est là la question essentielle pour autant qu'il s'agit de passer du particulier à l'universel.

l'univers des personnes morales, soit encore le "règne des fins" de Kant ».[185]

A ce niveau, Habermas récupère Kant : « Seuls "les droits de l'homme", autrement dit des normes juridiques dont le contenu est exclusivement moral, constituent le cadre normatif de la communauté cosmopolitique ».[186] Cette communauté trouve, comme seul fondement, les droits de l'homme[187], sans qu'une référence identitaire donc dérivant de l'histoire soit un préalable nécessaire.

Jean-Bertrand Amougou : *Et pourtant, il y a une distinction claire chez Habermas, entre « la communauté juridique inclusive des citoyens du monde » et « la communauté universelle des personnes morales ».[188]*

Pius Ondoua Olinga : Cela est vrai. Pour Habermas, la seconde communauté est "idéale", faute de bénéficier du même « degré d'intégration que connaît une communauté organisée en Etat sur la base d'une identité collective ».[189] C'est pour cette raison qu'il peut dire : « Ce qui manque à la culture politique de la société mondiale c'est la dimension commune, d'ordre éthico-politique, qui serait nécessaire à la formation équivalente d'une communauté et d'une identité à l'échelle de la planète ».[190]

Jean-Bertrand Amougou : *Alors, dans ces conditions, quelle gouvernance globale du monde ?*

Pius Ondoua Olinga : Plusieurs aspects doivent être pris en compte. Il y a dès le départ, le problème de la légitimation de ce qui se décide au niveau supranational[191], eu égard à la question des principes, à celle des modalités, à celle des rapports de forces entre acteurs... Il y a, ensuite, le problème d'une modification nécessaire, conjointe, de la représentation d'eux-mêmes que devraient avoir les acteurs au niveau

[185] *Idem*. p. 117.
[186] *Idem*. p. 117.
[187] Et ces droits ont un caractère moral universaliste.
[188] *Ibidem*. p. 118.
[189] *Idem*. p. 118.
[190] *Idem*. pp. 118-119.
[191] Le supranational correspond-il *a priori* à l'universel ? Idéologiquement, la pensée dominante tente de l'imposer.

supranational (citoyens ou Etats) : comment hiérarchiser les intérêts, particuliers ou universels ?

Dans ces conditions, le dépassement ou l'élargissement des intérêts purement locaux ou nationaux s'impose ; de plus, une réglementation politique à l'échelle de l'ensemble de la planète, elle aussi, s'impose ; la dialectique du national et de l'international joue à fond, ceci pour que puisse advenir et se conforter la solidarité cosmopolitique.

Jean-Bertrand Amougou : *Revenons pour terminer, aux questions essentielles que pose Jürgen Habermas (1) Quelle citoyenneté et quelle identité nationale, désormais ? (2) L'avenir de l'Etat-nation, (3) La démocratie, dans l'Etat-nation, à l'heure de la mondialisation (4) L'avenir de la souveraineté.*

Pius Ondoua Olinga : C'est à une synthèse que vous m'invitez là. Je ne m'étendrai donc pas, inutilement. Car (1) s'agissant de la citoyenneté et de l'identité nationale au sein de l'Etat-nation, on observe désormais que l'enracinement identitaire relève autant de l'histoire commune passée, que de la communauté de destin voulue/ décidée par des communautés ouvertes/non closes/extensibles du fait de la dynamique des migrations ; de même observe-t-on l'urgence de l'intégration de nombreux impératifs désormais, qui se situent au-delà et au-dessus des intérêts strictement nationaux. De la citoyenneté nationale, on passe donc à la **cosmocitoyenneté**.(2) S'agissant de l'avenir de l'Etat-nation, tout invite au dépassement : la mondialisation est là, et ses conséquences, nous venons de les examiner, avec la double dialectique de la reconnaissance : **a.** reconnaissance/interreconnaissance des citoyens au sein de l'Etat-national, qui a comme hypothèque la dialectique des classes, de plus en plus occultée ; **b.** reconnaissance/interreconnaissance des Etats à la souveraineté de plus en plus érodée à cause d'une plasticité qui lui est imposée du fait de nombreux impératifs (politiques-économiques) internationaux. (3) S'agissant de la démocratie dans l'Etat-nation à l'heure de la mondialisation, c'est à toute la problématique des droits de l'homme et du statut du citoyen qu'il faut revenir[192] ; c'est aussi à la probléma-

[192] Avec retour nécessaire à la problématique du pouvoir et de l'alternance, fondement de l'autogouvernement, essence de la liberté, pour que les citoyens continuent de se sentir parties prenantes du processus de la formation du consensus sur le **pouvoir**.

tique multiculturelle qu'il faut ici s'attaquer, cette problématique débouchant, comme naturellement, sur le **patriotisme constitutionnel** dont parle Habermas. « Les exemples des sociétés multiculturelles telles que la Suisse ou les Etats-Unis, note J. Habermas, montrent qu'une culture politique dans laquelle les principes constitutionnels peuvent prendre racine ne doit pas forcément s'appuyer sur une provenance commune, ethnique, linguistique et culturelle de tous les citoyens. Une culture politique libérale n'est que le dénominateur commun d'un **patriotisme constitutionnel** qui aiguise en même temps le sens de la diversité et de l'intégrité des différentes formes de vie qui coexistent dans une société multiculturelle ».[193] (4) S'agissant de l'avenir de la souveraineté, c'est le concept de souveraineté qui se dilue. A cette dilution elle-même, de nombreuses raisons, d'ordre **interne** (comme la référence à plusieurs arrière-plans culturels au sein de la culture politique globale[194], la forte interpénétration des systèmes, réseaux et organisations[195], l'impossible corrélation entre dynamique économique et consolidation de l'Etat-nation, et la mondialité ou la mondialisation des rapports de production, qui posent la primauté de la compétitivité internationale...) et surtout, d'ordre **externe**.

Jean-Bertrand Amougou : *Dans quel monde nous situons nous donc, désormais ?*

Pius Ondoua Olinga : Pour Habermas, c'est évidemment le monde post-politique (monde de la supranationalité des entreprises), un monde anonyme, sans contrôle normatif assuré de son fonctionnement global, un monde à la démocratie essentiellement formelle, où triomphent la logique de la mise en réseaux et l'hypostase du libéral et de l'efficacité, un monde fondamentalement dangereux, non point seulement sur le plan des rapports de forces militaires,[196] mais encore et

[193] *L'intégration républicaine*. p. 77.

[194] Mais cette multiple référence (multiple enracinement) n'est-elle pas potentiellement explosive, pour la cohésion globale ? Là est la question.

[195] Extension du monde intersubjectivement partagé, avec cependant une réelle fragmentation de la conscience des divers acteurs

[196] « L'Etat avancé des technologies militaires, note Habermas, la dynamique de l'armement et la diffusion des armes de destruction de masse ont fini par faire apparaître au grand jour les risques que fait courir au monde cette anarchie des puissances que ne gouverne aucune main invisible.» *Ibidem*. p. 118.

surtout du fait de l'absence au niveau international, d'une réglementation politique des rapports **Nord - Sud**.[197]

Jean-Bertrand Amougou : *Alors, la cosmocitoyenneté habermassienne, quelle effectivité ? Une simple idéologie ? Un processus irréversible ? D'ailleurs, cette lecture habermassienne : quel intérêt pour nous ? Quel intérêt pour la création de notre avenir ?*

Pius Ondoua Olinga : C'est tout cela que nous allons examiner maintenant, dans le second grand moment de nos entretiens. De l'effectivité et de l'irréversibilité du processus, nous parlerons, pour en montrer le double caractère réaliste/idéologique du discours dominant. Et pourquoi en parler, si les analyses habermassiennes ne nous permettaient en rien de reprendre, conceptuellement, l'examen de notre propre processus historique, nous de la Périphérie, confrontés à l'**urgence de l'avenir** ?

III - HABERMAS ET NOUS

Jean-Bertrand Amougou : *Quels grands axes de nos entretiens maintenant ?*

Pius Ondoua Olinga : Trois grands axes essentiellement : (1) Le retour au processus d'émergence de l'Etat-nation à la Périphérie ; (2) L'examen des défis et hypothèques de l'Etat-nation de la Périphérie (3) La pertinence des solutions habermassiennes.

Jean-Bertrand Amougou : *Sur cette émergence de l'Etat-nation à la Périphérie, que pouvez-vous dire ?*

Pius Ondoua Olinga : C'est toute la trajectoire historique qu'il s'agit de suivre ; ce sont toutes les modalités de cette émergence qu'il s'agit d'examiner.

Pour commencer, c'est la période coloniale que nous devons questionner. Et cette période se situe entre les XVI^è et XX^è siècles, où l'on assiste à une expansion de l'Europe hors de ses frontières, pour

---

[197] « Pour instaurer un ordre mondial et un ordre économique mondial plus pacifiques et plus justes, il faut créer des institutions internationales disposant d'une réelle capacité d'agir, et surtout mettre en œuvre des processus d'harmonisation entre les régimes continentaux en voie de formation ; mais il faut aussi définir des politiques qui ne pourront sans doute entrer en vigueur que sous la pression d'une société civile mobilisée à l'échelle mondiale ». *Ibidem*. p. 119.

prendre possession du monde. Ce mouvement d'expansion, non linéaire et non continu, a comme paramètres (1) l'occupation territoriale → (2) la dépendance des territoires ainsi occupés → (3) l'assujettissement des peuples colonisés → (4) le pillage des matières premières et l'arrimage des économies des pays colonisés aux économies des pays colonisateurs.

Il est vrai que, comme le fait remarquer J. Bruhat : « Toute colonisation, même sous la forme d'un affrontement, est un contact entre deux types de sociétés, celle des colonisateurs et celle des colonisés. Il convient donc de rechercher la double influence que la colonisation a exercée sur la société métropolitaine et la société colonisée ».[198] Ce n'est pourtant pas le second volet, celui de l'interrelation/influence réciproque de chacune des sociétés sur l'autre, qui nous intéressera. Ce qui nous intéresse au plus haut point, c'est l'extraversion fondamentale qui est créée, ce qui signifie essentiellement (1) le caractère nécessairement intéressé de la colonisation, à orientation de domination[199] → (2) le caractère nécessairement **violent** de la colonisation : « Toute domination entraîne violences (s'il y a résistance) et destruction des types de sociétés qui font obstacle à la colonisation ou qui ne peuvent s'y adapter. »[200]

Le caractère irréversible du phénomène de la colonisation est connu : c'est la balkanisation des territoires, découpés sans aucun rapport avec les réalités ethniques et sociologiques originaires ; c'est l'orientation des économies colonisées en fonction des intérêts de la métropole ; c'est la dynamique des brassages et métissages des populations, avec éclatement des sociétés traditionnelles et de leurs cohérences systémiques ; ce sont les manœuvres de l'impérialisme culturel ; c'est la coexistence de niveaux contrastés des forces productives ; c'est l'introduction de l'économie monétaire...[201] ; c'est le partage du

---

[198] « Colonisation » in *Encyclopaedia Universalis.* Vol. 4. p. 707.

[199] Domination économique, politique et culturelle.

[200] J. Bruhat .*Op. cit.* p. 708.

[201] S'agissant de l'impérialisme culturel, on connaît la thématique sauvages/civilisés, avec ses articulations et ses couples antithétiques, notamment le couple nature/raison. Pour Hélène Clastres : « Le discours qui s'élabore au XVIII[è] siècle sur les sauvages possède une unité propre, et qui n'est pas l'unité d'une pensée mais tient plutôt à une forme particulière de discours et à des « universaux » communs. Unité d'ordre rhétorique qui, si elle n'interdit pas la diversité, lui assigne des limites. » In :

monde et l'impérialisme, sur la base d'une véritable axiomatique de l'expansion qui se trouve reliée à la mobilité, comme on peut le voir chez Ratzel : « La mobilité [...] est une qualité essentielle du peuple en vie, propre à toutes les nations, même à celles qui sont apparemment au repos ».[202]

Jean-Bertrand Amougou : *On le sait : la période qui va de 1870 à 1900 correspond à la grande phase de l'expansion colonialiste européenne. La seule mobilité suffit-elle à expliquer cette expansion ?*

Pius Ondoua Olinga : Nous l'avons déjà vu : il faut articuler, parmi les motivations de cette poussée colonialiste, la volonté de prestige à la nécessaire exploitation économique.[203]

Jean Bertrand Amougou : *Vous peignez tout en noir... Il n'y aurait donc rien eu de positif dans la colonisation ?*

Pius Ondoua Olinga : Vous nous ramenez au débat récent en France sur les apports positifs de la colonisation. J'avoue que c'est un débat qui ne m'intéresse pas beaucoup. Que les sociétés soient amenées à s'ouvrir les unes aux autres, c'est là quelque chose de normal, à la condition que cette ouverture, non violente, ne soit pas adossée à une volonté de domination. Ouverture, donc (et par conséquent, échanges et enrichissements mutuels des sociétés), mais pas phagocytose programmée, comme cela a été le cas.

Jean-Bertrand Amougou : *Pourtant, Léopold Sédar Senghor opère une dissociation de la politique colonialiste française de la culture française, les Etats africains qui ont accédé à la souveraineté internationale rejetant la première et adoptant la seconde...*

Histoire des idéologies (sous la direction de François Châtelet). *Savoir et pouvoir du XVII^ie^ au XXe siècle.* Paris, Hachette Littérature 1978, p. 210.

Comme piliers de ces impérialismes culturel et idéologique, la représentation du sauvage comme extériorité par rapport à la raison universelle, extériorité par rapport au sens, déraisonnabilité, extériorité par rapport à l'histoire...

[202] *Ibidem.* pp. 249-250. Mobilité → vie → déploiement harmonieux des multiples dispositions physiques et spirituelles : la mobilité se trouve adossée à un principe de nature métaphysique...

[203] On peut dire sur ce plan que la politique coloniale que mènent les Etats n'est rien d'autre qu'une « manifestation internationale des lois éternelles de la concurrence. » *EU.* Vol. 4. p. 710.

Pius Ondoua Olinga : Cette dissociation me parait tout à fait problématique ; mais c'est son droit de l'opérer. La faire, c'est occulter l'articulation de la culture et de l'économie, la consommation de la culture française (qui relève de l'impérialisme culturel) n'étant qu'un volet de l'impérialisme économique global. Les formulations senghoriennes sont ici plus qu'étonnantes : elles sont inquiétantes. Pour lui en effet, la francophonie est « cet humanisme intégral », symbiose de toutes les énergies de toutes les races et de tous les continents, et qui permet dans l'authenticité l'expression des « immensités abyssales de la négritude ». C'est d'ailleurs sur cette base que Senghor affecte à la francophonie un rôle de premier plan dans la construction de la Civilisation de l'Universel. Il le dit en ces termes : « Au moment que, par totalisation et socialisation se construit la civilisation de l'Universel, il est, d'un mot, question de nous servir de ce merveilleux outil, trouvé dans les décombres du régime colonial. De cet outil qu'est la langue française ».[204]

Il faut tout de même reconnaître le caractère paradoxal de la pensée de Senghor, simultanément **"révolutionnaire"** (selon lui) lorsqu'elle entreprend dans la négritude, la restauration des valeurs noires dans leur vérité et leur excellence, et **"réactionnaire"** dans son affirmation de l'urgence de conduire l'Africain de son monde ancestral à celui de l'Europe. Pour lui : « Il n'est pas seulement question de lui faire apprendre de nouvelles techniques - ce qui est le plus facile, l'Africain étant naturellement doté de réflexes sains et de gestes sûrs - mais surtout de transformer son esprit même, plus exactement de l'amener à établir un nouvel équilibre parmi les valeurs de sa civilisation. »[205]

La transformation de l'esprit n'est-elle pas assomption de l'aliénation ? Et quel accomplissement intégral et véritable de l'Africain dans le cadre d'une telle aliénation ? Et comment faire de la colonisation une donnée positive, comme le fait Senghor ?[206] Comment en faire une "révolution", un "surgissement de conscience", la

---

[204] *Liberté I. Négritude et humanisme*. p. 363.

[205] *Liberté II. Nation et voie africaine du socialisme*, p. 152.

[206] « Replacée dans son contexte, la colonisation nous apparaîtra comme un mal nécessaire - d'une nécessité historique, d'où doit sortir le bien. A la seule condition que nous, les colonisés d'hier, nous en ayons conscience et que nous le voulions.» *Liberté II*. p. 297.

"naissance à un monde nouveau", en occultant la domination, le pillage économique, la destruction culturelle ? « Si nous sommes pleinement conscients de la portée de l'**Avènement**, nous cesserons de récriminer : nous serons plus attentifs aux apports qu'aux défauts, aux possibilités de renaissance plus qu'aux morts et aux destructions ».[207]

Jean Bertrand Amougou : *Pour revenir à notre propos, comment émerge la nation, l'Etat-nation, dans la période de la post-colonisation ?*

Pius Ondoua Olinga : La première urgence à ce niveau est d'ordre proprement politique ; il s'agit, par l'élaboration de la conscience nationale[208], de créer un véritable **front commun**, et d'éviter ainsi l'émiettement des groupes aux identités culturelles et aux revendications économiques spécifiques susceptibles d'attiser la dialectique des intérêts et d'aggraver les antagonismes entre groupes. Il est vrai qu'une difficulté réelle apparaît, celle de savoir comment concilier le souci de l'unité nationale avec les nécessités elles aussi urgentes de la justice sociale.

C'est dire que la réalisation de cette première urgence implique : (1) l'intégration de l'héritage de la patrie[209] à partir d'une **volonté de construction**.→ (2) l'insufflement d'une âme, d'un principe spirituel → (3) la minoration, au moins provisoire, de la dialectique des classes et de leurs antagonismes[210].

Comme autres urgences de niveau politique, (1) l'intégration plus grande du peuple dans la conduite des affaires publiques (en évitant la confiscation du pouvoir et de la puissance par la bourgeoisie) (2) la formation des cadres pour une gestion efficiente de la politique et de l'économie au sein de la nation en émergence.

---

[207] *Idem*. p. 297.

[208] Les diverses ethnies et les divers groupes sociaux agrégés dans une même entité territoriale n'ont au départ aucune conscience nationale.

[209] Transmis par les ancêtres : terre, sang, langue, mœurs, coutumes, art, folklore, culture en général.

[210] La minoration est provisoire, puisque cette dialectique des classes se réinstensifie au regard des écarts de plus en plus accusés entre classes sociales. Et ces classes sociales ont toujours existé, pas forcément avec la même configuration.

Comme le note toutefois A. Memmi : « Il était donc inévitable que la libération fasse échoir le pouvoir politique, globalement au moins, à cette classe (la classe bourgeoise), avec l'accord implicite, cependant, de la majorité de la jeune nation qui, ayant mené jusqu'ici le même combat, sous la direction de cette bourgeoisie, ne songe nullement à lui retirer cette prérogative dont elle a fait somme toute un usage victorieux. La bourgeoisie dite « nationale » continue à représenter toute la nation ».[211]

Jean-Bertrand Amougou : *C'est à ce niveau que se greffe la problématique de la mise sur pied des partis uniques.*

Pius Ondoua Olinga : Vous avez entièrement raison. Au nom de l'union nationale, et pour le maintien de l'unité de la nation, les partis uniques ont été créés, pour l'encadrement des militants et la lutte acharnée et quelquefois violente contre les adversaires du programme politique mis en oeuvre.

Jean-Bertrand Amougou : *N'y-a-t-il pas ici prétention du pouvoir dévolu à une classe à représenter la totalité du peuple ?*[212]

Pius Ondoua Olinga : C'est là un problème important, ladite prétention pouvant ne rien être d'autre qu'une occultation de la manipulation du peuple mis désormais au service d'intérêts qui ne sont pas forcément les siens. Et c'est pratiquement le même problème que l'on retrouve dans la thématique du leader, gérant et symbole de l'unité nationale.[213]

Jean-Bertrand Amougou : *Que pouvez-vous donc citer maintenant, au registre des urgences économiques ?*

Pius Ondoua Olinga : Plusieurs choses, assurément. Et d'abord l'urgence du développement, pour sortir de la pauvreté et de la misère. Urgence première car, « il ne suffirait plus, note encore A. Memmi, comme on l'a pensé pendant la colonisation, de supprimer les privilè-

---

[211] Décolonisation. *Encyclopaedia Universalis*. Vol. 5. p. 365.

[212] N'est-il pas illusoire et idéologique d'affirmer la correspondance absolue entre pouvoir et peuple ? Et les contradictions multiples, notamment de classes ?

[213] L'action du leader peut très bien être menée au service des privilégiés et pire encore, au service des intérêts étrangers, contraires à ceux du peuple ! D'où la genèse d'un malaise tendanciellement constant.

ges du colonisateur, ni même de remplacer tous les techniciens européens par des techniciens issus du peuple libéré, pour obtenir l'abondance et la meilleure gestion possible des biens et des institutions ».[214] L'urgence du développement se fonde sur la réalité (et même le scandale) de la misère et de la pauvreté, tout en s'articulant, second niveau, à l'urgence de l'indépendance économique, une indépendance rendue à la limite impossible du fait de la division internationale du travail, fondement de l'ordre économique international inégal. « Il est impératif, notent A. Fishlow et al, que la croissance économique et la réforme de l'économie internationale aillent de pair. Toute réforme qui ne permettrait pas un développement rapide et soutenu ne pourrait prétendre apporter même un début de satisfaction aux aspirations ou aux besoins matériels minimaux du Sud ».[215]

Jean-Bertrand Amougou : *Nous retrouvons donc, à ce niveau, le problème fondamental de l'articulation du politique et de l'économique...*

Pius Ondoua Olinga : Nous retrouvons effectivement, comme Marx a pu le montrer, qu'économie et politique s'entre-déterminent ; en effet, quel contenu concret accorder au concept d'indépendance économique lorsque (1) les relations économiques internationales sont placées sous le signe de la domination et de l'échange inégal, (2) l'indépendance politique reste formelle en ce qui concerne l'autodétermination, et que cette indépendance politique doit faire face aux problèmes et urgences proprement politiques que nous avons évoquées plus haut ?[216]

En outre, quelle problématique de l'investissement pour la création des richesses ? Peut-il y avoir une dynamique interne de mobilisation des moyens pour impulser le développement ? Que penser de l'aide, que penser de la coopération ? Et la problématique actuelle de la dette ?...

---

[214] *Encyclopaedia Universalis. Ibidem.* p. 365. Ce serait alors le remplacement d'une misère par une autre misère.

[215] Albert Fishlow et al. *L'économie mondiale : pays pauvres et pays riches.* Paris, Economica. 1981. p. 37.

[216] Modernisation de l'Etat, démocratie pluraliste, élaboration de la conscience nationale, stabilité...

Quelle cosmocitoyenneté ?

Jean-Bertrand Amougou : *Avant de nous intéresser à la problématique de la dette, aux plans d'ajustement structurel (PAS) et à l'initiative Pays Pauvres Très Endettés (PPTE), revenons un instant sur l'aide et sur la coopération...*

Pius Ondoua Olinga : Bien volontiers. L'aide est essentiellement, dès le départ, une des modalités du financement des programmes de développement des pays du Tiers-Monde récemment indépendants. Mais cette aide n'avait-elle pas des motivations inavouées ? On peut le penser. Certes, le passage de la société préindustrielle à la société industrielle et même postindustrielle est à l'ordre du jour : l'objectif visé est clair : « Favoriser le progrès économique au moins dans la mesure nécessaire à empêcher les bouleversements sociaux et politiques susceptibles de déclencher des conflits dans lesquels les pays industriels risqueraient de se trouver eux-mêmes entraînés ».[217] Mais ici, plusieurs choses sont visées : (1) la permanence de la satellisation → (2) le blocage de tout développement autocentré/antilibéral [218] → (3) le double arrimage politique et économique des pays nouvellement indépendants (alignement économique et docilité politique allant de pair) « En fait, note Tibor Mende, les politiques d'aides se sont graduellement révélées comme l'innovation la plus importante dans la grande mutation contemporaine, passant de la coûteuse présence coloniale à un contrôle indirect plus profitable ».[219]

Dans ma thèse de Doctorat de III^è^ cycle[220], je faisais déjà remarquer que l'aide constituait « un affinement des méthodes de recherche du pouvoir et de l'influence : ce n'est plus le conflit armé, l'occupation militaire de type colonial, mais à travers elle transparaît le besoin de satellisation, de domination, en un mot, l'impérialisme. C'est donc une forme de récupération des pays nouvellement indépendants par les anciens maîtres qui prolongent ainsi leur influence et leur pouvoir, et peuvent de ce fait obtenir des avantages politiques, économiques, idéologiques ».

---

217 Tibor Mende. *De l'aide à la recolonisation*. Paris. Le Seuil. 1972. p. 20.

218 Vu l'antagonisme **Est/Ouest**, tout développement de type socialiste doit être bloqué !

219 Tibor Mende. *Op. cit.* p. 98.

220 *Rationalité technologique et problématique africaine du développement.* Toulouse. 1977. p. 256.

Jean-Bertrand Amougou : *Pour ce qui est de l'aide, voilà qui est clair ! Ni humanitarisme, ni charité…*

Pius Ondoua Olinga : C'est bien cela. Ni assistance totalement désintéressée, ni réelle volonté de réduire l'écart existant entre le Centre et la Périphérie, mais continuité recherchée de l'ordre économique international. Tibor Mende, dont nous venons de citer quelques extraits, révèle une publication officielle du Gouvernement américain, et l'on peut y lire : « La plus grande erreur entretenue au sujet du programme d'aide à l'étranger est de croire que nous envoyons de l'argent à l'étranger […] L'aide à l'étranger consiste en matériels, matières premières, services et produits alimentaires américains. 93% des Fonds de l'Agence pour le Développement International (A.I.D) sont dépensés aux Etats-Unis ».[221]

Jean-Bertrand Amougou : *Et pour la coopération maintenant...*

Pius Ondoua Olinga : On peut dire *grosso modo* la même chose. Quelle coopération véritable, entre partenaires fondamentalement inégaux ? Plutôt qu'une sortie du sous-développement, une noyade dans la misère et la pauvreté, faute d'une solidarité morale réelle à l'échelle des nations, et qui, brisant la hiérarchisation dominante, ferait de ces nations de véritables partenaires, sur une base d'égalité.

Jean-Bertrand Amougou : *Globalement donc, un échec de l'aide et de la coopération ? …*

Pius Ondoua Olinga : Peut-être faudrait-il nuancer, et réinsister plutôt, sur un plan programmatique, sur la restructuration nécessaire de cette aide et de cette coopération. Mais que peut bien vouloir dire restructuration ? Nous y voyons beaucoup de choses à la fois.

(1) La première : La conscience de leur échec sous leurs formes initiales, l'objectif visé, à savoir la promotion du développement, n'ayant point été atteint. N'assiste-t-on pas plutôt à l'aggravation effective de la misère, à l'élargissement de l'écart entre nations riches et nations

[221] *Op. cit.* p. 96. Tibor Mende cite William S. GAUD. *Foreign Aid, what it is, how it works, why we provide it.* Bulletin du Département d'Etat. Vol. LX, n° 1537. 9 Décembre 1968. p. 605.

pauvres, c'est-à-dire, entre le Sud et le Nord, au verrouillage de ce *statu quo* inégalitaire, à partir d'une intensification de la dépendance et de la détérioration continue des termes de l'échange, au difficile auto-investissement des nations du Sud, faute d'avoir des moyens propres conséquents à cet effet ?

(2) La seconde : La permanence évidente d'un *statu quo* désormais impossible à masquer, malgré les multiples idéologies dominantes corrosives.

(3) La troisième : L'effritement de toute conscience de la possibilité qu'advienne quelque figure historique autre, ceci à cause du verrouillage matériel et idéologique de la mondialisation...

Comment d'ailleurs ne pas relire ici, avec beaucoup d'intérêt, ce livre de Adama Ballo : *30 ans de sous-développement, ça suffit*, paru quatorze ans déjà ?[222] Comme le montre Ade Jean-Marie Adiaffé, dans la Préface qu'il a écrite pour cet ouvrage : « L'un des intérêts ultimes de ce livre, c'est que ce perfide mécanisme du sous-développement, son mode nocturne, ses sorciers invisibles, n'auront plus de secret pour vous ».[223]

Adama Ballo revisite, comme nous l'avons fait, la trajectoire qui a rendu possible le *statu quo* actuel. (1) Mise en place, par l'Europe, du sous-développement « dans son intérêt et celui de ses collaborateurs néocoloniaux ».[224]→ (2) Création d'une véritable « aide à la recolonisation » en dépit de la cécité historique créée et entretenue grâce au dévoiement de l'histoire[225] : « Malgré les falsifications, les contre-vérités historiques, note Adama Ballo, c'est plutôt l'Afrique qui contribua au fabuleux développement du capitalisme de l'Europe, à la période coloniale, par les services bancaires et maritimes. Puis [...] après le renforcement des aspects militaires, religieux, technologique, l'Europe pilla la richesse de l'Afrique pour se développer afin de sous développer le continent africain. »[226]

---

[222] Paris. Editions. Nouvelles du Sud, 1993.
[223] *Op. cit.* p. 7. C'est d'une démystification qu'il s'agit.
[224] *Ibidem.* p. 8.
[225] Tibor Mende : *De l'aide à la recolonisation* et Walter Rodney. *Comment l'Europe sous-développa l'Afrique,* auront aidé à la démystification de la réalité.
[226] *Idem.* p. 8.

Jean-Bertrand Amougou : *Excusez-moi de vous interrompre : rien n'a donc fondamentalement changé ?*

Pius Ondoua Olinga : Je ne vous réponds pas directement ; je vous laisse plutôt découvrir la réponse du Préfacier : « Non, rien n'a décidément, décisivement, changé au Paradis colonial. C'est toujours le sous-développement de l'Afrique qui se perpètre, se perpétue, se pérennise ».[227]

Mais vous me laisserez, je le crois, poursuivre mes analyses et développements. (3) Insuffisantes analyses économiques de la réalité africaine,[228] faute d'appareillage conceptuel adéquat, puisque l'appareillage actuel prône le rattrapage, assimile occidentalisation, modernisation et progrès, et occulte ainsi fondamentalement la domination.[229] → (4) Nécessité (urgence) pour les Africains de devenir acteurs principaux de leur propre histoire. Le préfacier, que nous relisons une fois de plus, peut dire, exprimant en cela sa conviction profonde : « Je crois ce peuple africain gouverné par des Etats démocratiques, des sociétés de droit, de justice, mais surtout de liberté totale d'expression. Je crois ce peuple africain capable du même exploit que le Japon[230]. Je le crois parce que je l'espère, et j'espère parce que le crois. »[231]

Jean-Bertrand Amougou : *N'y a-t-il pas idéalisme de tant insister sur la foi, sur l'espérance ?*

Pius Ondoua Olinga : En ce qui me concerne, j'y vois non point de l'idéalisme, mais de la conviction. Quelle conviction ? Retrouvons donc la linéarité ci-après : (a) la conception d'une modernité spécifique par les Africains eux-mêmes → (b) la volonté d'interdépendance/souveraineté de la part des africains → (c) le statut d'acteurs historiques privilégiés des Africains « Acteurs, mais également héros et selon les circonstances, martyrs. C'est la seule condition

[227] *Idem*. p. 8.

[228] Economie de la misère, misère de l'Economie !

[229] C'est le **mimétisme idéologique béat**.

[230] Pour Ade Jean-Marie Adiaffé : « Le Japon est l'un des pays non-Européens à réaliser l'exploit de se libérer du joug occidental, de la dictature des banques mondiales et autres « nouvelles chaînes de l'esclavage ». *Ibidem*. p.10.

[231] *Idem*. p.10.

de participer à leur propre histoire puis à celle du monde. »[232], note le préfacier. Et en contreposition de cette linéarité, la réalité de « trente ans d'indépendance antinationale [...] une indépendance dépendante, stérilisée *in vitro* »[233]. Et il retrouve au bout du compte, simultanément (1) la « crise d'une économie dominée et dépendante », → (2) des citoyens « nationaux en liberté surveillée » → (3) des citoyens dont l'intelligence et le cerveau sont mis dans « les chaînes et le fer de l'enfer ».[234]

Jean-Bertrand Amougou : *Faute de puissance (scientifique et technologique, économique, bancaire, financière, intellectuelle, littéraire, artistique) pour l'Afrique, comment réinventer l'économie et la politique, comment réinventer l'avenir ?*

Pius Ondoua Olinga : Tout le défi est donc là. Et il faut s'atteler à le relever. Pour que la transformation qualitative puisse avoir lieu, **a.** pour battre en brèche la spécialisation internationale et le sous-développement[235] et éviter ainsi la continuité du modèle colonial ; **b.** pour que le développement économique, redéfini comme phénomène global, fasse émerger une société nouvelle dans ses modes d'être, de faire et de penser (rapports à la nature, division du travail, orientation de la production, relations au monde extérieur, sur le plan de l'autonomie), l'avenir est à réinventer. C'est une urgence.

Jean-Bertrand Amougou : *Ceci parce qu'il y a permanence des données de la postcolonisation telles que nous venons d'en percevoir les principaux aspects...*

Pius Ondoua Olinga : C'est tout à fait cela. Encore que quelques aggravations actuelles aient pu prendre un caractère préoccupant. (1) Une pauvreté endémique, depuis la mise sous Programmes d'Ajustement Structurel de la plupart des Etats Africains, les remises de dettes concédées à ce jour dans les programmes PPTE n'ayant point encore achevé d'administrer la preuve de leur efficience ; (2)

---

[232] *Idem.* p.10.
[233] *Ibidem.* p.12.
[234] *Ibidem.* p. 13.
[235] Favorisée notamment par l'aide internationale, l'échange inégal, les rapports de domination internes, les déstructurations économiques et sociales…

Des échanges Nord-Sud propres à faire permaner la paupérisation du Sud (à partir du pillage accéléré de ses richesses) ; (3) Sur le plan proprement politique et social et s'agissant de la nécessité de conforter un Etat-nation à l'émergence récente et à la stabilité fragile : la persistance du tribalisme et l'inconsistance de la conscience nationale à partir de la relance de la dialectique ethnique[236] → (4) La problématique du pouvoir et de l'accès au pouvoir : des stratégies multiples sont en réalité mises en œuvre, pour réaliser la mainmise sur les principaux rouages du pouvoir, à savoir : l'enrichissement illicite, accéléré, le dévoiement des suffrages, la recherche effrénée de la maîtrise des instances (partis) et de l'accès aux positions, l'action corrosive des sectes, groupes et lobbies divers, en fonction d'intérêts dont le caractère national est tout à fait douteux ! → (5) La dialectique des partis, dont beaucoup ont une configuration majoritairement régionale/ethnique faute d'une idéologie susceptible d'entraîner l'adhésion de beaucoup.[237] D'une manière générale, nous nous retrouvons devant le problème global de l'Etat de droit et de la démocratie.[238]

Jean-Bertrand Amougou : *Vous venez d'examiner rapidement les aspects économiques, politiques et sociaux de la situation de notre actualité postcoloniale. Faites-vous l'impasse sur l'aspect culturel ?*

Pius Ondoua Olinga : Pas du tout. Nous avons perçu dans nos précédentes analyses l'impact corrosif de l'idéologie dominante dans les consciences : a) sur le plan de la conception du déploiement historique, b) sur celui de la conception du développement et de la gestion du réel. c) sur celui enfin de la réinvention de l'avenir. La réalité, c'est celle de l'arrimage à la pensée/culture dominante. Et à l'heure de la mondialisation économiquement, politiquement et idéologiquement triomphante, comment escamoter les problématiques et du multiculturalisme et de la citoyenneté ? Pour nos pays africains, quelle citoyenneté transnationale ou mondiale envisager alors même que la citoyen-

---

[236] Les conflits ethniques ne sont pas seulement imminents/possibles, ils sont désormais effectifs.
[237] Encore que sur ce plan, il n'y ait pas grand-chose de fait pour la formation de la conscience politique/idéologique.
[238] Cette problématique des Droits de l'Homme (Etat de droit) et de la démocratie est devenue une des conditionnalités dans les rapports **Nord/Sud**.

neté nationale a encore à être confortée, rassurée, voire même, fondée ?

Jean-Bertrand Amougou : *Vous nous introduisez là avec souplesse, dans l'examen de la pertinence des solutions habermassiennes. Habermas et nous : que pouvons-nous vraiment dire ?*

Pius Ondoua Olinga : Il me semble que c'est au moins autour de cinq grands axes que nous allons pouvoir, assez brièvement certes, relire Habermas : (1) la problématique du droit et du système des droits (2) la problématique de la souveraineté (3) la problématique de la démocratie (4) la problématique du cosmopolitisme et de la cosmocitoyenneté et (5) la problématique de la création de l'avenir.

Jean-Bertrand Amougou : *Commençons donc par la problématique du droit et du système des droits.*

Pius Ondoua Olinga : Nous avons vu que, chez Habermas, le droit (positif) est la condition d'exercice des droits naturels de chaque homme. Mais il faut fonder le normativisme du droit, moins sur le sujet individuel/isolé (ou même sur ce que Habermas appelle « macro-sujet social ou étatique »[239] que sur la communication, sur le médium du langage « au moyen duquel se tissent les interactions et se structurent les formes de vie, qui crée la possibilité d'une raison fondée sur la communication. »[240] La finalité ici, c'est l'entente qui est, simultanément, **possibilité** (ouverture de possibilités) et **limitation** (limitation de possibilités).

Jean-Bertrand Amougou : *On sent déjà à ce niveau que Habermas se différencie de Kant ...*

Pius Ondoua Olinga : De la raison pratique à la raison communicationnelle, il y a un changement radical. Ici un *télos* (une finalité : communication/efficience, et une modalité : l'acceptation consensuelle sans réserve) ; là, comme finalité, le règne des fins et comme modalité, l'exécution du devoir qui émerge, de manière transcendentale, de la conscience, de la raison. Habermas peut dire à ce propos : « La rationalité de la communication s'exprime par un ensemble décentré de

[239] *Droit et démocratie. Entre faits et normes*. p. 17

[240] *Idem*. p. 17. C'est la rationalité communicationnelle différente de la raison pratique de Kant qui est faculté subjective qui prescrit le **devoir** aux différents acteurs.

conditions qui, tout à la fois, ouvrent des possibilités transcendantales, constituent des structures et exercent une forme imprégnante, mais il ne s'agit pas d'une faculté subjective qui prescrirait aux acteurs ce qu'ils doivent faire. »[241]

C'est l'intersubjectivité qui fonde la normativité de la raison communicationnelle, ce qui signifie donc la linéarité ci-après : (1) Affirmation du statut du sujet, valable dans la relation intersubjective → (2) Egalité des sujets dans l'intersubjectivité → (3) Idéalisations identiques à partir d'une herméneutique identique du réel et des fins → (4) Consensualité comme résultat de la communication, [242] à partir de la coordination de l'action que permet le langage, et que Habermas appelle « forces d'engagement illocutoires [...] à des fins d'entente ». Régulation normative et interactions stratégiques sont liées. On retrouve donc une articulation essentielle : (1) Liberté des acteurs du processus communicationnel → (2) Communication sur la base d'un langage à herméneutique partagée → (3) Emergence du consensus → (4) Légitimité des lois et normes émergeant de ce consensus. Une fois de plus, c'est bien de la **rationalité communicationnelle** qu'il s'agit, chez Habermas.

Jean-Bertrand Amougou : *On voit donc, de Kant à Habermas, le passage de la loi morale au droit positif.*

Pius Ondoua Olinga : C'est cela : chez Kant, la loi morale à laquelle on obéit (et c'est cela la liberté), n'émerge d'aucun consensus : la légalité est transcendantale ; chez Habermas en revanche, le système juridique des droits tire sa normativité et son caractère de contrainte d'une légitimation liée à la reconnaissance intersubjective et consensuelle : des libertés égales sont donc reconnues à tous.[243]

---

[241] *Ibidem.* p. 18.

[242] D'où, faible transcendantalité de la contrainte du devoir, émergeant d'« un faisceau d'idéalisations inévitables qui constitue la base contrefactuelle de l'entente, capable de critiquer ses propres résultats et donc de se transcender elle-même » *Idem.* p. 18. La théorie du droit est fondée, ici, sur le principe de la discussion, tout comme la théorie de l'Etat de droit. Pour Habermas il s'agit, partant des questions du droit rationnel, « de montrer comment la vieille promesse d'une auto-organisation juridique de citoyens libres et égaux peut se concevoir d'une façon nouvelle, dans les conditions d'une société complexe ». *Ibidem.* p. 21.

[243] Ceci d'une manière différente dans la loi morale et dans le système des droits.

Comme le fait remarquer à ce propos Habermas : « A l'intérieur du système des droits, c'est le processus législatif qui constitue, à proprement parler, le lien de l'intégration sociale. Il faut, par conséquent, que l'on puisse attendre des participants du processus législatif qu'ils abandonnent leur rôle de sujets du droit privé et qu'ils assument, en même temps que celui de citoyens, le point de vue de membres librement associés d'une communauté juridique, dans laquelle un accord sur les principes normatifs régulant la vie communautaire est déjà assuré par la tradition, ou peut être établi au moyen d'une entente suivant des règles normativement reconnues ».[244]

Jean-Bertrand Amougou : *Les libertés égales reconnues à tous doivent pourtant être garanties... Par qui ?*

Pius Ondoua Olinga : Par l'Etat assurément qui, en permettant la réalisation du droit, stabilise les attentes de chacun (prévention de la déstabilisation)[245]. D'où la nécessité pour ces sociétaires d'organiser le pouvoir politique de manière légitime (juridique) pour que le droit lui-même, qui émerge du consensus rationnel, soit réalisé « **sans contradiction** ». C'est dire que l'Etat de droit implique (1) autonomie politique → (2) application du droit → (3) normativité systémique → (4) intégration des individus au niveau social « au moyen des valeurs, des normes et des processus d'entente » et, au niveau systémique, « au moyen du marché et du pouvoir administratif. »[246]

Jean-Bertrand Amougou : *Beaucoup de questions ne manquent pourtant pas de se poser : (1) Le problème de la substance des droits de l'homme, (2) le problème de la dialectique des droits de l'homme et de la souveraineté populaire ;(3) Le problème des légitimations. Pouvez-vous nous dire un mot ici ?*

Pius Ondoua Olinga : Nous ne pourrons pas reprendre dans le détail, l'examen de ces divers problèmes. Nous parlerons seulement (1) du formalisme du droit et du système des droits[247], (2) du caractère idéologique de l'affirmation par Habermas, de l'harmonisation de l'autonomie privée et de l'autonomie publique, ainsi que de la garantie

---

[244] *Ibidem*. p. 46.
[245] Il y a dès lors possibilité rationnelle du droit, du système des droits.
[246] *Ibidem*. p. 54.
[247] Les discussions concourant à la formation de l'opinion et de la volonté suffisent-elles à conférer une quelconque substance aux droits de l'homme ?

équivalente de ces autonomies → (3) du formalisme de l'égalité des locuteurs dans le cadre des discussions concourant à la formation de l'opinion et de la volonté générale. Il y a là, chez Habermas, passage indû de la **souveraineté idéale** à la **souveraineté réelle**. Habermas ne dit-il pas : « Avec le concept de forme juridique qui stabilise les attentes sociales de comportement de la façon que nous avons énoncée, et avec le principe de la discussion, à la lumière duquel la légitimité des normes d'action peut être, d'une manière générale, mise à l'épreuve, nous avons à notre disposition les moyens suffisants pour introduire *in abstracto* ces catégories de droits qui, en fixant le statut des personnes juridiques, engendrent le code juridique lui-même » ?[248]

Pour Habermas, il existe une linéarité : (1) droits fondamentaux « qui résultent du développement, politiquement autonome, du droit à l'étendue la plus grande possible de libertés subjectives d'action égales pour tous »[249] → (2) statut égal de membre de la société considérée comme « une association volontaire de sociétaires juridiques »[250] → (3) exigibilité des droits et exigibilité de la protection juridique pour chacun → (4) autonomie politique instauratrice du droit, à partir d'une participation « à chances égales aux processus de formation de l'opinion et de la volonté »[251] et donc jouissance égale des droits civiques.

Jean-Bertrand Amougou : *Votre insistance sur le concept de formalisme signifie-t-elle que Habermas ne diffère pas tellement de Kant qu'il veut par ailleurs dépasser ?*

Pius Ondoua Olinga : C'est cela. Si chez Kant la loi morale rationnelle et universelle légitime le droit, chez Habermas par contre, l'universalisation du droit est menée non à partir de la raison universelle, mais à partir de la discussion, c'est-à-dire qu'il y a « autolégislation par les citoyens »[252]. Là où il y a formalisme et donc idéologie, c'est dans l'occultation de la différenciation des positions de ces sociétaires juridiques « formellement égaux » : il y a donc occultation

248 *Ibidem*. p. 139.
249 *Idem*. p. 139.
250 *Idem*. p. 139.
251 *Ibidem*. p. 140.
252 *Ibidem* .p. 138.

de la dialectique des situations de classes et des positions de classes au sein du processus de la discussion.[253]

En poursuivant nos développements, nous pouvons relever : (4) le formalisme de la neutralité du pouvoir de l'Etat, du pouvoir de l'Etat de droit conçu comme « auto-organisation autonome d'une communauté » conçue elle-même aussi comme « association de sociétaires juridiques égaux ».[254] Il y a formalisme et idéologie dans les déductions habermassiennes ci-après : à partir des institutions de l'Etat de droit : (1) exercice efficace de l'autonomie politique → (2) rationalité communicationnelle de la volonté → (3) rationalité et légalité/légitimité des lois → (4) stabilisation des attentes et pleine intégration sociale.

Enfin, à ce niveau, le formalisme apparaît dans l'affirmation que les modalités de la légitimation du pouvoir politique suffisent. Mais que peuvent valoir *a priori* les procédures ? N'y a-t-il pas là un **idéalisme procédural** corrélatif du formalisme du pluralisme politique ?

Jean-Bertrand Amougou : *Peut-être pouvez-vous enchaîner maintenant avec la problématique de la démocratie...*

Pius Ondoua Olinga : Bien volontiers. Nous avons relevé le formalisme des droits, chez Habermas. A ce formalisme s'ajoute l'absence d'un arrimage éthique du droit, qui se fonde, chez Habermas sur la seule rationalité communicationnelle, sans qu'à un seul moment on puisse référer ce droit une ontologie de l'être-valeur.

Pour ce qui est de la démocratie, c'est bien à la figure de la démocratie libérale (et aussi à celle de son corollaire, l'économie libérale/capitaliste) que nous nous intéressons, en tant qu'elle serait l'achèvement ou la réalisation maximale de la démocratie et des libertés. En relevant le formalisme du droit et du système des droits comme nous venons de le faire, nous critiquons par le fait même le formalisme de la démocratie libérale qui hypostasie les procédures de discussion sans qu'il soit fait référence à ce que Marx appelle l'infrastructure ; ce qui d'une certaine manière, procède à une autonomisation idéologique des procédures et des institutions qui en dé-

[253] Encore que la neutralité du discours soit elle-même tout à fait idéologique.

[254] *Ibidem*. p. 196.

coulent, alors même que la détermination par l'infrastructure (détermination occultée) demeure réelle, prégnante. Les divers principes habermassiens caractéristiques selon lui de l'Etat libéral démocratique (principe de la séparation de l'Etat et de la société, la règle de la majorité, l'assujettissement du pouvoir administratif au pouvoir générateur du droit, la neutralité du pouvoir étatique...) peuvent être considérés dès lors comme seulement théoriques et formels, leur effectivisation demeurant problématique.

Jean-Bertrand Amougou : *Est-ce le cas du principe du pluralisme politique dans nos Etats-nations d'Afrique aujourd'hui ?*

Pius Ondoua Olinga : Il ne faut en fait, ni généraliser, ni radicaliser, puisque ces situations sont à la fois différenciées et complexes, dans ces différents Etats-nations. Ce que l'on peut dire en tout cas, c'est que l'on ne peut faire l'impasse sur la problématique des moyens, le pluralisme restant tout à fait formel lorsque les partis n'ont que peu (ou même pas) de moyens pour influer sur la formation de la conscience et sur celle de l'opinion. Ce qui est sûr, c'est que l'universalité affirmée des intérêts peut dériver d'un processus d'universalisation porté par une manipulation idéologique occultant leur particularité ou mieux, leur parcellarité.

Jean-Bertrand Amougou : *Après le formalisme du droit et celui de la démocratie libérale, que pouvez-vous dire sur la souveraineté des Etats-nations ?*

Pius Ondoua Olinga : On peut dire à ce niveau que les analyses habermassiennes sont globalement éclairantes à l'heure de la mondialisation, notamment celles qui concernent les exigences d'une économie mondialisée.[255] Dans les conditions que Habermas analyse, la souveraineté devient effectivement problématique.

Mais que peut valoir la transition de la nationalité au cosmopolitisme ? L'enracinement national peut-il être effacé, au profit d'une solidarité cosmopolitique ne reposant sur aucun socle déterminé et voulu par les sujets à qui cette solidarité est imposée ? Et cette solidarité cosmopolitique peut-elle se présenter, comme l'affirme Habermas,

---

[255] Minoration du national, primauté du transnational et du supranational, interdépendance asymétrique des nations développées et des nations sous-développées.

comme le nouveau type d'intégration sociale ? N'y a-t-il pas là assomption idéologique d'intérêts qui n'ont d'universalité que leur universalisation ?

En outre, que peut-on vraiment dire de la communauté cosmopolitique, de la solidarité active des citoyens du monde, de la culture politique de la société mondiale, ainsi que du passage de la gouvernance nationale à la gouvernance mondiale/ globale ?

(1) S'agissant de la communauté cosmopolitique, peut-elle être autre chose qu'une agrégation d'Etats ou de blocs, où règnent ségrégation, hiérarchisation, violence ? L'illusion pacifiste ne renvoie-t-elle pas à la réalité d'un équilibre de la terreur ? C'est d'ailleurs de ce point de vue qu'il faut comprendre la volonté de monopolisation des armes de destruction massive par un petit nombre d'Etats puissants, de même que le statut inégalitaire des Etats au sein des Organismes Internationaux, notamment l'ONU, le FMI, la Banque Mondiale. . .

(2) S'agissant de la solidarité active des citoyens du monde, s'il est vrai que le monde entier peut se sentir concerné par des cas humanitaires, notamment lors des catastrophes, on ne peut vraiment pas parler de solidarité lorsque la mise en place de mécanismes de pillage des richesses naturelles et humaines des pays pauvres est menée de façon systématique, au nom d'un **libéralisme brumeux** qui ne fait que réaliser le triomphe absolu de la loi de la valeur.

(3) S'agissant de la gouvernance mondiale, il y a lieu de démystifier l'arrimage de ses principes aux principes libéraux, de même qu'il y a lieu de donner une meilleure légitimité aux acteurs de ladite gouvernance, puisqu'actuellement seule la position de force prévaut ici pour fonder pareille légitimité. Ce qui signifie, d'une manière générale, la dictature du supranational sur le national, la conscience cosmopolitique souhaitée par Habermas relevant plus de la mystification idéologique que d'autre chose.

Jean-Bertrand Amougou : *Vous venez de faire certains développements relatifs à la souveraineté, à l'absence d'effectivité de la corrélation entre droits civiques et droits sociaux, au maintien des disparités et hiérarchies... Pourquoi ne pas développer un peu plus encore votre analyse du cosmopolitisme ?*

Quelle cosmocitoyenneté ?

Pius Ondoua Olinga : Cette analyse du cosmopolitisme, je ne la considérais pas comme achevée. En effet, quel cosmopolitisme et quel universalisme dans le cadre d'une dialectique double, entre identités culturelles originaires et culture politique nationale, et entre culture nationale et culture mondiale ? Cette double dialectique se vit au Nord comme au Sud, où l'on sent le processus de résorption en marche : résorption des cultures de base par la culture nationale (résorption tendancielle, vu les résistances et les affrontements) ; résorption programmée des cultures nationales par une unique culture dominante mondialisée.

De mon point de vue, je peux considérer comme positives les résistances et les pesanteurs des Etats-nations dans le cadre du processus programmé de leur dissolution dans le mondial, car la figure de la constellation postnationale est loin d'être clairement fixée ou du moins, la société mondiale ne parait être rien d'autre que la mondialité capitaliste, que le capitalisme mondialisé.

Que ce soit pour les citoyens au sein de l'Etat-nation ou que ce soit l'Etat-nation lui-même dans le concert des Etats, la reconnaissance et l'interconnaissance sont hypothéquées, au regard de l'inégalité fondamentale des statuts, repérable à travers l'exclusion, la marginalisation et la hiérarchisation en marche.

Jean-Bertrand Amougou : *Le monde post-politique dont parle Habermas est-il autre chose qu'une politisation libérale du monde, et la cosmocitoyenneté renvoie-t-elle à autre chose qu'à l'intégration des citoyens au monde du libéral avec ses principes et ses urgences ?*

Pius Ondoua Olinga : Vous posez là une question de fond. Ce monde unique, de quel contrôle normatif de type éthique bénéficie son fonctionnement global ? D'ailleurs, quelle problématique des valeurs désormais, hormis l'hypostase de la loi de la valeur ? Quelle rationalité des normes de la régulation globale, hormis, comme on le voit, l'arraisonnement de l'ensemble de la planète ? La critique de la raison fonctionnaliste que Habermas entreprend dans le tome 2 de sa *Théorie de l'agir communicationnel* aurait dû s'ouvrir sur une véritable **critique de la raison économique libérale**, fondement de la mondialisation. Et si Habermas procède à une analytique des conséquences et des défis de la mondialisation pour ce qui concerne la citoyenneté, la souveraineté de l'Etat-nation, etc, on ne le voit point critiquer les fondements idéologiques de ce processus, ni *a fortiori,* se projeter dans l'avenir à partir de **normes éthiques**, sauf en termes de dérivation de la figure du monde par explicitation et implémentation de ses principes structurants : des principes libéraux.

IV - EN GUISE DE CONCLUSION. QUELLE COSMOCITOYENNETÉ ?

Jean-Bertrand Amougou : *Nous sommes parvenus la fin de l'examen de la cosmocitoyenneté habermassienne. Que peut-on vraiment retenir ?*

Pius Ondoua Olinga : On peut déjà, à tout le moins, constater l'arrimage de la pensée habermassienne à l'ensemble des problématiques de la réflexion politique actuelle : la problématique de l'Etat de droit et des droits de l'homme, la problématique de la citoyenneté, au sein de l'Etat-nation et dans le cadre du monde (cosmocitoyenneté), la problématique de la légitimation du pouvoir, et celle de l'avenir de l'Etat-nation à l'heure de la mondialisation.

Ce que l'on peut aussi observer, sur le plan global, c'est le caractère pour le moins idéologique des solutions qu'il propose.

Jean-Bertrand Amougou : *Vous voulez parler de la cosmocitoyenneté ? Et de quoi d'autre encore ?*

Pius Ondoua Olinga : Je veux bien entendu parler de la cosmocitoyenneté, dont on ne voit guère l'enracinement, ni le ciment, pour autant que la dilution ou au moins la marginalisation des identités originaires est programmée/engagée au profit de la seule culture marchande/capitaliste devenue culture mondiale, en tant que culture universelle.

Cette universalité idéologique se constitue dans un arrimage de la totalité de l'univers à une raison close et totalitaire, où la vision de l'homme, c'est bien celle du propriétaire, du consommateur et dangereusement prédateur dans son exploitation accentuée des richesses du monde, une exploitation qui fait courir à l'univers tout entier les risques que l'on connaît, et à l'homme celui de sa propre dissolution. Dans ces conditions, sans une **cosmocitoyenneté** certaine, de cosmo-responsabilité de nature éthique, quel avenir du monde ?

Quelle cosmocitoyenneté ?

On peut encore, pour clore nos entretiens, s'interroger sur l'hypostase du libéral et le plaidoyer de la mondialisation auxquels, avec d'autres, procède Habermas, à qui nous pourrions demander quel contenu concret donne-t-il au concept de la citoyenneté du monde, certains citoyens de ce monde étant investis dans l'effectivité de tous les droits, au moment même où la grande majorité des autres n'ont comme droit que celui de consommer et de communier aux valeurs dominantes qui structurent le monde et assurent à ces derniers, de façon programmée et à terme, un anéantissement inéluctable.

V – BIBLIOGRAPHIE

AMIN, Samir.
*a) La crise de l'impérialisme***.** Paris. Editions de Minuit. 1975.
b) L'accumulation à l'échelle mondiale. Paris. Maspero.
BALLO, Adama. *30 ans de sous développement, ça suffit***.** Paris. Editions Nouvelles du Sud. 1993.
BENOT, Yves. *Qu'est-ce que le développement ?* Paris. Maspero. 1973.
CHÂTELET, François (sous la direction de). *Histoire des Idéologies Savoir et pouvoir du XVII^{ie} au XX^è siècle*. Paris. Hachette Littérature. 1978.
DALOZ, Jean-Pascal, et **QUANTIN Patrick** : *Transitions démocratiques africaines*. Paris. Karthala. 1977.
ENCYCLOPAEDIA UNIVERSALIS. Vol. IV et V. Edition 1976.
FISHLOW Albert et al. *L'économie mondiale : pays pauvres et pays riches. Paris*. Economica. 1981.
HABERMAS, Jürgen.
*a) Théorie de l'agir communicationnel***.** Tomes 1 et 2. Paris. Fayard. 1987**.**
b) L'intégration républicaine. Essais de théorie politique. Paris. Fayard. 1998**.**
c) Droit et démocratie. Entre faits et normes. Paris. Gallimard NRF. 1997.
d) Après l'Etat-nation. Une nouvelle constellation politique. Paris. Fayard. 2000.
JALEE, Pierre. *Le pillage du Tiers-Monde*. Paris. Maspero.

KANT, Emmanuel.
a) Anthropologie du point de vue pragmatique. Traduction. P. Jalabert. in *Œuvres philosophiques*. Tome III. Paris. Gallimard. 1986.
b) Projet de paix perpétuelle. Traduction par J. Gibelin. Paris. Librairie Philosophique J. VRIN. 1975.
LALANDE, André. *Vocabulaire Technique et Critique de la Philosophie*. Paris. P.U.F. 1968.
LEGAY, Jean-Marie. *Qui a peur de la science ? Travailleurs scientifiques, politique et société*. Paris. Editions sociales. 1981.
LUCAS, Yvette. *La révolution scientifique et technique. Un débat pour l'homme et la société*. Paris. Editions sociales. 1981.
MENDE, Tibor. *De l'aide à la recolonisation*. Paris. Le Seuil. 1975.
ONDOUA Pius.
a) « Raison plurielle et humanisme de l'avenir ». *Annales de la Faculté des Arts, Lettres et Sciences Humaines*. Volume 1. N° 6. Nouvelle série. Premier Semestre 2007.
b) Rationalité technologique et problématique africaine du développement. Thèse de Doctorat de IIIe cycle. Toulouse. 1977.
POTHOLM, Christian P. *La politique africaine. Théories et pratiques*. Paris. Economica. 1981.
SENGHOR, Léopold Sédar.
a) Liberté I. Négritude et humanisme. Paris. Le Seuil. 1964.
b) Liberté II : Nation et voie africaine du socialisme. Paris. Le Seuil.1971.
c) Liberté III : Négritude et civilisation de l'Universel. Paris. Le Seuil.
SYLLA, Lancine. *Tribalisme et parti unique en Afrique noire*. Paris. Presses de la Fondation Nationale des Sciences Politiques. 1977.

ENTRETIEN N° II

AU-DELA DE L'« *ESSAI* »

POUR UNE « RAISON OUVERTE »

Août 2007

I - INTRODUCTION. AUX ORIGINES D'UNE PROBLEMATIQUE

Jean-Bertrand Amougou : *C'est en 1971 que Marcien Towa fait paraître* ***l'Essai sur la problématique philosophique dans l'Afrique actuelle.***[256] *Depuis cette date, cet essai a été lu, relu, visité, revisité… Beaucoup de lecteurs s'y sont référés, beaucoup aussi s'en sont démarqués. D'une manière générale, ce texte n'a laissé personne totalement indifférent. Le relire aujourd'hui, le revisiter maintenant, plus de trente-cinq ans après, quel intérêt ?*

Pius Ondoua Olinga : On ne peut pas dire que cette relecture soit sans aucun intérêt ; on ne peut pas affirmer que cette revisitation n'apporte rien ; ce qui est sûr, c'est que cette relecture nous ramène à mieux cerner la pensée de Marcien Towa, autant pour répondre à la question fondamentale que se pose l'*Essai*, à savoir : « Peut-on parler d'une philosophie africaine ? »[257] que pour soumettre à l'examen la réponse que Marcien Towa donne à la question. Ce réexamen vise un objectif essentiel : cerner la pertinence de la réponse, après avoir réaffirmé la pertinence même de la question.

Jean-Bertrand Amougou : *Si, à la date de sa parution, c'est-à-dire en 1971, la réponse de Towa peut paraître pertinente, est-ce encore le cas, aujourd'hui ?*

Pius Ondoua Olinga : C'est précisément ce qu'il s'agit dans nos entretiens d'établir. Car, si personne ne s'aventure désormais à reposer, sur le mode du doute ou même de la négation, la question de l'existence d'une philosophie africaine, si la critique de la réponse ethnophilosophique[258] est désormais un lieu commun[259], c'est plutôt l'examen du statut de la philosophie, dans la réponse fournie par *l'Essai*, qu'il est question de mener.

---

[256] Yaoundé. Editions Clé. Ce texte a connu de nombreuses autres rééditions. Et il aura été complété en 1979 par *l'Idée d'une philosophie négro-africaine*, paru aux Editions CLE, Yaoundé.

[257] *Op. cit.* p. 5.

[258] Sont rangés parmi les ethnophilosophes : P. Tempels, L.S. Senghor, Alexis Kagamè, Basile J. Fouda, notamment.

[259] Marcien Towa, P. Hountondji, F. Eboussi, procèdent à cette critique, comme on le verra dans leurs différents ouvrages. Bon nombre de colloques ont d'ailleurs été consacrés à cette critique.

Il s'agit de s'atteler à cet examen car certes, le statut de la philosophie, du point de vue de l'ethnophilosophie, peut être sujet à problème, ce statut n'est pas moins sujet à question, dans la définition que donne Marcien Towa de la philosophie. Marcien Towa affirme notamment que la philosophie est un militantisme pour l'Absolu, celui-là même que se donne le philosophe : « La philosophie, dit-il, est peut-être la seule discipline qui a le courage et la force de soumettre ouvertement l'Absolu à la discussion, de le prendre comme objet de débats publics, débats qui ne sont pas seulement formels puisqu'ils aboutissent souvent à le détrôner. Le philosophe n'est ni neutre, ni désintéressé, c'est peu de dire qu'il a opté pour un absolu : il est le militant de son Absolu ».[260]

Jean-Bertrand Amougou : *Voilà une caractérisation de la philosophie qui rompt avec les habitudes...*

Pius Ondoua Olinga : C'est le moins que l'on puisse dire !

Jean-Bertrand Amougou : *Caractérisation nouvelle, caractérisation « révolutionnaire », caractérisation à la limite inquiétante, par son excessivité même...*

Pius Ondoua Olinga : Cette caractérisation comme on le verra, ne manque pas de poser une pluralité de problèmes. Et d'abord celui, archéologique et initiatique, de la détermination de l'objet même de la philosophie. Nous sommes philosophes, nous pouvons en convenir. Mais sommes-nous des militants d'un Absolu dont nous ne pouvons offrir la figure précise, déterminer la nature, dégager le statut ? C'est bien là une question qu'il s'agira pour nous d'examiner : question urgente, question lancinante, qui en appelle une autre, d'importance et d'urgence elle aussi : celle du statut du militant de l'Absolu, s'absolutisant dans la détermination même de son Absolu, un sujet pur, de raison absolue, translucide à lui-même, à partir d'une conscience elle-même absolue, saisissant de manière absolue, c'est-à-dire **essentiellement vraie**, la réalité de l'être du sujet, et la réalité de ce qui est, de ce qu'il y a.

[260] *Essai*. p. 31.

Jean-Bertrand Amougou : *On pressent déjà à ce niveau qu'une telle auto-absolutisation du militant de l'Absolu est corrélative d'une absolutisation de l'objet de son examen conceptuel …*

Pius Ondoua Olinga : Pas seulement. Que l'objet de cet examen conceptuel soit l'Absolu, qui déjà ne s'affirme pas à partir de soi, à partir de lui-même[261], mais qui n'est absolu que par référence au processus de son affirmation comme tel par le philosophe, cela, nous l'entrevoyons déjà à partir des lignes qui précèdent. Mais il y a plus : l'instrument utilisé (la faculté mise en mouvement) pour la critique de tous les Absolus et pour l'affirmation de son Absolu par le philosophe, c'est bien la raison. Peut-on la concevoir autrement que sous le mode de l'absolu ? A l'heure où la thématique d'une raison plurielle s'est pour ainsi dire définitivement imposée, que penser de la thématique d'une raison absolue, telle qu'elle se dégage ainsi de la définition de la philosophie par Marcien Towa ?

Jean-Bertrand Amougou : *C'est là une question importante, qu'il va falloir examiner à fond, mais avant d'aller plus loin, il convient de revenir à la notion même d'Absolu, encore un peu confuse dans mon esprit...*

Pius Ondoua Olinga : Ce qui est sûr, c'est que l'examen de la raison sera à l'ordre du jour. Mais qu'est-ce que l'Absolu ? Chez Marcien, Towa, nous ne trouvons pas de définition préliminaire (par précaution !) de cet Absolu dont nous ne voyons aucun visage précis. Faut-il lui trouver un visage dans le registre de la Logique et de la Psychologie[262], ou dans le registre de la métaphysique où l'Absolu est « ce qui, dans la pensée comme dans la réalité, ne dépend d'aucune autre chose et porte en soi-même sa raison d'être » ?[263] Il faudrait pourtant que nous soyons fixés, du fait des corrélations multiples qui émergent ici, et notamment celles du sujet à l'objet et à l'instrument, c'est-à-dire celles qui lient le philosophe (s'absolutisant) à tout autre absolu possi-

[261] C'est l'acception minimale du terme absolu, c'est-à-dire qui est indépendant de tout autre paramètre. Nous y reviendrons.

[262] Ce qui renverrait à la perfection, à l'avènement aussi bien d'une pensée « indépendant (e) de tout repère ou de tout paramètre arbitraire ». (Cf. Lalande. *VTC.* p. 4), et qui n'est donc, ni contingente, ni relative, que de l'être qui servirait de fondement à ces pensées absolues investies de vérité totale.

[263] A. Lalande. *Op. cit.* p. 5.

ble (objet de la philosophie) et à la raison elle-même absolue. Mais de tout cela, nous allons parler plus bas.

Revenons un moment en arrière. Après la définition de la philosophie comme critique (ou alors affirmation) de l'Absolu, par un philosophe dont la raison (instrument critique) est elle-même absolue, nous retrouvons quelques autres interrogations, dont l'examen peut aider à donner un contenu concret à une philosophie qui est moins militantisme pour (ou contre) l'Absolu que recherche de sens, pour une existence qui n'a pas en elle-même ce sens et à laquelle nous sommes invités à en donner un, en termes de **valeurs**, dans cette marche, dans cet itinéraire, qui va de l'émergence à la dissolution. Quelle philosophie sans "recherche de sagesse" ?

Jean-Bertrand Amougou : *N'est-ce pas là la définition minimale que nous donnons au concept de philosophie ?*

Pius Ondoua Olinga : C'est bien cela. Et la philosophie comme un militantisme pour l'Absolu, est-ce un dérapage conceptuel dont il y a lieu d'exiger la justification, ou s'agit-il d'arrimer la philosophie à une finalité qu'on ignore, qui s'absolutise sans que la remise en question critique soit à l'ordre du jour, comme nous pouvons le percevoir dans les concepts utilisés dans l'*Essai*, de révolution et d'auto-révolution ?

Jean-Bertrand Amougou : *Au-delà d'un retour à la définition du concept de philosophie et au repérage des figures de sa pratique chez les différents philosophes qui se sont succédés, à quelle vision de la philosophie nous invitez-vous ?*

Pius Ondoua Olinga : Ce n'est évidemment pas à ce niveau que notre vision peut être exhibée, de manière exhaustive. Nous nous sommes proposés de relire l'*Essai***,** de le revisiter, de l'interroger, pour en percevoir le contenu, l'articulation, les finalités, au regard de notre actualité. Question d'en affirmer la pertinence ou non, l'actualité ou non. C'est la raison pour laquelle je voudrais vous inviter à revenir au texte de Marcien Towa, que nous allons relire autour de trois articulations[264], avant d'en faire une critique serrée préalable à notre vision propre de l'activité philosophique.

---

[264] ***Articulation 1***. *L'Essai* comme dépassement de l'Ethnophilosophie → ***Articulation 2***. La philosophie de l'*Essai* : une critique de l'Absolu → ***Articulation 3***. Au-delà de l'*Essai* : Plaidoyer pour une philosophie ouverte du présent pour l'avenir.

II - AU-DELÀ DE L'ETHNOPHILOSOPHIE

Jean-Bertrand Amougou : *Permettez-moi de revenir à la question principale que se pose l'auteur de l'**Essai** : « Peut-on parler d'une philosophie africaine » ?*

Pius Ondoua Olinga : C'est assurément la question fondamentale de ce texte. La manière dont cette question reçoit une réponse est donc passée en revue, de manière systématique, par Marcien Towa. Comme il le dit au début même de sa recherche, parlant de cette question : « Pour beaucoup, la question est choquante ».[265] Et ce choc s'explique, du point de vue proprement « raciste » de l'idéologie dominante, qui affirme la « mentalité prélogique » de l'Africain. C'est donc le premier moment : le moment de la **négation**.

Jean-Bertrand Amougou : *Sur quoi peut se fonder pareille négation dont on voit le caractère parfaitement arbitraire et idéologique ?*

Pius Ondoua Olinga : Avant peut-être de nous poser la question du fondement, contentons-nous d'abord d'examiner comment s'organise, sur le plan du concept, cette négation.

Pour une raison claire, selon les idéologues de l'Occident-paradigme, une philosophie africaine ne saurait exister, du fait d'une structuration thématique à plusieurs niveaux et articulations. (1) La raison est monopole de l'Occident : « En science aussi bien qu'en philosophie, note l'auteur de *L'Essai*, c'est la même faculté qui est à l'oeuvre : la raison. La raison ainsi que la science et la philosophie en lesquelles elle se déploie seront donc ce que les idéologues de l'impérialisme européen accepteront le plus difficilement de partager avec les autres civilisations ».[266] Et Lévy-Brühl viendra à la rescousse ici avec sa thématique des sociétés inférieures, primitives, sociétés qui selon lui, « ont gardé nettement leur caractère prélogique et mystique »[267] → (2) Il existe un itinéraire historique de la raison, qui éclot en Grèce « terre natale de la raison »[268], et où naissent aussi « la scien-

---

[265] *Essai*. p. 5.
[266] *Ibidem*. p. 7.
[267] *Idem*. p. 7. Il faut dire qu'ici une hiérarchisation des sociétés inférieures est faite : (1) Les Africains et les Australiens au bas de l'échelle → (2) l'Egypte ancienne, le Mexique précolombien au milieu de l'échelle → (3) La Chine et l'Inde enfin.
[268] *Ibidem*. p. 8.

ce et la philosophie »[269] → (3) Cet itinéraire historique s'adosse lui-même à un itinéraire de nature évolutive : l'évolution anthropologique s'organise de l'**animal** à l'*homo mythicus* et à l'*homophilosophicus*[270], ce qui permet la transition corrélative de l'instinct au mythe, et du mythe à la philosophie[271] « Le passage du mythe à la philosophie, c'est-à-dire à la réflexion, à la pensée critique, note Marcien Towa, Gusdorf le conçoit comme une « véritable mutation aussi radicale, aussi profonde que celle qui marque le passage de l'instinct au mythe ».[272]

Jean-Bertrand Amougou : *Si la philosophie émerge ainsi « au sommet d'un itinéraire évolutif », comme nous venons de le voir, c'est bien en Grèce que cette émergence a lieu, selon Heidegger.*

Pius Ondoua Olinga : Et c'est en raison de cela que Heidegger, après Hegel, s'autorise à en développer le concept. Pour Heidegger : « La philosophie est grecque dans son être même [...] et cette affirmation [...] ne dit rien d'autre que : l'Occident et l'Europe sont, et eux seuls sont, dans ce qu'a de plus intérieur leur marche historique, originellement philosophiques ». Affirmations dangereuses que l'on retrouve dans son texte : « *Qu'est-ce que la philosophie* » ?[273]

Nous retrouvons ici une nouvelle articulation : (4) La marche historique de l'Occident est le paradigme de la marche historique universelle. Et à ce niveau, Heidegger rejoint Hegel, à partir de la thématique identique de l'occidentalité de la philosophie,[274] → (5) De cette marche historique universelle, l'Afrique est exclue, le nègre est exclu, vu sa sous-humanité ; et si l'évolution anthropologique atteint son

---

[269] *Idem*. p. 8.

[270] Pour Marcien Towa, Gusdorf est le principal défenseur de cette thèse.

[271] On peut déjà se poser le problème de savoir si la transition d'un stade à l'autre éteint le stade antérieur dans la réalité même de la constitution de l'être.

[272] *Ibidem*. p. 12. La conception ici sous-jacente n'est-elle pas anthropologiquement mutilante, pour autant que la mystification/utopisation est une dimension connaturelle de l'humanité qui s'articule nécessairement à la rationalité positive, une rationalité qui est loin d'être exclusiviste ?

[273] Paris. Gallimard. 1957. pp. 15-16.

[274] Cette thématique se déploie sous le mode d'une linéarité : philosophie → pensée qui se pense elle-même → illimitation de l'ambition de l'**actualité** de la pensée → articulation pensée - activité - absolu - liberté - universalité - infini → auto-absolutisation de l'homme.

paroxysme dans l'auto-affirmation d'absoluité, d'infinité et d'universalité par l'homme, auto-affirmation corrélative d'une élimination de toute transcendance extérieure ou supérieure, il est évident que le Nègre ne pourrait être inclus dans la marche de l'histoire, lui qui n'a même pas pu émerger de l'en-soi au pour-soi, condition transcendantale de la liberté et de la philosophie.

Jean-Bertrand Amougou : *Cette thématique de l'hellénicité de la philosophie (hellénicité/occidentalité) sert donc de fondement structural autant à la hiérarchisation des civilisations et des sociétés qu'au droit des civilisations et sociétés ainsi affirmées comme supérieures à dominer les inférieures.*

Pius Ondoua Olinga : C'est là le fondement idéologique de l'impérialisme occidental, puisque l'Occident, seul véritablement historique, s'auto-affecte la mission historique de civiliser et de dominer toutes les autres civilisations et sociétés. Et Marcien Towa va expliciter ici la thématique de l'Occident-paradigme, dans deux passages suggestifs.

(1) Passage n°1 : « La philosophie des Lumières pensait qu'un peuple libre ne peut pas se contredire et se souiller en asservissant d'autres peuples. Pour Hegel au contraire, c'est précisément parce que l'Occident est libre qu'il est fondé à asservir le monde. Puisque c'est la liberté qui confère des droits à l'homme, les peuples privés de liberté sont aussi sans droits et tombent au rang de la chose sans valeur. »[275]

(2) Passage n°2 : « L'Occident antique a inauguré la philosophie et l'histoire, et cette inauguration signifia pour ces peuples d'Orient la perte de leur souveraineté, et même de leur droit à la souveraineté. L'Occident moderne met fin à l'histoire et à la philosophie en les portant à la plénitude, et cette fin de l'histoire signifie pour les non occidentaux la perte définitive de leur indépendance et de leur droit à l'indépendance. »[276]

---

[275] *Essai*. pp. 20-21.

[276] *Idem*. p. 21. Marcien Towa met en lumière à ce niveau l'articulation thématique « Occident moderne - au sein duquel l'esprit Absolu s'accomplit - » ... et « Absolu du monde ». (p. 21).

Entretien n° II. Au-delà de l'« Essai »

Nous voilà donc parvenus à la fin de l'Histoire du fait de la clôture en elle-même de la civilisation occidentale[277]

Jean-Bertrand Amougou : *Que peut bien signifier cette clôture de la civilisation occidentale en elle-même, au moment précisément où elle s'investit de la mission historique de civiliser et de dominer ?*

Pius Ondoua Olinga : Si la clôture de l'Histoire se réalise ici à partir de l'auto-affirmation de la civilisation de l'Occident comme Absolu, cela signifie seulement que deux choses restent à faire : (1) pour l'Occident lui-même, la réduplication indéfinie[278] de la figure historique réalisée par l'Etat prussien ; (2) pour les sociétés et les civilisations exclues de l'histoire : l'intégration dans cette histoire dont l'Occident demeure la locomotive, et sa structuration idéologico-politique le référentiel absolu.

Jean-Bertrand Amougou : *Et pourtant, l'heure de la négation sonne, l'urgence de la libération est là ...*

Pius Ondoua Olinga : Vous avez raison car, comment accepter l'occidentalité essentielle et exclusive de la raison et de la philosophie ? Comment accepter indéfiniment la légitimation idéologique par l'Occident de son droit à dominer (**impérialisme**) au nom de sa capacité exclusive à philosopher ?[279] La négation de la négation revêt dès lors un caractère d'urgence absolue, sur le plan théorique et idéologique comme sur le plan existentiel.

Jean-Bertrand Amougou : *Quels acteurs pourtant, pour cette nouvelle négation ?*

Pius Ondoua Olinga : C'est d'abord dans le camp occidental lui-même que l'on peut repérer certaines intuitions et affirmations relatives non point seulement à la possibilité, mais encore à la réalité de la

---

[277] Il faudrait entendre par clôture non point un enfermement, mais l'absolutisation comme auto-investissement d'une valeur devenant référentiel indépassable, vis-à-vis duquel ne peut fonctionner aucune critique, aucune remise en cause, sur le plan théorique comme sur le plan pratique/praxique.

[278] A quelques inflexions minimes près. . .

[279] Cette capacité exclusive à philosopher s'articule à une capacité réelle à maîtriser sciences et techniques, qui permettent, elles, maîtrise du réel et puissance. Marcien Towa met en lumière cette liaison transcendantale raison → philosophie → sciences/technosciences → impérialisme.

philosophie chez les Africains, en Afrique.[280] Mais les Africains eux-mêmes vont emboîter le pas, dans le cadre du mouvement de la Négritude, notamment.[281] Ce qui est affirmé ici, fondamentalement, c'est (1) l'humanité totale du négro-africain, ce qui entraîne → (2) déjà sur le principe, sa capacité de philosopher, qui implique → (3) sur le plan du réel, l'existence de cette philosophie africaine.

Jean-Bertrand Amougou : *Mais alors, comment s'opère cette démonstration de l'existence d'une philosophie africaine ?*

Pius Ondoua Olinga : Par un retour aux sources qui est simultanément revalorisation des cultures et civilisations africaines et quête d'originalité, selon Marcien Towa.

Jean-Bertrand Amougou : *Marcien Towa n'a-t-il pas quelque peu raison de dénoncer ici la dérive méthodologique qui consiste à assimiler culture et philosophie ? Critiquant A. N'daw, Marcien Towa ne nous le montre-t-il pas en train de « se livrer à une interprétation de toutes les œuvres culturelles africaines, d'en dégager les caractéristiques générales qui seraient présentées comme la philosophie africaine » ?*[282]

Pius Ondoua Olinga : Je ne peux pas dire que Marcien Towa a fondamentalement raison. Ce qui est clair, c'est que c'est cette assimilation de la culture et de la philosophie qu'il critique et à laquelle il donne le nom d'Ethnophilosophie. Il y a, dans ce concept, deux démarches qui trahissent l'essence même de la philosophie, selon Marcien Towa.

(1) Première démarche : la modification terminologique du concept de philosophie « L'opposition depuis longtemps établie entre les productions culturelles africaines et la philosophie subsiste intacte après l'effort de démontrer l'existence d'une philosophie africaine

[280] Marcien Towa cite (a) la démystification du miracle grec et les multiples emprunts grecs à l'Egypte, par Masson-Oursel (pp. 8 et 9, (b) l'affirmation d'une philosophie bantoue, par Placide Tempels (pp. 9 et 10).

[281] C'est aux travaux de L. S. Senghor, Alassane N'daw, A. Kagamè et Basile Fouda que Marcien Towa fait référence. Ces auteurs (1) démystifient l'attribution essentielle de la philosophie et de la raison à l'Occident → (2) relèvent le caractère impérialiste (culturel et politique) de cette attribution → (3) réaffirment sur le plan du **fait** comme sur le plan du **droit**, qu'une philosophie africaine existe.

[282] L'*Essai*. p. 26.

originale. Simplement on demande que ces œuvres prennent dorénavant le nom de philosophie de telle sorte que leur opposition avec la pensée occidentale devienne intérieure à la philosophie. »[283] Cette modification terminologique ne fonde en rien que ces cultures soient, effectivement, de la philosophie.

(2) Seconde démarche : la trahison méthodologique simultanée de la science ethnologique et de la philosophie. « Au lieu d'adopter à leur endroit l'attitude de dépassement scientifique (à l'endroit des productions de la pensée africaine), les auteurs en quête d'une philosophie africaine spécifique leur confèrent une valeur normative relativement à la vérité et à l'action. Leur façon de procéder n'est ni purement philosophique, ni purement ethnologique, mais ethnophilosophique. »[284]

C'est sur cette base que Marcien Towa dénonce les hypothèques de l'Ethnophilosophie, à savoir la clôture de la philosophie africaine dans la simple réduplication, l'autosatisfaction narcissique, la rétrojection, la stérilité, le dogmatisme, le refus du débat. C'est d'ailleurs pour cela que son rejet de l'Ethnophilosophie est total, global, sans appel.

Jean-Bertrand Amougou : *Un tel rejet n'est-il pas exagéré, massif, et ne renvoie-t-il pas à une conception même de la philosophie qu'il y a lieu de questionner ?*
Pius Ondoua Olinga : Sur ce plan, vous avez entièrement raison, et c'est plus bas que nous allons procéder à un tel questionnement. Pour l'instant, revenons à la détermination de la philosophie par Marcien Towa.

---

[283] *Ibidem*. p. 30.
[284] *Essai*. p. 31. On peut déjà s'interroger sur les raisons (inavouées) du radicalisme de la pensée de Marcien Towa, qui frise ici le totalitarisme idéologique. On sent dans sa démarche (1) un déni de valeur à toute pensée non issue du débat critique, (2) une hypostase du débat contradictoire supposé absolument libre. N'y a-t-il pas ici idéologisation et auto-illusionnement de locuteurs dans le débat contradictoire, qui se croient absolument libres alors qu'ils occupent des positions influant différentiellement sur le débat, positions simultanément de classe et idéologiques, que l'on ne saurait occulter ? On y reviendra.

Dans le cadre de cette détermination, on retrouve (1) **l'objet** : la philosophie est un militantisme pour l'**Absolu**[285], et qui dit militantisme dit engagement : « Ni neutralité, ni désintéressement », de la part du philosophe → (2) **la méthode** : au mysticisme, au fidéisme et au dogmatisme, se substituent donc théoriquement, la démonstration, l'argumentation, le débat, la discussion → (3) **l'instrument** : la raison critique : « L'Absolu du philosophe n'est pas un mystère dont il détiendrait seul la révélation : il sait son Absolu et entend le démontrer par des arguments. Il fait appel à la raison, à la pensée critique et non à la peur et à la confiance. »[286] → (4) la **finalité** de la philosophie, dans une Afrique dont le défi essentiel est la liberté, dans l'autocentration.

Jean-Bertrand Amougou : *Sur ce quatrième point, parfaitement essentiel, il nous faut nous appesantir.*

Pius Ondoua Olinga : Effectivement, car s'il faut philosopher, pour affirmer un Absolu, s'il faut philosopher, à l'aide de la raison seule, de la pensée critique seule, pourquoi faut-il en fait philosopher ? Les motivations sont ici nombreuses.

(1) Motivation n° 1 : Conceptualiser, de manière rationnelle, le réel et notre rapport à lui, au lieu de procéder à une simple exhumation d'un passé révolu, mais survalorisé/hypostasié. Pour Marcien Towa : « Plutôt que l'exhumation d'une philosophie africaine originale selon des voies qui ne se soumettent ni aux exigences de la science, ni à celles de la philosophie, notre dessein principal devrait être de parvenir à une saisie et à une expression philosophiques de notre « être-dans-le monde » actuel et à une détermination de la manière de le prendre en charge et de l'infléchir dans une direction définie. »[287]

(2) Motivation n° 2 : Contribuer à produire des apports à la civilisation universelle, une fois l'indépendance conquise, avec l'accès à la souveraineté politique internationale, la dignité anthropologique traditionnellement niée. Cette production n'est elle-même concevable qu'à partir d'une mise en lumière des insuffisances et lacunes intrin-

[285] Ou alors contre tout Absolu autre que celui que pose le philosophe lui-même. Mais qu'est-ce qui peut être Absolu, si chaque philosophe absolutise son Absolu ? La querelle des Absolus n'est-elle pas nécessairement au rendez-vous ?

[286] *Essai*. pp. 31-32.

[287] *Ibidem*. p. 35.

sèques de nos valeurs « responsables de notre défaite »[288], et de notre situation de dominés.

(3) Motivation n° 3 : La thématique de la rupture, dans le cadre d'une dialectique de l'identité et de la transcendance, c'est-à-dire de l'identité et de son dépassement : « La volonté d'être nous-mêmes, d'assumer notre destin, nous accule finalement à la nécessité de nous transformer en profondeur, de nier notre être intime pour devenir l'autre ».[289]

Jean-Bertrand Amougou : *Cette affirmation de Marcien Towa n'est-elle pas tout à fait inquiétante, et en quoi la démarche de l'auteur de l'**Essai** diffère-t-elle de celle de l'auteur de **Liberté I. Négritude et humanisme**[290] que pourtant il fustige ?*

Pius Ondoua Olinga : Nous reviendrons sur le caractère inquiétant de l'affirmation de Marcien Towa. Par contre, intéressons-nous déjà à la démarche de L. S. Senghor, pour en dégager la similitude avec celle de Marcien Towa, en dépit des dénégations de ce dernier. Les similitudes sont nombreuses. (1) La volonté de participer à l'édification de la " Civilisation de l'universel ", « oeuvre commune de toutes les races, de toutes les civilisations différentes »[291] corrélative du refus de l'exclusion → (2) L'essentialisme attributif de certaines valeurs : la rationalité à l'occidental ; pour l'Africain, l'émotion, chez Senghor ; la faiblesse anti-technicienne au nègre, chez Marcien Towa, même si ce dernier critique habituellement toute problématique de type essentialiste dans laquelle pourtant il tombe ici → (3) La domination de l'Afrique suite au déploiement de la rationalité analytique → (4) L'urgence de la transcendance, du dépassement, de la transition du « monde ancestral à celui de l'Europe »[292], pour L. S. Senghor, celle de la rupture en vue de la révolution, pour Marcien Towa, pour qui l'introduction de la culture occidentale dominante dans notre propre culture « implique que la culture indigène soit révolutionnée de fond

---

[288] *Essai*. p. 39.
[289] *Idem*. p. 39.
[290] Paris. Le Seuil. 1954. On retrouve toute la démarche de L. S. Senghor, dans : *Liberté II. Nation et voie africaine du socialisme*. Paris. Le Seuil. 1971, et dans *Liberté III. Négritude et civilisation de l'Universel*. Paris. Le Seuil.
[291] *Liberté I. Négritude et humanisme*. p. 9.
[292] *Liberté II*. p. 152.

en comble ; elle implique la rupture avec cette culture, avec notre passé, c'est-à-dire avec nous-mêmes.»[293]

Jean-Bertrand Amougou : *Marcien Towa insiste abondamment sur la nécessité de révolutionner l'essence du soi, à partir d'une rupture avec le passé et l'essence du soi*[294]*. Mais ce choix (libre ? nécessité ?) de la destruction de l'essence de soi au profit de l'autre pour éviter précisément de se perdre (paradoxe ?), n'est-il pas annonciateur d'une nouvelle aliénation, dans le même sillage que L. S. Senghor ? Cette rupture de l'essence de soi permet-elle de devenir l'autre, ou seulement comme l'autre ?*

Pius Ondoua Olinga : Vous nous introduisez déjà dans la critique de la pensée de Marcien Towa, à partir de l'identification de certains de ses paradoxes. Revenons cependant, si vous n'y voyez aucun inconvénient, au déploiement antithétique des pensées des deux auteurs, toujours à partir de leurs similitudes. Nous retrouvons ainsi, (5) Une volonté similaire d'accéder à la liberté et à l'universalité, à partir d'une intégration, voulue ou subie, de la civilisation dominante occidentale.

En tout état de cause, à partir de la conscience des hypothèques du présent, à partir d'un rapport critique/créatif au passé (révolution et auto-révolution), l'assimilation de la civilisation occidentale permet ainsi (a) la puissance créatrice culturelle → (b) la puissance créatrice matérielle → (c) la souveraineté économique et politique.[295]

[293] *Essai*, p. 40. On voit à ce niveau que l'auto-révolution prônée par Marcien Towa inclut le sujet autant que la culture globale au sein de laquelle il est appelé à évoluer.

[294] « Pour s'affirmer, pour s'assumer, le soi doit se nier, nier son essence et donc aussi son passé. En rompant ainsi avec son essence et son passé, le soi doit viser expressément à devenir comme l'autre, semblable à l'autre et par là, incolonisable par l'autre. C'est la nécessaire médiation conduisant à une réelle affirmation de nous-mêmes dans le monde actuel ». *Essai*. p. 42. Senghor, lui aussi, milite pour la transformation de l'esprit du nègre, pour réduire l'impact de sa **raison essentiellement analogique** et s'arrimer à la **raison analytique occidentale.** Pour L. S. Senghor, la nouvelle civilisation africaine doit « étudier et assimiler les valeurs les plus efficaces parce que les plus fécondantes [...] la raison discursive, l'expérimentation, la technologie. » *Liberté III*. p. 312.

[295] Selon Marcien Towa : « En réalité, aucun développement culturel d'envergure ne sera possible en Afrique avant qu'elle n'édifie une puissance matérielle capable de garantir sa souveraineté et son pouvoir de décision non seulement dans le domaine politique et économique, mais aussi dans le domaine culturel.» *Essai*. p. 51.

Cela signifie fondamentalement, pour Marcien Towa, l'accès à l'authenticité à partir de ce que l'on pourrait appeler un **iconoclasme révolutionnaire**.

Jean-Bertrand Amougou : *Iconoclasme autant que révolution, mais contre qui donc ?*

Pius Ondoua Olinga : A la fois contre la civilisation occidentale, et contre les cultures africaines. Nous nous situons toujours dans le cadre de l'examen de la finalité de la philosophie, selon Marcien Towa. Pour que notre auto-centration soit possible, il y a lieu (a) d'assimiler le principe de la puissance européenne → (b) de créer notre propre avenir à partir de cette puissance, une fois identifiée le principe de son émergence (le secret de l'Europe à assimiler !).[296] Où l'on voit l'articulation science/technoscience → liberté de pensée (pensée critique/rationalité) → développement et puissance → auto-centration et liberté.

Jean-Bertrand Amougou : *Une fois examinés l'objet, la méthode, l'instrument et les finalités de la philosophie, à titre de synthèse, quelle nouvelle philosophie africaine ? Quel statut alors, de cette philosophie africaine, face à la philosophie occidentale et face à l'Ethnophilosophie ? »*

Pius Ondoua Olinga : Selon Marcien Towa, il convient de revenir à la lecture de Hegel, dont le choix est déterminé en tant qu'il est « un représentant éminent de la philosophie européenne. » Le rapport de Towa à Hegel nous parait ici parfaitement ambigu (a) une mise en lumière (cf. nos pages précédentes) de l'idéologisation de nature impérialiste de la pensée et de la philosophie chez Hegel ; (b) une reprise mimétique et non critique des articulations hégéliennes science/philosophie et de l'antagonisme philosophie/religion.

Marcien Towa réaffirme à cet effet la « scientificité de la philosophie », affectée d'un statut humaniste. « L'insistance sur la

---

[296] « Science comme principe de la puissance, nécessité de la liberté de pensée et de la liberté tout court pour le développement de la science et donc aussi indirectement de la puissance : ces deux thèmes caractéristiques de la philosophie de l'Europe au moment de son passage à la modernité ont un rapport évident avec notre dessein profond : avènement d'une Afrique puissante autocentrée et libre dans un monde réellement libéré. ». *Essai*. p. 59.

scientificité de la philosophie ainsi que le remplacement de l'autorité sous toutes ses formes par la raison et la liberté accusent la nature essentiellement humaniste de la démarche philosophique. »[297], affirme t-il. Cet humanisme fonde les droits de l'homme (a) face à la Transcendance → (b) face à l'Etat ; il fonde aussi la nécessité de l'affranchissement (a) contre le besoin → (b) pour la libération, dans le cadre d'un projet libre, indépendant, dans lequel se trouve dépassée la finitude de l'homme, et assuré son accès à l'infinitude... Il y a donc, chez Marcien Towa, reprise du concept hégélien de philosophie, (dont on ne peut pas être sûr pourtant qu'il recouvre adéquatement ou totalement ce qu'il convient d'entendre par philosophie), concept dont il affirme par ailleurs le caractère d'indépassabilité. Dans le même temps (et ceci pour dépasser l'Ethnophilosophie), le philosophe africain se voit affecter une tâche : « retracer avec le maximum de rigueur et d'objectivité l'histoire de notre pensée ».[298]

La philosophie et spécifiquement la philosophie africaine dévoile dès lors sa véritable nature : servir de support, en tant que moment critique, des moments analytique et praxique/créatif de notre rapport au monde : critique du caractère décadent de la réalité africaine[299], urgence du dépassement et de la création de l'avenir.

Cependant, quelle philosophie, dans l'*Essai* ? Que penser, fondamentalement, de la philosophie comme critique de l'Absolu ? Que penser du plaidoyer de Marcien Towa pour une raison unique, pour une raison absolue ? Que penser des concepts de révolution et d'auto-révolution ? Que penser de la philosophie de l'*Essai*, dans ses affirmations et dénégations autant que dans ses silences et dans son rapport à l'idéologie ?

III - AU-DELÀ DE L' « *ESSAI* »

Jean-Bertrand Amougou : *Nos entretiens viennent de tourner autour de quatre pôles essentiellement : l'objet de la philosophie, sa méthode, son instrument, ses finalités. Comment allons-nous procéder dans cette nouvelle articulation de nos entretiens ?*

---

297 *Essai*. p. 66.
298 *Essai*. p. 70.
299 Domination, impérialisme, hypothèque de l'avenir.

Entretien n° II. Au-delà de l'« Essai »

Pius Ondoua Olinga : Notre démarche sera à peu de choses près la même, puisqu'elle tourne autour de quatre questions ou préoccupations : (1) La philosophie peut-elle n'être qu'une critique de l'Absolu ? (2) Sur l'instrument : peut-on hypostasier la raison unique ? (3) S'agissant de la méthode : que penser de l'hypostase de l'analytique ? Où situer l'herméneutique ? (4) Philosophie et sagesse : quelle problématique du sens dans l'*Essai* ? Quel départ, quelle différence, dans la problématique instrumentalisante de l'*Essai*, entre philosophie et idéologie ?

Jean-Bertrand Amougou : *Que peut donc bien être l'Absolu que la philosophie critique ?*

Pius Ondoua Olinga : En démarrant nos entretiens, nous nous interrogions déjà sur ce que peut être cet Absolu, objet de la philosophie, de même que nous formulions à tout le moins des réserves sérieuses sur le statut du philosophe, « militant de l'Absolu », dans sa propre absolutisation et celle, corrélative, de son examen (absolutisé) de l'objet : l'Absolu. Nous allons donc revenir à ces interrogations et à ces préoccupations.

(A) La philosophie a-t-elle comme objet l'Absolu ? Déterminer ainsi l'objet de la philosophie est pour le moins restrictif, tant sur le plan anthropologique, que sur le plan même de l'Histoire de la philosophie.

Sur le plan anthropologique, l'on peut affirmer que la philosophie est production de la pensée humaine, un homme qui s'affirme, dans le monde. C'est une production à différencier de la science et de la religion. L'Absolu que la philosophie va donc remettre en question à partir de la seule raison, est-ce l'Absolu de la religion, est-ce la Transcendance ? Ou alors, est-ce la prétention à l'Absolu de ce que les institutions et la culture ont pu produire et qui s'impose dans nos existences comme dans nos représentations ?[300] La question demeure.

Jean-Bertrand Amougou : *À supposer donc que ce soit la référence à l'Absolu divin qui soit ici examinée et rejetée, y a-t-il rejet absolu de*

---

[300] On peut penser, ici, spécialement, aux lois, règlements, institutions, idéologies, dont le processus d'absolutisation est constant, dans l'histoire des sociétés.

toute réponse à la pression du sens à partir de la référence à la Transcendance ?

Pius Ondoua Olinga : C'est en tous cas l'impression que laisse la pensée de Marcien Towa ; ce qui pourrait équivaloir à une inutile croisade d'arrière-garde contre la religion et la foi au nom d'une philosophie, fille de la raison et de la liberté, anéantissant paradoxalement la liberté de la réponse, par le sujet, à la question première, archéologique, de l'existence, autant du sujet lui-même que de ce qui est et qui a rapport avec lui.

Peut-on concevoir une philosophie qui évacue cette question première[301], et cette évacuation est-elle autre chose qu'une esquive, malheureuse (voire impossible) d'une interrogation humaine fondamentale ?

Jean-Bertrand Amougou : *Au nom précisément de la liberté et de la raison, attributs essentiels de l'homme, comme le reconnaît Marcien Towa lui-même, la question de l'origine, bref la question du réel et de son statut ne reçoit-elle pas des réponses diverses, voire antagoniques ?*

Pius Ondoua Olinga : C'est le moins que l'on puisse affirmer. Il est urgent de répondre à l'interrogation relative à l'être, au non-être, au « Grand Horloger », auteur (possible) du réel, du sujet, et pourvoyeur (possible) de sens au réel, à la vie.[302]

Nous ne ferons pas ici une énumération tout à fait fastidieuse des diverses réponses. Il faut pourtant en camper quelques-unes.

(1) Dans son fragment 8, Parménide peut dire : « Il ne nous reste qu'un chemin à parcourir : l'être est. Et il y a beaucoup de signes que l'être est increé, impérissable, car il est complet, immobile, éternel ».[303] Ce constat d'existence de ce qui est n'en implique pas moins le problème de son origine...

---

[301] C'est la question fondamentale de savoir pourquoi il y a quelque chose plutôt que rien.

[302] On peut tout aussi bien, au nom de la même raison et de la même liberté, n'intégrer aucun autre pourvoyeur de sens que le sujet humain lui-même.

[303] Ce fragment 8 vient après le fragment 4 où l'on peut lire : « Toi, écoute et retiens mes paroles qui t'apprendront quelles sont les deux seules voies de recherche que l'on puisse concevoir. L'une, que l'être est, et que le non-être n'est pas. C'est le chemin de la certitude, car elle accompagne la vérité. L'autre, que l'être n'est pas, et

(2) Si on se réfère à Teilhard de Chardin, dont la pensée est portée par « un insatiable besoin d'organicité cosmique », et pour qui Dieu ne peut constituer un obstacle pour l'homme, obstacle aliénant son essence et ses possibilités dans le monde actuel, on retrouve cette recherche du sens cosmique, ce souci, à partir d'une phénoménologie scientifique de l'univers, d'en saisir l'origine, la structure et l'organisation internes, de même que la place et la tâche de l'homme, son itinéraire existentiel, le sens de la marche. Problématique de l'origine, problématique du sens du monde et problématique du sens de l'histoire sont liées, notamment dans le principe anthropique qu'il formule.

(3) Discutant avec son ami Trinh Xuan Thuan de l'être et du non-être, et relativement au problème de savoir si l'univers a un début, et aussi au problème de savoir si la théorie du big-bang s'apparente « à une création *ex nihilo* ou à l'expression d'une potentialité »[304], Matthieu Ricard peut dire : « On peut concevoir un big-bang comme une apparition du monde des phénomènes surgissant d'une potentialité infinie mais non manifestée, ce que le bouddhisme appelle de façon imagée « les particules d'espace ». Ce terme ne désigne pas des entités concrètes, mais une potentialité de l'espace », que l'on pourrait peut-être rapprocher du vide des physiciens, à condition de ne pas réifier ce vide. Mais il ne peut y avoir de création *ex nihilo* ».[305] Il appuie son discours sur les pensées d'un sage bouddhiste, Shantidéva, qui dit : « Si l'être n'est pas au temps du non-être, quand existera-t-il ? Car le non-être ne disparaîtra pas tant que l'être ne sera pas né ; et celui-ci ne peut se produire tant que le non-être n'a pas disparu, de même, l'être ne peut passer au non-être, car une même chose possèderait alors cette double nature. »[306]

---

que le non-être est. Cette voie est un étroit sentier, où rien n'éclairera tes pas. Car, on ne peut saisir, par l'esprit ce qui n'est pas, cela n'est pas possible, ni l'exprimer par des paroles. »

[304] Matthieu Ricard et Trinh Xuan Thuan. *L'infini dans la paume de la main. Du big-bang à l'Eveil*. Fayard. Nil Editions. Paris. 2000. p. 49.

[305] *Ibidem*. p. 50.

[306] Gampopa. *Le Précieux Ornement de la libération*. Padmakara. 1999, p. 257. Cité par M. Ricard. *Op. cit.* p. 50.

Entretien n° II. Au-delà de l'« Essai »

Réfléchir sur une création, *ex nihilo* ou non[307], et donner au problème une réponse, qu'elle soit positive ou négative, c'est bien revenir à la question du « Grand Architecte », ou à celle, bien connue, de Leibniz, de savoir « pourquoi y a-t-il quelque chose plutôt que rien ? »

Jean-Bertrand Amougou : *Voilà trois références qui ont l'avantage d'être, deux, de la civilisation occidentale (Parménide, V[iè] siècle av. J-C) père de l'ontologie ; Teilhard de Chardin : 1881-1955, paléontologue ; l'une, de la pensée bouddhique (Shantidéva, VII[iè], ap. J - C) !*

Pius Ondoua Olinga : La problématique du sens comme celle de l'origine est fondamentalement humaine, universelle, elle est de toutes les époques. Nous pourrions très bien ajouter encore la référence pascalienne, d'un Pascal angoissé devant la réduction de l'homme à l'insignifiance[308] , ou celle de Jacques Monod, biologiste français[309], ou encore celle du physicien américain Steven Weinberg[310]. Encore qu'ici, le vide de sens dont parle Steven Weinberg renvoie moins à la vacuité de sens en soi qu'à l'urgence d'affectation de sens à l'univers, par nous, sans que puisse être évacuée ***a priori*** **et pour tous** cette recherche naturellement bien angoissante du Grand Architecte, l'affirmation de son existence, à partir de la raison seule, ne pouvant pas non plus être considérée *a priori* comme antiphilosophique. Et c'est bien à cela que conduit le radicalisme de la pensée de l'auteur de l'*Essai*.

L'on pourrait à ce niveau se poser quelques questions. (1) La démarche de Descartes, dans la 5e Médiation, et dans laquelle est déduite l'existence de Dieu, Etre infini auquel il manquerait une perfection si seulement il n'existait pas, déduction menée à partir de la linéarité (a) Idée d'infini → (b) Existence nécessaire de l'Etre infini, est-

---

[307] Et dans une réponse négative, Matthieu Ricard peut dire : « La raison pour laquelle « rien » ne peut pas devenir « quelque chose » est que ce rien ne peut pas se transformer sans abandonner son état de néant, et il ne le peut pas davantage en l'abandonnant. » *Ibidem*. p. 50.

[308] « Le silence éternel des espaces infinis m'effraie ». *Pensées*. Cité par M. Ricard. *Op. cit*. p. 62.

[309] « L'homme est perdu dans l'immensité indifférente de l'univers où il a émergé par hasard ». *Le hasard et la nécessité*. Cité par M. Ricard. *Idem*. p. 62.

[310] « Plus on comprend l'univers, plus il nous apparaît vide de sens ». *Idem*. p. 62.

elle ou non philosophique ?[311] (2) La démarche de Kant, cessant de trouver dans la métaphysique une réponse de nature spéculative aux questions relatives à la liberté, à l'immortalité de l'âme et à l'existence de Dieu[312] pour en faire, non l'objet de son savoir, mais celui de sa croyance, est-elle ou non philosophique ?

Dans ces conditions, quelle philosophie dans l'*Essai*, dès lors que cette problématique archéologique est occultée, escamotée ? Encore que devraient être déduites de cette problématique initiale, celle du sens et celles des valeurs. Nous y reviendrons.

Jean-Bertrand Amougou : *De la problématique de l'Absolu comme référence à la Transcendance, au statut du militant de l'Absolu : ne pouvons-nous pas franchir le pas ? Ne devons-nous pas progresser ?*

Pius Ondoua Olinga : Bien volontiers, après avoir cependant réaffirmé l'urgence des questions (philosophiques) et la diversité des réponses (elles aussi philosophiques) qui peuvent paraître comme des impasses qui ne peuvent elles-mêmes faire l'impasse des questions !! Ces réponses prennent le statut de **paris métaphysiques**.

L'Absolu affirmé par Marcien Towa, nous l'avons déjà évoqué, ne semble avoir aucun contenu concret. Ce n'est pas Dieu, ce n'est pas une instance extérieure ou supérieure à l'homme ; ou alors c'est tout cela à la fois. Est-ce donc l'homme lui-même ? C'est bien ce que pense l'auteur de l'*Essai.* Si précisément, l'Absolu n'échappe à aucun examen, que vaut cette auto-absolutisation de l'homme par lui-même, lui qui ne peut être, ni absolu de connaissance ni absolu de pouvoir et de puissance, ni absolu d'éthique et de moralité ?

La question philosophique fondamentale, de savoir ce qu'est l'Homme, reste ici sans solution précise. Elle est mal posée ou même, chez Marcien Towa, elle n'est même pas posée... Comment en effet escamoter la question de l'homme, la question de son émergence (an-

---

[311] « De la seule idée de Dieu, être souverainement parfait, c'est-à-dire possédant toutes les qualités positives, je puis déduire que Dieu est. Car, si Dieu ne possédait pas l'existence, il lui manquerait une perfection, ce qui est contraire à sa définition même ». *E.U.* Vol. 5. p. 469.

[312] Réponses attestant de l'urgence même de ces questions ! On ne saurait esquiver de telles questions !

thropogenèse) qui est moment privilégié de la trajectoire évolutive, une trajectoire ponctuant en trois phases la division de l'histoire ? « La naissance de la vie et l'apparition de l'homme, note Teilhard de Chardin, ont vraiment été des événements capitaux qui constituaient chaque fois un progrès énorme dans l'évolution, et en comparaison desquels les autres changements de nature géologique, biologique ou humaine doivent être considérés comme étant d'importance secondaire. Les trois grandes étapes dans le développement mondial sont donc qualifiées par les trois termes suivants : matière, vie, esprit. Elles révèlent également les trois sphères que nous percevons autour de nous et qui semblent exprimer la totalité de notre cosmos ».[313] Teilhard de Chardin, à qui nous nous référons ici, établit (au moins à titre d'hypothèse de travail), un rapport génétique géosphère → biosphère → noosphère, pour une explication rationnelle de la trajectoire de l'hominisation.[314]

Comment donc, une fois de plus, escamoter cette réflexion nécessaire sur ce **moment critique** que constitue l'apparition de la vie et sur l'originalité ainsi que l'irréductibilité de cet être complexe qu'est l'Homme, qui a comme **privilège exclusif**, une conscience réfléchie ?

Jean-Bertrand Amougou : *Pouvez-vous nous dire quelques mots sur cette conscience réfléchie ?*[315]

Pius Ondoua Olinga : Il n'y a aucun problème à cela. Cette conscience réfléchie est certes, dès le départ, conscience d'exister, d'être là ; mais elle est surtout réflexion sur la destinée/destination de cet

---

[313] N. M. Wildiers. *Teilhard de Chardin*. Classiques du XXe siècle. Editions Universitaires. Paris. 1960.

[314] De l'avis de Teilhard de Chardin : « La naissance de la première vie doit être considérée comme le résultat d'une espèce de processus de maturation de la matière [...] Après que la vie se sera développée dans les formes innombrables et aura atteint un degré élevé de complexité, il se produira [...] une modification critique [...] après la vitalisation de la matière, la vie est hominisée. Un phénomène tout à fait nouveau se manifeste au sein de la vie : l'apparition de la conscience réfléchie ». (p. 34-35).

[315] En tant qu'être conscient et libre, il se trouve à la pointe du développement du monde. Il est un point final, mais en même temps un nouveau départ. Grâce à son activité créatrice, il participe à l'achèvement de l'évolution. Dans le cadre des gran des lois de la nature, il est l'architecte du monde de demain ». N.M. Wildiers. *Op. cit.* p. 47.

être-là. De cette conscience réfléchie dérive aussi, naturellement, l'attachement à l'humain.

Cette réflexivité/rationalité ne doit pourtant en rien induire une auto-absolutisation du sujet qui philosophe, s'ignorant comme complexité, occultant, dans son militantisme pour l'Absolu, les conditions naturelles/sociales de l'enracinement de sa pensée, qui ne peut donc jamais s'autonomiser de manière absolue. Encore que l'on ne doive jamais, complexité oblige, absolutiser comme seule connaissance vraie[316] le seul rapport rationnel au réel (tel que le vit la technoscience), ce qui impliquerait une clôture de soi dans la seule rationalité analytique, et une sortie de soi dans le cadre de la seule rationalité instrumentale !

Jean-Bertrand Amougou : *Un problème important demeure cependant : y a-t-il lieu de penser à une translucidité à elle-même de la conscience rationnelle, qui atteindrait ainsi, spontanément, le* ***vrai*** *?*

Pius Ondoua Olinga : Je ne le crois pas, au regard de plusieurs hypothèques. J'en perçois essentiellement trois.

(1) **La première** : La complexité de la nature profonde de la nature, du réel saisi par la raison, complexité source d'incertitude.

(2) **La deuxième**, qui en dérive : l'incertitude de toute connaissance dérivant d'une représentation qui peut se trouver modelée par un ensemble de composantes.[317]

(3) **La troisième** : l'illusion d'une pensée pure (occultant ses racines) permettant l'auto-illusionnement du sujet rationnel... Dans ces conditions, la non conscience de la complexité humaine devient corrélative d'une réduction de la dignité humaine qui se fonde sur cette complexité même tout autant que sur la rationalité (qui est dimension partielle).

Ce n'est donc pas seulement toute la problématique de l'esprit qui est à reprendre, dans l'*Essai* ;[318] c'est toute la problémati-

[316] Ce que fait l'auteur de l'*Essai*.

[317] Edgar Morin évoque la composante hallucinatoire de la perception, la composante hystérique de la représentation, l'articulation réel/imaginaire, les attentions sélectives, les rationalisations d'origine culturelle...

que de la complexité humaine qui est à réexaminer.[319] Tâche urgente, tâche véritablement salutaire.

Jean-Bertrand Amougou : *Il est donc possible de partir de cette problématique de la complexité humaine pour questionner, à nouveau, l'instrument rationnel ...*

Pius Ondoua Olinga : C'est à cela que nous allons nous atteler. Et la question qui se pose ici, c'est celle de savoir si l'on peut hypostasier la raison unique.

Pour Marcien Towa, nous le savons, l'Absolu du philosophe est connu ; c'est la raison qui le pose, pour le sujet ; c'est la raison qui le soumet à une critique implacable, pour le même sujet. N'y a-t-il pas déjà là paradoxe et dialectique, et en tout cas, dialectique d'un Absolu que pose le sujet (et qui est donc relatif à ce sujet, et ne peut être absolu que pour lui et pas pour tous ni pour toujours) et qui ne saurait donc valoir hors de et sans sa source ? Le processus de cette absolutisation de l'Absolu est-il autre chose que de l'idéologisation ? Et l'on sait que le processus d'idéologisation doit se saisir **génétiquement**, à partir de son auteur, le sujet historique et la formation sociale générale, et **téléologiquement**, en fonction de la finalité que lui affecte le sujet, et aussi des finalités socio-historiques.

Si l'Absolu du philosophe dérive d'un processus d'absolutisation, non seulement il y a occultation (plus ou moins évidente) de sa source, mais encore il y a négation du procès critique et hypertrophie du procès d'affirmation. Marcien Towa lui-même le reconnaît (volontairement ?) : le philosophe est le « militant de son Absolu ».[320] Le processus d'absolutisation débouche dès lors sur un horizon de totalisation : un horizon **totalitaire**. Ce n'est donc que sur le

[318] Comme le montre Edgar Morin : « Notre esprit produit à la fois l'erreur et la correction de l'erreur, l'aveuglement et l'élucidation, le délire et l'imagination créatrice, la raison et la déraison. Plus profondément, nous devons savoir qu'***homo*** est à la fois ***sapiens*** et ***demens***, que la relation entre ces deux termes n'est pas seulement d'opposition, mais aussi d'indissociabilité, de complémentarité et d'ambiguïté, et qu'il n'y a pas de frontière cette entre raison et déraison ». *La Méthode*. III. p. 230.

[319] Edgar Morin parle à ce propos de la diversité de l'humanité, au-delà de l'unité qui est « l'ensemble de principes générateurs [...] à partir de quoi s'effectuent tous les développements buissonnants de l'***homo sapiens*** ». *Le paradigme perdu. La nature humaine*. Seuil. 1973. p. 154.

[320] *Essai*. p. 31.

plan formel que les auteurs du processus d'absolutisation de leurs Absolus se posent comme égaux, la dialectique de l'antagonisme de classe les situant à des niveaux inégaux dans une relation communicationnelle elle-même fondamentalement inégalitaire et violente : la clôture idéologique est par essence violente, comme on peut le voir.

Jean-Bertrand Amougou : *Absolu comme produit du processus d'absolutisation, auto-absolutisation de l'auteur du processus d'absolutisation, dialectique des Absolus et instauration de la violence, c'est bien cela que vous développez...*

Pius Ondoua Olinga : Assurément. C'est bien le drame d'un Absolu qui occulte son absolutisation par un sujet atteint du **syndrome de l'absoluité**, après occultation de son essentielle relativité. Et ce drame est lui-même corrélatif d'un second, celui de l'absolutisation de la raison-instrument, c'est-à-dire celui de l'hypostase de la raison unique sous sa forme analytique et instrumentale.

Jean-Bertrand Amougou : *Comment se déploie donc cette nouvelle absolutisation ?*

Pius Ondoua Olinga : On peut noter pour commencer l'hypostase de la logique et de ses principes traditionnels : le principe d'identité, le principe du tiers-exclu, le principe de non-contradiction. Or, cette logique ne peut ni s'absolutiser (positivisme idéologique), ni prétendre avoir épuisé le concept même de logique. L'auteur de *La Méthode* nous met en garde à ce niveau : « Notre logique obéit aux principes d'identité, de contradiction, du tiers-exclu. Mais nous pouvons envisager d'autres logiques, patrouiller dans un *no man's land* au-delà de notre logique, et même transgresser notre logique pour des raisons logiques. »[321]

Jean-Bertrand Amougou : *Que vaut, dans ces conditions, la croisade contre l'irrationnel engagée dans l'**Essai** ?*

Pius Ondoua Olinga : Je crois que vous ne faites pas, en le disant, un vibrant plaidoyer pour l'irrationnel ! En tout cas, plutôt que de faire un

---

[321] *La Méthode*. III. p. 230.

plaidoyer, il faut au minimum reconnaître la réalité et même la prégnance de l'irrationnel qu'on ne peut *a priori* avoir évacué à partir de principes explicatifs susceptibles d'être remis eux-mêmes en cause. Edgar Morin nous éclaire une fois de plus : « Nos explications ne peuvent expliquer nos principes d'explication. Nos expliquants (cause, loi, ordre, raison) sont inexplicables, et, quand nous en demeurons inconscients, ils deviennent, comme dit justement Manuel de Dieguez, des « idoles ».[322] Et à cet éclairage, il associe une invitation pressante, urgente : « Nous pouvons, dit Edgar Morin, prendre conscience de l'incomplétude de l'explication et de l'inéliminabilité de l'inexplicable, y compris au cœur de l'explication ».[323]

Jean-Bertrand Amougou : *L'hypostase de la logique et des principes explicatifs est donc devenue hypostase de la raison dans la pensée de Marcien Towa...*

Pius Ondoua Olinga : C'est bien là la **sublimation rationaliste** dont parle Dominique Janicaud, et pour laquelle « la rationalité est un bien absolu, en ce sens qu'il n'y a rien au-delà d'elle. Elle est l'ultime horizon, non plus théologique, mais programmatique ».[324] Cette sublimation rationaliste, nous le voyons, n'est rien d'autre qu'une idéalisation du rationnel. Elle procède (1) à une défense et illustration de la raison (la raison unique/analytique/instrumentale), (2) à une célébration absolue et sans critique, du moins dans l'*Essai*, de ses effets, c'est-à-dire, de son opérativité essentielle.

---

[322] *Idem* p. 230. Faute d'avoir opéré une vraie critique (au sens Kantien) des principes explicatifs, Towa aboutit à une **idolâtrie de la raison** !

[323] *Idem*. p. 230.

[324] *La puissance du rationnel*. Paris Gallimard. 1985. p. 24. Mais il y a ici une absolutisation de l'explication seulement causale, sans qu'une anthropologie critique de l'intelligibilité rationnelle ait été faite. Ce qui est bien, pour nous, une limitation fondamentale. L'on ne peut donc souscrire ici à l'éloge vibrant que Nkolo Foé fait de la raison telle que Towa la conçoit. Dans son texte "Pour Marcien Towa ou éloge de la raison vivante", Nkolo Foé, qui revendique l'héritage philosophique de Marcien Towa, tient à montrer, contre Hontondji, Eboussi et Bidima, que, au-delà du fidéisme, des idéologies a-critiques et a-philosophiques, Marcien Towa a voulu « mettre la raison et la philosophie au service de la vie ». (*Philosophes du Cameroun*. Presses de l'Université de Yaoundé. 2006, p. 207). Mais quel statut pour cette philosophie, instrumentalisée, essentiellement, et quelle texture de la raison, essentialisée elle aussi, sans aucune critique ?

La célébration par Marcien Towa de l'opérativité du rationnel est donc, simultanément et tout à fait paradoxalement, articulation transcendantale de la raison et de la puissance, et décrochage lui aussi transcendantal de la puissance et des effets (notamment de dérive) de celle-ci. L'articulation ci-dessus est **valorisation**, et le décrochage, la désarticulation, est **occultation**, de nature idéologique. Et c'est de cette manière[325] que fonctionne la pensée de l'auteur de l'*Essai*, c'est dans ce sillage qu'il faut situer son plaidoyer, tout à fait vibrant, pour que l'Afrique « s'empare du secret de l'Occident ».

Permettez-moi de reprendre quelques formulations de ce vibrant plaidoyer.

(1) Formulation 1 : « Dans le cas de la défaite infligée aux peuples coloniaux par l'Occident, la raison en résidait dans une profonde différence de cultures. S'emparer du « secret » de l'Occident doit dès lors consister à connaître à fond la civilisation occidentale, à identifier la raison de sa puissance et à l'introduire dans notre propre culture ».[326]

Jean-Bertrand Amougou : *Je m'excuse de vous interrompre. N'y-a-t-il pas ici auto-négation/autodissolution, dans ce processus même d'auto-révolution que propose l'auteur de l'**Essai** ?*

Pius Ondoua Olinga : On peut effectivement le craindre puisque, comme nous l'avons vu plus haut, cette auto-révolution « implique que la culture indigène soit révolutionnée de fond en comble, elle implique la rupture avec nous-mêmes »[327]. On peut craindre une dévalorisation *a priori* des civilisations et des cultures « indigènes (!) au nom d'une supériorité "absolue" de la civilisation occidentale désormais assumée par les Africains. Quelle différence ici et nous nous sommes posés cette question, entre L.S. Senghor et Marcien Towa ?

---

[325] Celle des rationalistes que décrit Dominique Janicaud, qui « tirent argument du fait que cette puissance est comparable à un halo (ou un nuage de retombées) qui ne fait pas partie du phénomène *stricto sensu* ou plus exactement : d'après eux, cette puissance, en ce qu'elle a de plus massif, brutal, révoltant, n'est pas analysable dans les termes de l'opérativité même du rationnel ». *Op. cit.* pp. 22-23. Décrochage à tout le moins curieux et peu critique !

[326] *Essai*. p. 40.

[327] *Essai*. p.40.

(2) Formulation 2 : « Pour nous approprier le secret de l'Europe, savoir un esprit nouveau et étranger, nous devons révolutionner le nôtre de fond en comble, ce faisant nous devenons assurément semblables à l'Européen. Mais en un sens plus fondamental, nous devenons semblables à nos ancêtres en redevenant comme ils durent l'être aux plus hautes époques de leur histoire, créateurs et libres.[328]

Dans ce plaidoyer, on retrouve donc la linéarité : (1) identification et maîtrise de la puissance européenne → (2) acquisition de puissance → (3) libération par rapport à l'impérialisme → (4) libération et affirmation d'humanité africaine.

L'adoption de cette linéarité stratégique, puisque la science/technoscience est bien le principe de la puissance, n'évacue ici ni la nécessaire critique de la raison, ni la nécessaire remise en cause des effets de la rationalité instrumentale. Cette double évacuation fait d'ailleurs l'objet des interrogations ci-après de Dominique, Janicaud : « Pourquoi défendre la raison, ou la célébrer ? Pourquoi la soustraire si vite à l'examen de ses effets, fussent-ils ambivalents, déchirants ? Pourquoi jeter des regards gênés vers le vocabulaire - et les réalités - de la puissance, de la force, de la domination ? »[329]

Jean-Bertrand Amougou : *Ces interrogations de Janicaud sont déjà, en elles-mêmes, une cinglante critique...*

Pius Ondoua Amougou : C'est la critique faite à l'angélisme face au rationnel et à la puissance, angélisme que nous dénommons **positivisme idéologique**.

Jean Bertrand Amougou : *Dites-nous encore quelques mots sur ce positivisme idéologique dont vous avez fait l'analyse et la critique dans votre Doctorat d'Etat. . .*

Pius Ondoua Olinga : Je ne peux revenir dans le détail sur le concept de positivisme idéologique. Il y a, dans ce concept, de manière globale, conscience de la faiblesse du rationalisme posé comme sublima-

---

[328] *Ibidem.* p. 48. Cette formulation n'est pas tout à fait exempte de relents d'idéalisation du passé, puisque le processus de transition de la puissance rayonnante de nos ancêtres à leur impuissance totale face à la puissance occidentale n'est pas tracé.
[329] *Op. cit.* p. 22.

tion/absolutisation d'une rationalité qui refuse de se prendre elle-même comme objet de critique. Ce qui veut dire que, au sein de la puissance, se déploie une certaine rationalité mais aussi, il faut désormais l'admettre, une irrationalité certaine. C'est donc là que se retrouve comme confirmée, cette idée de Dominique Janicaud selon laquelle « la puissance résulte d'un séisme dans la rationalité »[330], ce qui amène à s'interroger sur le degré de rationalité de la puissance alimentée par la rationalité scientifique qui ne saurait être soustraite à l'examen, du point de vue de la finalité : « Où va cette Puissance » ? et du point de vue de ses résultats, « ne libère-t-elle pas le pire comme le meilleur ? »[331]

Il y a aussi, dans ce concept de positivisme idéologique, un refus de la clôture de la rationalité en elle-même ainsi définie puisque la rationalité sous sa forme analytique et instrumentale ne saurait s'instituer comme sans limite, comme absolument nécessaire, comme absolument souveraine.[332]

Il y a enfin, face au « vertige de la rationalisation intégrale de la vie »,[333] conscience de l'urgence d'engager une critique résolue de la « tyrannie du logos », de la dynamique de la croissance, de l'accroissement d'une puissance n'ayant pas, *a priori*, comme finalité, l'humanisation. Ici apparaît la connivence possible entre le technoscientisme → les idéologies de la domination → le modelage des imaginaires et des représentations.

Jean-Bertrand Amougou : *Peut-on dès lors arrêter le glissement qui s'est opéré ou qui s'opère pour la rationalité, passant de* ***moyen*** *(rationalisation) à* ***fin*** *?*

Pius Ondoua Olinga : Ce glissement, il faut à tout le moins en prendre conscience à partir de la mise en lumière de l'ambivalence de la rationalisation ;[334] ce glissement, il convient de le cerner, autant sur le

[330] *Op. cit.* p. 27.
[331] *Ibidem.* p. 28.
[332] La possibilité/réalité du renversement du rationnel en irrationnel prouve que la rationalité ne peut être enclose dans la seule positivité, ni être définitivement souveraine.
[333] *Ibidem.* p. 44.

[334] Selon D. Janicaud : « L'humanité est précipitée, malgré elle, dans une course à la puissance qu'elle n'a pas choisie et qu'elle maîtrise de moins en moins. Pour que

plan des finalités que sur le plan seulement analytique : ni « souveraine auto-référence métaphysique » du rationnel, ni « omni-efficience (du rationnel) imposée par sa version technoscientifique ».[335]

Jean Bertrand Amougou : *De la critique de la raison, de l'instrument rationnel, nous aboutissons, comme naturellement, à un véritable plaidoyer pour l'humanité authentique.*

Pius Ondoua Olinga : Nous avons vu que la clôture de la raison en elle-même, son absolutisation et sa valorisation comme instrument qui permet de perforer de ses rayons le réel désormais connaissable de part en part (du moins tendanciellement), la puissance qu'elle permet (puissance parfaitement ambiguë par ailleurs), permettaient, à la limite, une réelle mutilation de l'humain. Cette affirmation peut paraître paradoxale ; elle n'est pourtant en rien excessive, si l'on observe la totalisation technoscientifique d'un réel connu grâce à la science et maîtrisé par la technique. Et cette totalisation ne trouve-t-elle pas son apothéose dans la figure unique du monde qu'offre la mondialisation tendanciellement capable de résorber identités multiples, cohérences systémiques et diversités culturelles, malgré leur reconnaissance sur le seul plan formel ?

Ce plaidoyer pour l'humanité véritable est dès lors fondamentalement philosophique pour autant que la technoscience, la science pour laquelle milite l'auteur de l'*Essai*, bien que perçant de mieux en mieux la nature du réel, la nature de l'être, ne peut répondre de manière totale (même pas parcellaire !) aux inquiétudes métaphysiques de l'homme, à la pression de sens liée au problème de sa destinée, de sa destination existentielle, au sens (actuel et ultime) de sa vie.

Jean-Bertrand Amougou : *Pourtant, la science malgré tout...*

Pius Ondoua Olinga : La science malgré tout... C'est d'ailleurs le titre d'un important texte de René Thom, dans le volume 17 de *l'Encyclopaedia Universalis*, texte dans lequel il peut dire : « Si la science reprenait conscience de ses buts humains, elle serait capable de mieux se discipliner, de hiérarchiser ses propres problèmes. Elle

---

l'Histoire pût définitivement s'éclairer comme l'« humanisme achevé », il eût fallu que la puissance fût, dès l'origine, à la mesure de l'homme : rêve d'harmonie que le rationalisme applique au foisonnement historique, mirage sans cesse démenti par notre généalogie critique de la puissance ». *La puissance du rationnel.* p. 339.

[335] *Ibidem.* p. 377.

donnerait ainsi à l'opinion publique une image plus modeste, mais aussi plus honnête de ses résultats. Comprendre la réalité, simuler la nature, non seulement dans sa stupidité, mais aussi dans ses astuces, il lui faudra revenir à ce but essentiel ; et, avant que le savant ne se livre à cette lutte avec l'ange, un peu d'ascèse ne lui serait sans doute pas inutile. Si [...] cette nécessaire mutation s'accomplit, ne pourra-t-on pas dire alors de la science qu'elle reste l'espoir de l'homme ? »[336]
La science malgré tout... certes ; à plusieurs conditions cependant.

(1) La première : Que la recherche de puissance se subordonne à la pratique du sens. Ce qui signifie que la raison herméneutique se subordonne la raison analytique, de peur que la normativité épistémologique et pratique de la rationalité instrumentaliste ne débouche sur une normalisation de l'individu et du social proche de l'arraisonnement.

(2) La seconde : Que la problématique de la rationalité s'articule à la problématique de l'homme et de son authenticité[337] ; mais quelle figure, dès lors, de cette authenticité humaine ?

(3) La troisième : Une humanité authentique ? Comment en permettre l'émergence sans articulation de l'analytique et de l'herméneutique, pourvoyeuse et en même temps décryptatrice du sens ? On le sait : (a) l'analytique n'épuise pas la totalité de la connaissance ; dès lors → (b) l'articulation de l'analytique et de l'herméneutique permet une réalisation plus intégrale, plus totale de la nature ultime de notre esprit. On peut lire avec intérêt ces lignes suggestives de Mathieu Ricard, critiquant la science : « Nos contemporains se font une image presque mystique de la science ; ils la conçoivent comme une discipline qui pourra un jour répondre à toutes nos questions ; or c'est loin d'être le cas ».[338] Cette critique que Matthieu

[336] *E.U. Organum*. Vol. p. 17. p. 10. Et c'est pourtant le sens profond de mes propres travaux, taxés par quelques penseurs liés à Marcien Towa, de technophobes, de technopessimistes. C'est la position tout à fait curieuse qu'adoptent Lucien Ayissi, , Nkolo Foé et Tsala Mbani notamment.

[337] La déduction rationalité de la puissance → rationalité tout court étant problématique, l'auto-institution et l'autolégitimation de la rationalité/volonté de puissance occultant son irrationalité et celle de l'unification du rationnel autour de l'opérativité, c'est la trajectoire qui va de la suprême rationalité à l'irrationalité suprême qui est potentiellement suprême barbarie qu'il s'agit de démystifier.

[338] *L'Infini*. p. 344.

Ricard adresse à la science concerne aussi le scientifique. Il peut en effet dire à ce propos que le bonheur individuel du scientifique, lié à la maîtrise exponentielle qu'il a du réel, « ne suffit pas à remplir une vie humaine ».[339] Pour lui : « Depuis la naissance de la science moderne au XVIè siècle, notre connaissance a connu une croissance exponentielle, mais elle ne nous a pas rendus plus sages ».[340]

Jean-Bertrand Amougou : *Cette référence appuyée à Matthieu Ricard ne pose-t-elle pas problème, quand on sait qu'il est un adepte de la spiritualité de l'Eveil ?*

Pius Ondoua Olinga : C'est vrai que je ne verse pas dans un syncrétisme idéologique. Et ce que je peux retenir de la démarche de Matthieu Ricard, c'est au moins ce qu'il soutient ici, à savoir que : « La science n'engendre pas la sagesse ».[341] Sa vision spiritualiste de la sagesse, c'est bien la sienne… Encore qu'une vraie sagesse ne puisse se concevoir sans une certaine spiritualité de l'homme, c'est-à-dire sans une certaine affirmation de la primauté de l'homme-esprit. Et s'il est urgent que l'homme réaffirme cette primauté de l'esprit, c'est bien parce que « l'homme a maintenant le pouvoir de perturber l'équilibre écologique de la planète entière et même de s'autodétruire, que les problèmes éthiques se posent de façon de plus en plus aiguë, tandis que l'écart entre pauvres et nantis ne cesse de s'accentuer...»[342].

Jean-Bertrand Amougou : *Parvenus à ce niveau de nos entretiens, que peut-on encore ajouter de fondamental, pour aller « au-delà de l'Essai » ?*

Pius Ondoua Olinga : Beaucoup de choses assurément. Il est vrai que nous n'entrerons plus dans les détails ; nous ne ferons plus de grands développements.

Théoriquement, il nous reste à examiner de manière spécifique, le problème de la méthode, et celui de la finalité (ou des finalités)

---

[339] *Ibidem*. p. 366.
[340] *Idem*. p. 366.
[341] *Ibidem*. p. 9.
[342] *Ibidem*. p. 366.

de la philosophie. Toutefois, dans les développements que nous avons faits antérieurement, nous avons déjà effleuré ces questions.[343]

Jean-Bertrand Amougou : *C'est vrai que beaucoup a été examiné, déjà. Reprenons cependant, brièvement, chaque problème.*

Pius Ondoua Olinga : Bien volontiers. Commençons donc par la méthode. La philosophie n'a-t-elle comme méthode que la critique d'un objet, l'Absolu, dont nous avons pu montrer le caractère problématique ? Que peut bien signifier cette critique ? Et peut-elle, comme méthode, prétendre à l'exhaustivité et à l'absoluité ? Questions importantes lorsque l'on considère, comme cela se doit, la complexité même du réel (nature, homme, vie, société) qui sert de matière à la pratique critique !

Jean-Bertrand Amougou : *Peut-être sommes-nous allés vite en besogne, en commençant à parler même de la critique, sans qu'on en ait donné l'acception, sur un plan général/philosophique, et le sens que ce concept prend dans l'***Essai** *! ...*

Pius Ondoua Olinga : Ce que vous proposez me semble tout à fait fastidieux, mais, par souci de méthode justement, et pour des besoins de systématicité, nous pouvons procéder de la sorte !

Lalande, à qui nous nous référons ici pour ce qui est de la définition du concept de critique, dit qu'elle est « examen d'un principe ou d'un fait, en vue de porter à son sujet un jugement d'appréciation. »[344]. Il montre aussi que Kant fait de la critique « un libre et public examen ».

Sur le plan définitionnel, Marcien Towa rejoint aussi bien Lalande que Kant.

Jean-Bertrand Amougou : *Après cette définition, que de problèmes ! Et d'abord celui de la possibilité même que cet examen soit libre ! Et*

---

[343] Notamment quand nous avons subordonné l'analytique à l'herméneutique, et lorsque nous avons affirmé l'urgence, philosophique, de l'esprit et des valeurs, pour innerver la pratique technoscientifique.

[344] *Vocabulaire technique et critique de la Philosophie*. p. 197. Si l'objet c'est l'art, on est en pleine Esthétique. Si c'est le problème de la vérité qui est en jeu, on est en Logique ou en Epistémologie.

ensuite celui de la corrélation du caractère public de l'examen et de son exhaustivité !

Pius Ondoua Olinga : Vous avez tout dit ! Que peut-on appeler libre examen ? Liberté de l'examinateur ? Forcément, mais liberté par rapport à quoi ? Aux déterminations en amont (idéologiques et sociales) de sa propre pensée, qui ne peut se concevoir comme libre de toute attache et de toute pesanteur ? Ce serait pur idéalisme que d'évacuer ces attaches et pesanteurs, dans nos représentations, dans nos pratiques. Liberté par rapport à la pression même des problèmes que l'on ne pourrait occulter ou évacuer qu'à partir d'un inutile (voire impossible !) raidissement négationniste ? Cette interrogation reste ici sans réponse.

Lorsque par ailleurs cet examen se fait à l'aide d'un instrument dont nous avons perçu plus haut les possibilités, les limites, voire les dérives, l'on peut dès lors se poser le problème de la fiabilité du résultat du « libre et public » examen, l'exhaustivité du résultat ne pouvant provenir du fait d'une "publicité" qui est présence agrégative (voire grégaire) de sujets dont l'on n'est pas sûr qu'ils partagent la même grille de lecture (interprétation) de ce qui est soumis à l'examen, ainsi que les mêmes valeurs et le même horizon programmatique, pour l'action (*praxis*) à mener.

Jean-Bertrand Amougou : *Si la critique est libre et public examen, pour quoi ? Pour quel but ?*

Pius Ondoua Olinga : Pour Marcien Towa, c'est bien pour la démystification de la condition d'aliénation des Africains, invités à une auto-révolution, et à une révolution sur le plan global, pour la libération et le développement. Cette téléologie, Charles Romain Mbele l'explique dans un éloge à l'adresse de l'auteur de l'*Essai* : « Marcien Towa : l'Europe et nous ». Ainsi, la linéarité est mise en lumière : (1) Interrogation sur notre essence → (2) Constat de la domination de l'Europe → (3) Exigence d'authenticité et de libération → (4) Double médiation nécessaire a) négation de notre être intime/adoption de l'autre ou mieux transmutation pour devenir l'autre, l'Européen ; b) adoption de la technoscience, seul moyen de la libération.

Et alors, si la philosophie est critique, libre et public examen de cette situation, pour les finalités ci-dessus évoquées, n'est-elle que cela ? Elle l'est, effectivement, en tant que nécessaire réflexion sur des conditions existentielles à modifier, à transformer, praxiquement, mais, n'est-elle pas, plus fondamentalement, cheminement vers la sagesse, comme le sous-entend son étymologie même ? Dans le contexte actuel, à quoi peut s'atteler la philosophie ? Pourquoi philosopher ? Quelle sagesse du présent pour l'avenir ?

IV - EN GUISE DE CONCLUSION. POUR UNE PHILOSOPHIE OUVERTE

Jean-Bertrand Amougou : *Que retenir, maintenant, de cette relecture que nous venons de faire de l'**Essai** ?*

Pius Ondoua Olinga : Sur un plan général, je crois pouvoir dire qu'il s'agit d'un texte digne d'intérêt, moins pour les solutions qu'il donne aux problèmes posés que parce qu'il nous permet, justement, de le soumettre à un « libre et public examen » dans cet itinéraire philosophique qui ne peut jamais être clos, achevé.

Dans nos entretiens antérieurs, nous avons à suffisance, insisté sur l'urgence de la philosophie. Est-il opportun que je revienne, en quelques mots, sur ce thème ?

Jean-Bertrand Amougou : *C'est plus qu'opportun, c'est nécessaire, question de nous resituer : face à la définition de la philosophie par Marcien Towa comme « critique de l'Absolu », quelle est la vôtre propre ?*

Pius Ondoua Olinga : Vous avez entièrement raison. Je voudrais relever ici qu'il serait pour moi tout à fait prétentieux et mal indiqué de penser ou affirmer que je peux donner de la philosophie une acception exclusivement mienne, et tout à fait spécifique. C'est la raison pour laquelle je me sens dans l'obligation de faire un retour à la tradition, sans focalisation excessive sur la vision d'un auteur, fût-il éminent comme Hegel, comme l'a fait l'auteur de *l'Essai*. Encore que la vision hégélienne de la philosophie puisse se révéler idéologique, limitée, partiale et totalitaire, du fait de l'occultation de sa propre contextualité originaire ou mieux, du fait de l'affirmation que cette contextualité correspond à la maturité du processus historique, et même à sa clôture.

Pour moi, j'aime particulièrement cette formule socratique/platonicienne, qui affirme que « philosopher, c'est apprendre à mourir ». Non point que je la récupère, au pied de la lettre ; encore que le volet détachement du philosophe par rapport au corps (à un corps qu'il s'agit cependant d'aimer) puisse être repris, et même amplifié, pour être arrachement au faux (pour cheminer vers le **vrai**), arrachement au mal (pour atteindre le **bien**), arrachement à l'injuste (pour réaliser la **justice**), arrachement à la violence (pour réaliser **l'harmonie** avec soi et avec l'autre). Je récupère cette formule à partir de laquelle je voudrais inscrire la philosophie comme réponse à une triple pression : **la pression du sens, la pression de l'excellence, la pression d'éternité.**

Jean-Bertrand Amougou : *Si philosopher, c'est apprendre à mourir, il convient de reconnaître, au départ, l'urgence de vivre, et surtout de bien vivre.*

Pius Ondoua Olinga : Et c'est bien là le point de départ de ce que je nomme la pression du sens. S'il y a mort, et donc conscience de l'achèvement inéluctable d'une existence humaine qui émerge sans nous, et qui se dissout malgré nous, cette conscience est moins porteuse, comme on pourrait le croire, d'une problématique de la transition de cette vie à une autre généralement postulée qui lui succèderait, que de celle de la problématique même de l'origine. Car s'il y a vie, et il y a vie, quelle est son origine ? A quoi la relier ? Quelle en est la consistance ? La mort, terme incontournable ; la vie, fortuité inéluctable autant qu'inexplicable, tout cela est lié et doit être expliqué. Tout cela a besoin de **sens**.

Jean-Bertrand Amougou : *Cette problématique de l'origine (qui trace, d'elle-même, le sillage de l'itinéraire existentiel) se situe donc au-delà de toute évacuation scientiste/positiviste de la métaphysique...*

Pius Ondoua Olinga : C'est bien cela, au regard du néant d'ontologie positiviste, le positivisme éludant la problématique tant de l'origine que du sens, pour s'installer dans la platitude du déjà-là. Encore que toute latitude, toute liberté, est laissée à la réponse (positive ou négative) à cette importante question. Mais cette problématique débouche sur une autre, triple : celle du statut du sujet humain (**anthropologie**) ; celle du comment vivre, avant la mort (**morale**) ; celle du comment **convivre**, pour éviter la catastrophe (**politique**).

Jean-Bertrand Amougou : *Et c'est à ce niveau que la pression du sens dérive en pression de l'excellence...*

Pius Ondoua Amougou : Effectivement. Lorsque nous parlions de pression de l'excellence, c'est bien parce que cette vie, qu'il s'agit de mener, doit l'être à partir d'une conscience aiguë de la morale et des valeurs. On le voit, c'est le sujet d'abord, c'est l'ensemble social qui s'arriment à cette problématique des valeurs. Et le sujet, qu'est-il d'autre sinon cette subjectivité et cette conscience de soi, placée face à elle-même, au monde, à l'avenir, en recherche et affectation de sens à un non-sens initial d'existence, de manière à mener ainsi, une existence signifiée ? Une existence signifiée, n'est-ce pas celle qui, issue de la recherche éthique qui définit la personne, vaut en toute certitude et débouche sur l'authenticité ?

Jean-Bertrand Amougou : *Quelle authenticité, si l'auto-révolution est autodissolution, arrimage (et même immersion dans) à l'autre, comme on le voit dans certaines formulations de l'**Essai** ?*

Pius Ondoua Olinga : Vous posez là une question importante. Lancer un plaidoyer pour l'autorévolution implique au moins, ce qui n'a pas été fait, que les conditions dans lesquelles l'aliénation voulue/assumée n'est pas au rendez-vous de cette autorévolution. L'affirmation de la faiblesse technologique de l'Afrique, faiblesse qui est à l'origine de sa situation de domination, ne peut être suffisante pour fonder un dédain global pour les cultures et civilisations traditionnelles que la Négritude et l'Ethnophilosophie cherchaient moins à survaloriser qu'à ramener à la conscience et à l'existence, les valeurs portées par ces cultures et civilisations continuant de tapir l'inconscient des individus et des sociétés. Quel éloge, pour la diversité et la différence, pour les sociétés et les cultures, en cette heure, précisément, où la diversité et la différence s'affirment comme dérivant des Droits de l'Homme, pour que la mondialisation ne débouche ni sur un **monde seulement unique/ouvert** économiquement et alignant toute organisation de la production de la vie sous la bannière de la loi libérale de la valeur, ni sur un **monde uniforme** (culturellement/idéologiquement, une fois hypostasiées les seules valeurs (ou contre-valeurs) de l'occidentalité), un monde uniforme qui ne serait donc qu'un **monde (en) uniforme** ?

Jean-Bertrand Amougou : *On pourrait donc constater à tout le moins absences et silences dans l'**Essai** : pour ce qui est de la pro-*

blématique multiculturelle, pour ce qui est des normes de la vie collective à institutionnaliser...

Pius Ondoua Olinga : Ce qui est sûr, c'est que la figure du **convivre**, la figure du politique, est à peine dessinée, que la dialectique des identités culturelles au sein d'une nation essentiellement multiculturelle et en douloureuse émergence après l'étape coloniale, n'est pas mise en lumière. Parler de liberté et de libération, parler de révolution ou d'autorévolution et même d'autocentration, de manière à la limite incantatoire, peut relever seulement de l'idéologie, et même, pourquoi pas, de l'utopie.

L'excellence à laquelle il est fait référence ici, c'est bien celle d'une vie individuelle et d'une vie collective où la socialité de l'inhumain fait désormais place à une socialité humanisante où la personne-valeur jouit de ses droits fondamentaux : le droit à la vie, le droit au développement des potentialités, le droit au sens et à la pratique politique et historique et enfin et surtout, le droit à l'avenir.

Jean-Bertrand Amougou : *Parler du droit à l'avenir, c'est semble-t-il aboutir à la pression d'éternité que vous évoquiez plus haut.*

Pius Ondoua Olinga : C'est juste. A la plate existence du déjà-là et que la rationalité analytique saisit, se substitue une existence où la transcendance de l'être (un être qui est essentiellement devoir-être), s'affirme dans un projet se situant dans la durée, au-delà de la simple gestion (fût-elle harmonieuse) du présent. Se situer dans la durée, c'est renvoyer à cette volonté de l'être de se projeter au-delà de sa dissolution (physique) assurée, dans une permanence (ou alors une éternité) dérivant d'une vie réussie, qui resterait présente dans les consciences des générations successives à partir notamment de ses productions, notamment l'art, la philosophie, les productions littéraires...

Par où est donc assurée ce que nous pourrions appeler, sans coloration mysticiste ou religieuse, la **divinisation de l'homme**.

Jean-Bertrand Amougou : *N'est-il pas temps de conclure ? Et que penser de la dénégation, par l'auteur de l'***Essai***, de l'étiquette de philosophe vrai à un certain nombre de penseurs africains ? Je pense notamment à Basile Fouda et à P.M. Hebga...*

Pius Ondoua Olinga : Je n'ai pas l'impression que votre question est une invitation à conclure l'entretien que nous menons. Mon impression est contraire : c'est un véritable rebondissement de la pensée et de la discussion que votre question provoque.

D'une manière générale, dénier à P.M. Hebga et à Basile Fouda, que vous citez, et aussi à beaucoup d'autres que vous ne citez pas, l'étiquette de philosophes pour en faire des ethnophilosophes par concession, est pour le moins injustifié, pour ne pas dire que cette démarche se situe aux horizons de l'arraisonnement et de l'intolérance : arraisonnement et intolérance indicateurs d'une véritable menace de totalitarisme idéologique.

Jean Bertrand Amougou : *L'origine d'un tel totalitarisme ?*

Pius Ondoua Olinga : Quatre piliers fondent, come nous l'avons vu, cet état d'esprit : (1) la clôture de l'objet de la quête philosophique dans la seule critique de l'Absolu → (2) l'auto-absolutisation du sujet qui philosophe → (3) l'illusion idéologique d'une translucidité de la conscience à elle-même, de la pensée à elle-même, avec l'illusion corrélative de la transparence absolue de la réalité que l'on saisirait, dans l'exhaustivité, grâce à une raison elle-même absolue et condition absolue du **vrai** → (4) l'occultation des problématiques essentielles du sens et des valeurs, occultation ou au moins minoration ! Et c'est à partir de ces quatre piliers que s'interprètent (a) le débat éculé entre **"philosophes vrais"** (autoproclamés) et **ethnophilosophes**[345] → (b) la perte de vue de la pluralité et de la diversité : pluralité des rationalités et diversités culturelles, la reconnaissance de la pluralité des rationalités et des diversités ouvrant au **pluralisme** et valorisant, dans le **multiculturalisme**, la conjonction non agonistique des identités et des différences, → (c) la myopie injustifiée ou la négation infondée de la valeur des valeurs que prend en charge la réflexion philosophique des philosophes africains à partir de leurs contextes spécifiques, de leurs

[345] Les « philosophes vrais » sont ceux qui ont récupéré la vision fixiste/éternitaire de la rationalité, vision fondant la linéarisation positiviste de l'évolution historique de l'esprit et des sociétés, une linéarisation aux conséquences multiples au rang desquelles le positivisme idéologique et l'arraisonnement. Ce qui montre que ces conséquences sont à situer au niveau idéologique comme au niveau pratique de l'organisation interne des sociétés et de celle de leurs rapports.

urgences multiples, des finalités diverses qu'ils affectent à leurs réflexions…

Jean-Bertrand Amougou : *Quelle richesse, pourtant, chez ces philosophes africains !!!*

Pius Ondoua Olinga : Quel dommage dès lors, que la disqualification autoritaire de certains de ces philosophes, à la pensée riche et stimulante ! Cette dénégation ou disqualification, notamment pour P.M. Hebga, m'avait déjà amené à m'interroger : en quoi P.M. Hebga ne serait-il pas philosophe ? Est-ce à partir de la détermination tout à fait étriquée de l'objet, de la méthode, de l'instrument et des finalités de la philosophie que nous trouvons dans l'*Essai* ? Quel dommage !

Je voudrais ici vous relire ce que je disais lors de la soutenance de votre Thèse de Doctorat/PhD, que je présentais, en ma qualité de Directeur et Rapporteur : « La dénégation à P.M. Hebga du titre de philosophe est donc idéologique et totalitaire, car à la lecture de ses œuvres, au moins de *« La rationalité d'un discours africain sur les phénomènes paranormaux »* et *« Afrique de la raison, Afrique de la foi »*, on retrouve plusieurs choses. On y trouve, à la fois, une problématique de la vérité de l'homme ; une problématique de la raison et de sa culturalité essentielle, une problématique transculturelle qui est ouverture au pluralisme des figures de la rationalité dans les diverses cultures, autrement dit qui est la reconnaissance de ce qui fait l'essence de l'homme à savoir l'articulation du rationnel et de l'irrationnel, l'émergence de la raison, une raison non close, non figée, et qui dès le départ, n'est que simple potentialité ».

Jean-Bertrand Amougou : *C'est bien parce que cette dénégation et cette disqualification m'ont paru idéologiques et exagérées, tout en étant propres à inhiber dangereusement les intérêts de recherche de quelques-uns, que j'ai décidé de rédiger cette thèse :* ***La « rationalité » chez P. Meinrad Hebga : Herméneutique et dialectique.***

Pius Ondoua Olinga : En tout cas, vous aviez raison de mener cette recherche, qui se pose ici comme une disqualification de la disqualification. Nous avons d'ailleurs déjà mené des entretiens sur l'œuvre de P. M. Hebga.

Entretien n° II. Au-delà de l'« Essai »

Jean Bertrand Amougou : *En dehors de Hebga, quel autre nom évoquer, quelle autre pensée indiquer, en appui à votre affirmation de la richesse des recherches philosophiques des auteurs africains ?*

Pius Ondoua Olinga : En dehors de Fabien Eboussi et de Basile-Juléat Fouda, je me permettrai de n'évoquer que deux noms : Bonaventure Mve Ondo[346] et Ebénézer Njoh Mouellé. Si le second nommé nous est familier, et si son œuvre, abondante et consistante, nous rassure par sa réelle ouverture humaniste et sa tolérance idéologique[347], l'œuvre de Bonaventure Mve Ondo, peu connue dans notre milieu philosophique local, mérite elle aussi un réel intérêt de notre part.

Bonaventure Mve Ondo, dans l'ouvrage auquel nous nous référons, travaille sur des « textes traditionnels » qu'il propose de comprendre à partir d'une voie nouvelle « qui ne s'arrête pas aux apparences, mais qui nous ouvre à des exigences philosophiques »[348]. Pour lui, « Il y a lieu de proposer aujourd'hui, à la manière de Paul Ricœur, une herméneutique de ces textes qui permette de mettre en évidence leurs préoccupations initiatiques et d'en approcher le niveau philosophique. Initiatiques, ces « textes » le sont, d'abord parce qu'ils étudient la subjectivité Fang incarnée aux prises avec la transcendance, ensuite parce qu'ils montrent la dépendance de la pensée à l'égard du symbole et enfin parce qu'ils concernent l'essence même de l'existence humaine ».[349]

On le voit ici : Bonaventure Mve Ondo, pariant sur l'herméneutique[350], n'interrompt pas, loin s'en faut, la raison "philosophique" qu'il faut saisir désormais dans sa **plurielleté**, tout en per-

---

[346] Auteur de : *Sagesse et initiation à travers les contes, mythes et légendes Fang*. CCF Saint-Exupéry/Université Omar Bongo. Libreville. Gabon.

[347] a) *De la médiocrité à l'excellence*, Yaoundé. CLE. 1972.

b) *Considérations actuelles sur l'Afrique*. Yaoundé. CLE. 1983. Nous parlons de l'humanisme déployé dans la recherche menée par Ebénézer Njoh Mouellé à partir des problématiques qu'il développe : la révolution des mentalités, la formation des hommes, intègres et intégrés à leur milieu, la participation à la création de l'histoire, (liberté et créativité), la formation à la citoyenneté responsable, l'émergence d'une réelle convergence panhumaine.

[348] *Op. cit.* p. 9

[349] *Ibidem*. pp. 20-21.

[350] Et pas seulement sur la méthode analytique de la rationalité instrumentale à laquelle nous invite avec insistance l'auteur de l'*Essai*.

mettant la compréhension de ces textes, à travers la pluralité de leurs facettes. Et si cette compréhension est réalisée, il n'y a évidemment pas clôture des « textes traditionnels », en eux-mêmes, c'est-à-dire désarticulés par rapport à leur contextualité originaire ; il n'y a pas non plus extension illimitée de leur horizon de validité existentielle en tant qu'ils permettent une marche initiatique, et donc une trajectoire vers la sagesse, pour les destinataires originels, et après tout, pourquoi pas, pour nous.[351]

Mais laissons une fois encore la parole à Bonaventure Mve Ondo [352] : « Lire les mythes, contes et légendes Fang, ce n'est donc pas trahir le passé, ce n'est pas lui prêter plus de lumière qu'il n'en eut, c'est peut-être même s'aveugler sur une certaine lumière. Mais nous osons croire que cette lecture vivante participe de sa vie propre et rend les « textes » à la fois plus intenses et plus actuels. Nous espérons que les « textes » [...] pourront permettre au lecteur d'y découvrir des niveaux différents de conscience et de perception, d'élargir les horizons de son esprit, d'exciter la réflexion et ainsi d'ouvrir à la sagesse ».

Jean Bertrand Amougou : *Sur l'**Essai**, un dernier mot ?*

Pius Ondoua Olinga : L'***Essai*** ? Un texte somme toute à lire, sans s'y enclore, mais pour en saisir genèse, déploiement et finalités, à partir d'un « libre et public examen », justement pour aller au-delà. C'est la condition transcendantale de l'élaboration de la philosophie du présent, pour l'avenir.

Nous devons en effet nous atteler à une telle élaboration, qui est l'expression de la vie et de la vitalité même de notre pensée. On peut d'ailleurs s'étonner que la pensée déployée dans l'*Essai* se soit refermée sur elle-même, désormais, stimulant plus sa répétition mimétique et incantatoire par une génération de "philosophes", prompts à déployer, ce qui parait paradoxal, un fonctionnement catéchétique et idéologique de la réflexion et à exceller dans une apologétique propre à éteindre ou à inhiber tout débat et toute critique dont précisément notre arène philosophique a le plus grand besoin.

[351] Comme le dit Bonaventure Mve Ondo : « Hier, ils (ces textes) nous ont indiqué la voie. Aujourd'hui et demain, ils peuvent encore nous y aider car leur puissance d'évocation demeure inépuisable. ». *Idem*. p. 21.

[352] *Idem*. p. 21.

On peut encore s'étonner que les positions prises dans l'*Essai* ne s'ouvrent à aucune révision fondamentale et à aucune évolution pour prendre en charge la réflexion philosophique confrontée à de nouveaux défis. La grandeur d'une pensée n'est-elle pas d'ailleurs liée à sa possibilité d'ouverture à la critique et non à celle de servir de support idéologique clos à des adeptes renonçant à la véritable critique philosophique ? Une telle clôture pourrait bien générer l'inhibition de toute critique, de toute pensée créatrice, de même que la violence et le totalitarisme idéologiques, pour peu que le "message" ainsi clôturé est posé comme vérité du réel et de l'histoire, ce qui réalise une occultation systématique de toute autre pensée en émergence, possiblement mieux arrimée au réel et s'ouvrant décisivement vers l'avenir.

V - BIBLIOGRAPHIE

BASTIDE Georges. *Méditations pour une éthique de la personne.* Paris. PUF. 1953.

COMTE-SPONVILLE, André, et FERRY, Luc. *La sagesse des modernes. Dix questions pour notre temps.* Paris Robert Laffont. 1998.

EBOUSSI, Fabien. *La crise du Muntu. Authenticité africaine et philosophie.* Paris. Présence Africaine. 1977.

ENCYCLOPAEDIA UNIVERSALIS. Editions 1976.

GRANGER, Gilles-Gaston. *La raison.* Paris. PUF. 1967.

HABERMAS, Jürgen.

(1) *Droit et démocratie. Entre faits et normes.* Paris. Gallimard. 1997.

(2) *L'intégration républicaine. Essais de théorie politique.* Paris. Fayard. 1998.

HEBGA, Meinrad Pierre.

(1) *La rationalité d'un discours africain sur les phénomènes paranormaux.* Paris. L'Harmattan. *1998.*

(2) *Afrique de la raison-Afrique de la foi.* Paris. Karthala. 1995.

8- HEIDEGGER, M. *Qu'est-ce que la philosophie ?* Paris. Gallimard. 1957.

JANICAUD, Dominique. *La puissance du rationnel.* Paris. Gallimard. 1985.

LADRIERE, Jean. *Les enjeux de la rationalité. Le défi de la science et de la technologie aux cultures*. Paris. Aubier-Unesco. 1977.

LALANDE André. *Vocabulaire Technique et Critique de la Philosophie*. Paris. PUF. 1968.

MORIN, Edgar

(1) *La Méthode. 1. La nature de la nature*. Le Seuil, Paris 1977.

(2) *La Méthode. 2. La vie de la vie*. Paris. Le Seuil 1980.

(3) *La méthode. 3. La connaissance de la connaissance 1*. Paris. Le Seuil. 1986.

(4) *Le paradigme perdu. La nature humaine*. Paris. Le Seuil. 1973.

MVE ONDO, Bonaventure. *Sagesse et initiation à travers les contes, mythes et légendes Fang*. Découvertes du Gabon. Centre Culturel Français Saint-Exupéry. Université Omar Bongo. Libreville.

NJOH-MOUELLE, Ebénézer.

(3) *De la médiocrité à l'excellence. Essai sur la signification humaine du développement*. Yaoundé, CLE. 1972.

(4) *Considérations actuelles sur l'Afrique*. Yaoundé. CLE. 1983.

RICARD Mathieu et TRINH XUAN THUAN. *L'Infini dans la paume de la main. Du big-bang à l'Eveil*. Paris. Fayard. NIL Editions. 2000.

SENGHOR, L. S.

(1) *Liberté I. Négritude et Humanisme*. Paris. Le Seuil. 1964.

(2) *Liberté II. Nation et voie africaine du socialisme*. Paris. Le Seuil. 1971.

(3) *Liberté III. Négritude et civilisation de l'Universel*. Paris. Le Seuil.

TOWA, Marcien. *Essai sur la problématique philosophique dans l'Afrique actuelle*. Yaoundé, CLE. 1971.

WILDIERS, N. M. *Teilhard de Chardin*. Classiques du XX[è] siècle. Editions Universitaires. Paris. 1960.

ENTRETIEN N° III

OUVERTURE DE LA RATIONALITE

LIRE HEBGA

Octobre 2007

I - CONSIDERATIONS PRELIMINAIRES. RELIRE HEBGA : POURQUOI ?

Jean Bertrand Amougou *: Vous venez de diriger et de faire soutenir une thèse de Doctorat/PhD devant l'Université de Yaoundé I, une thèse portant sur P.M. Hebga et intitulée : La "Rationalité" chez P. M. Hebga. Herméneutique et dialectique. Pourquoi cet intérêt, que l'on peut considérer comme soudain, pour les travaux de P. M. Hebga ?*

Pius Ondoua Olinga : Cet intérêt peut effectivement paraître soudain, mais il s'agit là d'une pure apparence. Et l'on ne peut pas dire que ses œuvres majeures ne m'aient point accroché. Quand je parle d'œuvres majeures, je pense essentiellement à *Afrique de la raison, Afrique de la foi*[353] et à *: La rationalité d'un discours africain sur les phénomènes paranormaux.*[354] Je les considère comme majeures, d'un point de vue philosophique, et nous aurons tout le loisir de voir au cours de notre entretien, en quoi cela est pertinent.

Jean-Bertrand Amougou : *Vous pourriez quand même, déjà à ce niveau, nous éclairer un peu sur votre prise de position...*

Pius Ondoua Olinga : Cette prise de position peut s'interpréter de deux points de vue : d'abord sur le plan interne de l'œuvre même de Hebga, ensuite par rapport au sort qui a été réservé par certains à cette œuvre, considérée globalement comme non philosophique. Ces deux points de vue se tiennent, ils sont liés. C'est vrai, P. M. Hebga a beaucoup écrit, et les thèmes qu'il aborde sont divers, variés. On le voit traiter tour à tour, des problèmes de relativité des cultures,[355] des phénomènes normaux et paranormaux[356], des problèmes religieux et mis-

[353] Paris. Karthala. 1995.
[354] Paris. L'Harmattan. Ouverture philosophique. 1998.
[355] « *Plaidoyer pour les logiques d'Afrique Noire* ». Recherches et débats. Paris. Fayard. 1958.
[356] *Rationalité d'un discours africain* ; déjà cité.

sionnaires[357], de l'émergence quasi pathologique, sur le plan social, des sectes et autres mouvements religieux…[358]

Toutefois, il est possible de retrouver, innervant la plupart de ces œuvres, une thématique constante : celle du pluralisme des rationalités ou mieux, celle de la raison plurielle, qui devrait logiquement amener à une interrogation de fond sur la raison, sur la rationalité, interrogation corrélative d'une critique de fond du rationalisme et du positivisme dominants, au nom de la complexité même de l'être de l'homme et du réel, une critique qui permet dès lors une ouverture effective à la totalité du réel (qui se donne à voir et à connaître, à travers une multiplicité de facettes).

Et c'est à partir d'ici que se justifie le second point de vue que j'adopte, à savoir considérer l'œuvre de Hebga, notamment les deux textes majeurs que j'ai évoqués dès l'abord, comme fondamentalement philosophique.

Jean-Bertrand Amougou : *Et c'est là que vous entrez de plain-pied dans le débat, en soutenant un point de vue tout à fait contraire à celui des contempteurs de P.M. Hebga qui ne lui reconnaissent pas la qualité de philosophe…*

Pius Ondoua Olinga : L'occasion nous sera donc donnée dans le cadre de nos entretiens, de nous interroger sur plusieurs choses, tout à fait essentielles.

La première : Qu'est-ce que la philosophie, et à partir de quelle définition - détermination de la philosophie dénier à P.M. Hebga l'étiquette de philosophe ? Et d'ailleurs, sur ce plan, y a-t-il philosophie ou philosophies ? Si cette interrogation s'interprète de manière diachronique, pour cerner la diversité des systèmes à travers les époques historiques, elle s'interprète tout aussi bien de manière synchronique, pour prendre en charge la culturalité essentielle de tout système, idéologique ou philosophique, et ouvrir ainsi, naturellement, à la transculturalité, au multiculturalisme dont personne ne peut dire à

---

[357] *Emancipation d'Eglises sous tutelle. Essai sur l'ère post-missionnaire*. Paris. Présence Africaine. 1976.

[358] *Mouvements religieux et sectes à l'assaut de la planète : le cas de l'Afrique*. Yaoundé. AMA. 2001.

l'heure actuelle qu'il ne soit pas une valeur-signe des temps. Et enfin, toujours à ce niveau, nous ne connaissons aucune instance (à moins d'une instance auto-instituée dont la légitimité serait elle-même problématique) habilitée à décerner le qualificatif de philosophe ou non. Et si cette affectation d'étiquette ou cette dénégation était faite à partir d'une conception étriquée/limitée d'une raison que l'on aurait abusivement hypostasiée, et qui serait au plus haut point réductionniste !

La seconde : Nous retrouvons dans l'œuvre de P.M. Hebga l'essentiel des thématiques philosophiques. Et d'abord la thématique de l'articulation du rationnel et de l'irrationnel. A ce niveau, P.M. Hebga se réfère à H. Laborit: « Opposer rationnel et irrationnel nous apparaît particulièrement absurde, car nous ne jugeons irrationnel que ce dont nous ignorons encore les lois, l'univers de notre ignorance est effroyable, comparé à la plage étroite de nos connaissances. L'irrationnel puise dans cet univers sans fin [. . .] L'irrationnel ne parait riche que de rationalité potentielle, et la "raison" n'est pas une chose, mais une fonction liée à la structure du cerveau humain, fonction qui se transforme avec les connaissances qu'elle traite ».[359] Ne retrouve-t-on pas toute cette thématique chez Edgar Morin, qui met clairement en lumière dans *La Méthode .3. La connaissance de la connaissance/1*[360], une véritable **Anthropologie de la connaissance**, dont les sources sont biologiques, dont l'objectif essentiel est existentiel, dont il faut saisir ensemble les possibilités et les limites, de même que les articulations, conditions et interrelations… ?

Et ensuite la thématique de la métaphysique en rapport avec la science dans leur considération respective et leur capacité ou non à dire le réel. Encore que l'on ne soit pas sûr que la métaphysique et la science parlent du même réel lorsqu'elles parlent du réel ! A la prétention positiviste - rationaliste de faire de la philosophie et de la métaphysique une discipline sans objet véritable désormais, P.M. Hebga, après d'autres, avec d'autres, rétablit la philosophie et la métaphysique dans leurs droits, de plein droit d'une part, au regard de la spécificité de leurs problématiques, au premier rang desquelles la problématique du sens (herméneutique) et de celle de la trajectoire historique d'un sujet humain, de l'émergence à la dégénérescence, problémati-

[359] In *Le Monde Aujourd'hui*. "Les aventures de la raison et de la pensée". p. XIII. 29-30 Juillet. 1984. cité par P. M. Hebga. *La rationalité d'un discours...* p. 11.
[360] Paris. Le Seuil. 1986.

ques principiellement esquivées dans le rationalisme et le positivisme… ; par défaut ensuite, faute pour la science, malgré ses prétentions triomphalistes, d'épuiser le réel dans la saisie qu'elle en a. P.M. Hebga le montre : « Qu'il nous suffise, dit-il, d'admettre qu'il y a réel et réel. Le savant et le philosophe sont tous deux fondés à rechercher et à dire, dans leurs langages respectifs, la réalité physique ou la relation de vérité. Ces deux approches du monde extérieur ne s'excluent pas l'une l'autre, pas plus qu'elles n'excluent celle de l'expérience vulgaire non soumise à l'analyse et à la critique ».[361]

Jean-Bertrand Amougou : *N'est-ce pas sur ce plan que Hebga se voit le plus attaqué ?*[362]

Pius Ondoua Olinga : A tort, assurément, puisque P.M. Hebga lui-même met en garde contre la réduction, la juxtaposition ou le mélange de ces deux rationalités. Encore que pour lui, positions métaphysiques et niveau de connaissance/modalité de connaissance de la nature s'interdéterminent.

Pour poursuivre notre raisonnement, on retrouve aussi chez P.M. Hebga une autre thématique philosophique essentielle : celle de l'essence même du sujet humain, qui philosophe certes et déploie une forme de rationalité que l'on pourrait dénommer analytique-critique, mais qui n'en est pas moins guetté par la démesure (c'est l'homme hybrique, d'Edgar Morin), soumis aux angoisses multiples dans une vie/devant une vie qu'il s'agit autant de maîtriser que de comprendre (herméneutique) ; un sujet humain qui est loin d'être transparent à lui-même (qui est donc, à la fois conscient et inconscient) et qui est simultanément rationnel (*sapiens*) et irrationnel (*demens*), sans qu'une de ces facettes n'efface, n'occulte, ni ne nie l'autre de manière totale/définitive …

Encore que cette thématique s'articule elle-même à celle, présente chez presque tous les philosophes, de la composition de ce sujet humain, corps et esprit ; problématique indubitablement cartésienne ou bergsonienne, et même morinienne, et qui ne saurait être

[361] *La rationalité…* p. 16.

[362] Il s'agit de son articulation entre rationalité scientifique et rationalité métaphysique, les deux étant essentiellement « de l'homme ».

esquivée même si la substantialité de l'esprit continue d'être objet d'interrogation.

Comme on le verra, P.M. Hebga s'attellera à un minutieux examen des dualismes platonicien et aristotélicien, des dualismes de Saint Thomas et de Descartes, de celui de Bergson. On peut à ce propos relever quelques-unes des affirmations de P.M. Hebga à ce sujet.

a. Affirmation n° 1 : Sur Platon et sur Aristote, et aussi sur leur anthropologie. « C'est de la notion de corps qu'il faut partir, dit Hebga, pour examiner quelle notion de l'âme correspond à telle ou telle notion de corps et quel genre d'union résulte du rapprochement de ce couple [...] Si l'âme est prise au sens de Platon ou d'Aristote platonisant, à savoir d'une substance hétérogène venue de l'extérieur, la conception dualiste du composé humain est, à ce niveau, claire et nette chez les deux philosophes. . . ».[363]

b. Affirmation n° 2 : Pour Hebga, malgré le fait que la tradition dualiste platonicienne demeure dominante, idéologiquement, on trouve, aussi bien chez Saint Thomas que chez Descartes, des relents de platonisme et d'aristotélisme. Chez Saint Thomas par exemple, Hebga retrouve une insistance sur l'unité de l'être humain, et un ferme rejet de « l'extrinsécisme et de l'instrumentalisme »[364]. On peut d'ailleurs voir ce rejet dans les lignes qui suivent : « En somme Saint Thomas réfute l'extrinsécisme et l'instrumentalisme en recourant à la théorie hylémorphique d'Aristote, et leur argument commun, c'est l'unité substantielle de l'homme, unité affirmée avec vigueur, bien qu'elle n'apparaisse pas de façon convaincante ».[365]

Jean-Bertrand Amougou : *Ne pouvez-vous pas nous donner quelques éclaircissements sur cette théorie hylémorphiste d'Aristote ?*

Pius Ondoua Olinga : Cela est peut-être nécessaire, mais nous ne devons pas oublier que certains points, comme celui-là, feront l'objet de développements complémentaires. Mais pour faire court disons que

[363] *La rationalité...*, p. 44. P.M. Hebga rappelle ici qu'il s'agit d'un dualisme extrinséciste « puisque l'âme fait irruption du haut d'un ciel des valeurs [...] Nous sommes en face de l'union accidentelle et non plus substantielle, ou plutôt de la juxtaposition de deux substances hétérogènes et autonomes ». *Idem*, p. 44.

[364] *Ibidem*. p. 50.

[365] *Idem*. p. 50.

l'hylémorphisme renvoie à une explication des êtres par « le jeu de la matière et de la forme ».[366] Que de problèmes, que de questions, à partir de cette définition !

Jean-Bertrand Amougou : *C'est vrai que les problèmes ne vont pas manquer, et que des clivages entre systèmes de philosophie sont à l'ordre du jour, par exemple celui qui oppose les divers idéalismes et les matérialismes...*

Pius Ondoua Olinga : Il est tout fait normal que de nombreux problèmes émergent, notamment lorsqu'il s'agit, dans un être ou une réalité, de distinguer ce qui est potentiel[367] de ce qui est actualisé, de passer de la puissance à l'acte (ou plutôt de saisir la transition ou le mouvement qui va de la potentialité à la réalité). On peut lire, sous la plume de Pierre Aubenque : « Nous sommes contraints par l'expérience même de reconnaître deux façons pour l'être de signifier : il y a l'être en puissance et l'être en acte, et dès lors on comprendra que l'être en acte vienne de ce qui n'était pas en acte, mais était déjà en puissance ».[368]

Jean Bernhardt ajoute sur ce point des précisions tout à fait nécessaires : « L'être en puissance ne s'établit jamais dans la détermination qui l'actualise [...] il demeure un substrat pour cette détermination, un *upokeimenon* sans lequel la détermination ne pourrait s'actualiser : proche du couple de l'acte et de la puissance passive est celui de la forme et de la matière ; ils se recouvriraient même parfaitement (la forme pouvant correspondre aussi à la virtualité de la puissance active), si précisément, alors que le premier couple insiste sur les conditions d'un passage, les pôles d'une relation et l'unification d'un composé, le second couple n'envisageait plutôt de façon statique

[366] Voir A. Lalande. *Vocabulaire Technique et Critique de la Philosophie*. p. 426.

[367] Chez Aristote, l'essence *(ousia)* est un composé de forme (*morphè, eidos*) et de matière (*ulè*)

[368] Pierre Aubenque : Aristote. *Encyclpaedia Universalis*. Editions 1976. Volume 2. p. 398. Le mouvement, qui fait sortir l'être de soi-même, se révèle « extatique », permettant ainsi de cerner la pluralité des sens de l'être, pluralité fondatrice, selon P. Aubenque, de toute physique.

la constitution de l'être, particulièrement de l'être complet et concret, du *sunolon,* essence ou substance au sens le plus réaliste ».[369]

Ainsi, et s'agissant de la théorie hylémorphique d'Aristote, on peut parler de la **forme** (comme « structure de la substance, [...] détermination essentielle et unifiante [..]élément intelligible du composé »[370]), et de la **matière**, et « le sens le plus profond de la distinction forme-matière est celui d'un rapport hiérarchique qui se répète, abstraitement semblable à lui-même, du plus déterminé au moins déterminé, du plus parfait au moins parfait, sur les multiples degrés de l'échelle des êtres ».[371]

Jean-Bertrand Amougou : *Des dualismes de Saint Thomas et de Descartes,P.M. Hebga parle surtout des points de convergence (attention à l'être, dualisme insurmonté) non sans avoir relevé quelques points de divergence à partir de la différenciation des substrats scientifiques et idéologiques de leurs théories psychologiques et de leurs méthodes respectives...*

Pius Ondoua Olinga : Vous avez raison, et nous reviendrons plus bas, notamment sur le fait que ni chez Saint Thomas, ni chez Descartes, le dualisme n'a été surmonté. Quelques lignes de P.M. Hebga nous édifieront : « Ni Saint Thomas, ni Descartes, malgré des efforts ingénieux et méritoires, n'ont réussi à dépasser un dualisme inscrit dans la structure même de leurs systèmes. »[372] Et même si Descartes considère l'être de l'homme comme « être *per se et non per accidens* »[373], s'il en affirme l'unité essentielle, le dualisme réapparaît à partir du fondement hylémorphique.

Jean-Bertrand Amougou : *Que dire maintenant du dualisme bergsonien ?*

Pius Ondoua Olinga : Nous ne développerons pas non plus à ce niveau.[374] Mais on le sait : le dualisme bergsonien affirme la réalité de

---

[369] *La philosophie païenne. Du VIe siècle avant J.C.* au *IIIe siècle après J.C.* (Sous la direction de F. Châtelet) Paris. Hachette Littérature. 1972. p. 151.

[370] *Idem* p. 161.

[371] *Ibidem.* p. 162.

[372] *La rationalité* ... p. 67.

[373] *Ibidem.* p. 68.

[374] On y reviendra dans la prochaine grande articulation de nos entretiens.

l'esprit et la réalité de la matière ; toutefois, P.M. Hebga ne manque pas d'observer, chez Bergson, trois moments, trois étapes où l'on peut saisir ce qu'il appelle : un dualisme tranché[375], un moment de conciliation[376] et un retour à un dualisme dur.[377]

Quoiqu'il en soit on peut, schématiquement, retrouver chez Bergson l'affirmation d'une différence radicale et même d'un antagonisme entre conscience et matérialité, sans qu'il y ait pourtant absence de lien, et on peut ainsi lire : « L'expérience [...] montre le lien, la solidarité entre la vie de l'âme, la vie de la conscience et le corps. Cependant il est faux que le cérébral soit l'équivalent du mental. La conscience se détend par un mouvement graduel, se matérialise progressivement, c'est-à-dire s'insère dans le corps ».[378]

Dans ces conditions, rien n'empêche Bergson de déboucher sur deux idées essentielles, constitutives de toute philosophie spiritualiste : l'autonomie de la conscience, de l'esprit ; sa survivance pour autant que « la vie mentale déborde la vie cérébrale » ;[379] ce qui amène à l'affirmation de l'immortalité de l'âme par laquelle Bergson se situe dans le sillage de Platon et de Saint Thomas.

Jean-Bertrand Amougou : *Vous venez de camper rapidement la pensée de Hebga, et surtout, la problématique de sa réflexion. Peut-être est-il temps de nous indiquer les grandes articulations de nos entretiens...*

Pius Ondoua Olinga : Bien volontiers. On pourra mener ces entretiens autour des trois grands axes ci après : **Axe n°1 : Ce qu'il en est de l'être** (être de la nature et du réel : cosmologie, physique ; être de l'homme : anthropologie) ; **Axe n°2** : **Ce qu'il en est du connaître** (épistémologie et problématique de la rationalité : normalité et paranormalité) ; **Axe n°3** : **Ce qu'il en est du sens** (vivre et convivre :

---

[375] A ce niveau, c'est l'opposition irréductible entre le spiritualisme et le matérialisme, ce qui permet d'affirmer l'hétérogénéité de la matière et de la conscience, ainsi que la liberté. Mais il n'y a pas spiritualisme moniste.

[376] C'est le rapprochement, dans *Matière et mémoire*. La matière et l'esprit interagissent : ils sont unis.

[377] Ceci dans *L'évolution créatrice*.

[378] *L'énergie spirituelle*. p. 37.

[379] *La rationalité*... p. 80.

économie, sociologie et politique ; vie et sens : métaphysique, éthique et foi).

Nous pourrions alors conclure ces entretiens par la nouvelle vision hebgaenne de la philosophie[380], et par le privilège épistémologique de l'avenir, que l'on peut à juste titre considérer comme catégorie première (du point de vue de la primauté et non du point du vue de l'antériorité).

II - CE QU'IL EN EST DE L'ETRE

Jean-Bertrand Amougou : *Formuler ainsi le titre de cette section de nos entretiens, n'est-ce pas osé ? Cela ne risque-t-il pas de poser des problèmes, de créer des confusions ?*

Pius Ondoua Olinga : Il ne faut rien dramatiser du tout. La formulation du titre se réfère quelque peu à la métaphysique de Platon, à son système conceptuel, dans lequel sont posées les problématiques de l'être, du phénomène, de l'Idée , de la forme, de l'Un, du multiple, du même, de l'autre ... Toutefois, cette référence platonicienne prend tout son sens à partir du moment où l'on retrouve chez P.M. Hebga[381], clairement formulées, des problématiques de même nature, où ce qui est pris en charge, c'est l'Etre, au sens générique de réel. On suivra d'ailleurs avec beaucoup d'intérêt ses divers développements relatifs à l'anthropologie africaine, à la nature du corps, à celle de la matière, à la problématique du connaître et de la rationalité. . .

Il ne faudrait donc pas croire que je fais de Hebga à ce niveau un nouveau Platon. Loin s'en faut ! Je ne voudrais pas non plus faire de P.M. Hebga un autre Aristote, du fait de son attention au problème de l'être, qui est « le plus problématique des problèmes »[382], cet être lui-même étant l'objet d'une science, *sui generis,* et sur laquelle insiste Aristote : « L'insistance qu'il (Aristote) met [...] à justifier une science de l'être en tant qu'être [. . .] montre en tout cas la légitimité et le sens de cette science nouvelle. . . »[383]

---

[380] Cette nouvelle vision se situe en dépassement de l'Ethnophilosophie et des trois écueils que sont l'isolationnisme, l'universalisme et l'eurocentrisme.

[381] Notamment dans *La rationalité*. . .

[382] C'est bien ce que pense Pierre Aubenque, dans son ouvrage : *Le problème de l'être chez Aristote*. Paris. PUF. 1972. pp.14 et 84.

[383] *Op. cit.* p. 21.

Si la référence à Platon autant qu'à Aristote est évidente, dans la formulation « ce qu'il en est de l'être », il ne devrait pourtant y avoir ici aucune difficulté, aucune confusion.[384] Cette référence s'inscrit dans le cadre d'une définition ou d'une détermination : la détermination de sciences spécifiques (ou particulières) attelées à cerner comme le dirait Pierre Aubenque, un genre particulier de l'être, et celle d'une science à la fois première et divine, s'opposant à (et pourquoi pas, subsumant) ces premières. L'interprétation de Pierre Aubenque se justifie pleinement à ce niveau : « A chacune de ces sciences[385] est assigné un genre particulier de l'être : à la physique celui des êtres séparés mais mobiles, à la mathématique celui des êtres immobiles mais non séparés ; à la théologie, enfin, expressément assimilée ici à la philosophie première, le genre des êtres séparés et immobiles… »[386]

Jean-Bertrand Amougou : *C'est vrai que nous n'avons pas à nous étendre, de façon approfondie, sur les philosophies de Platon et d'Aristote. Mais que peut-on dire, dès lors, sur la vision hebgaenne de l'être de la nature ?*

Pius Ondoua Olinga : C'est bien dans le chapitre IX de *La rationalité d'un discours africain* que Hebga examine le problème fondamental de savoir ce qu'est la matière, ce qu'est l'esprit. C'est dire que tout son cheminement ici rejoint celui de toute l'histoire de la philosophie, dans l'objectif de dépasser la pensée binômique matière/esprit qui oppose idéalistes et matérialistes. Transcender la pensée binômique renvoie à la conviction que spiritualistes et matérialistes ont fondamentalement tort. Pour P.M. Hebga : « Le tort des uns et des autres est de camper sur une seule face du réel : les matérialistes s'en tiennent

---

[384] Il est vrai que nous laissons ici entière la question de l'équivalence des formulations science de l'être en tant qu'être, philosophie première (ou théologie) et métaphysique. D'une manière générale et en nous référant à Aristote, on pourrait dire que la science de l'être en tant qu'être se distingue des sciences particulières attelées à étudier les propriétés des parties de l'être, alors que la première considère en général l'être en tant qu'être, l'être tel qu'il est.

[385] La physique, les mathématiques et la théologie.

[386] Pierre Aubenque. *Op. cit.* p. 36. On peut retrouver d'autres développements ici :
(a) sur la philosophie première opposée à la philosophie seconde ;
(b) sur la science de la forme opposée à la physique qui est science des formes engagées dans la matière …

aux rapports d'extériorité, et les spiritualistes se renferment dans les opérations de pure intériorité ».[387]

Jean-Bertrand Amougou : *On comprend ici que P.M. Hebga ait procédé à « un survol de l'évolution du concept de matière dans l'histoire de la philosophie occidentale ».[388] Mais qu'est-ce que la matière, pour lui ?*

Pius Ondoua Olinga : Dans son texte, P.M. Hebga examine simultanément les approches philosophiques et les approches scientifiques, avant d'aboutir à une sorte de synthèse, que l'on retrouve dans le concept hebgaen de « théorie relationnelle généralisée » pour la lecture même du réel.[389] Dans un survol rapide, P.M. Hebga interroge Platon et voit la matière chez lui comme « une chora, fond chaotique de toute chose, par quoi s'exprime le caractère d'indétermination de la matérialité » Elle est « matériau, substrat [. . .] (qui) existe à un autre niveau, celui des idées ».[390]

Jean-Bertrand Amougou : *Cette interprétation de la pensée de Platon sur la matière épuise-t-elle la vision platonicienne de l'Etre ?*

Pius Ondoua Olinga : Nous avons parlé, après P.M. Hebga lui-même, d'un rapide survol. Mais, quoique rapide, nous retrouvons dans ce survol quelques idées essentielles de Platon. D'abord celle de l'Etre (*To on*) « ce qui est dans le jaillissement originaire, ce à quoi on peut et doit faire confiance, ce sur quoi s'appuyer pour exister soi-même comme il convient ».[391] Ensuite l'idée de nature *(physis)* « force qui s'empare de la réalité, qui est en son creux, l'anime et la fait croître ou dégénérer ».[392]

C'est d'ailleurs à ce niveau que peuvent émerger l'idée et la réalité du phénomène (*To phainomenon*), « ce qui de soi-même se manifeste »[393], ce que l'homme perçoit, perception confirmant elle-

---

[387] *La rationalité* ..., p. 170.
[388] *Idem.* p. 170
[389] Cette lecture sera appliquée à la saisie des instances de la personne.
[390] *Idem.* p. 170
[391] *Platon.* p. 143.
[392] *Ibidem.* p. 144.
[393] *Ibidem.* p. 144.

même « le caractère d'indétermination de la matérialité » dont parle P.M. Hebga plus haut et qui fonde le classement hiérarchique des modes d'être de l'Etre, et la spécificité du mode de connaissance adéquate au mode d'être.[394]

Hormis Platon, P.M. Hebga s'intéresse ici à Aristote et aux scolastiques ; chez ces derniers, la matière est « pure potentialité »[395] « dépourvue de quiddité, de qualité et de quantité ».[396] Il s'intéresse aussi à Bergson, à Teilhard de Chardin, qui par exemple saisit la matière « comme un processus, comme quelque chose en marche » ;[397] c'est bien quelque chose qui se caractérise par son évolutivité, évolutivité d'une « même Etoffe cosmique »[398] dont l'esprit et la matière sont deux faces, deux états.

Jean-Bertrand Amougou : *Si les approches philosophiques que choisit P.M. Hebga, pour cerner l'idée et la réalité de la matière, s'avèrent aporétiques, on ne comprend pas très bien pourquoi il a fait l'impasse d'un examen du concept de matière, notamment chez les matérialistes antiques (Démocrite, Epicure, Lucrèce) et chez Marx. Pourquoi cette évacuation … ?*

Pius Ondoua Olinga : Je ne puis donner ici une explication de cette démarche. C'est le choix de P.M. Hebga, comme auteur. Il est vrai qu'à y regarder de près, P.M. Hebga ne peut trouver quelque chose de fondamentalement intéressant dans le sillage du monisme matérialiste, même s'il est dialectique comme chez Marx. Et si je parle de monisme, je renvoie à la radicalisation de l'affirmation d'un élément physique conférant l'unité à la diversité des phénomènes naturels en permanent devenir[399] : cet élément qui pourrait associer multiplicité et unité, de même que la stabilité/consistance et le mouvement/devenir.

---

[394] Sont donc disqualifiées ici la sensation (puisque la réalité sensible ne peut constituer le tout de l'être), et la conception empiriste (puisqu'on ne peut identifier monde sensible et monde réel, apparaître et être. Est en outre affirmée l'Idée, réalité anhypothétique : le monde des Idées et des essences existe ; c'est le monde **vrai**.

[395] *La rationalité* … p. 170.

[396] *Idem.* p. 170.

[397] *Ibidem.* p. 171.

[398] *Ibidem.* p. 172.

[399] On comprend à partir de là la problématique des penseurs ioniens : Thalès, Anaximandre, Anaximène ; on comprend aussi celles d'Héraclite et Parménide.

C'est ce même monisme[400] que l'on peut retrouver chez Marx dans son souci de dépasser la « science de l'Etre » de la philosophie classique qui veut transcender les phénomènes à partir de leur remise radicale en doute. Marx on le sait, cherche à dépasser autant les contradictions de l'idéalisme classique[401] que celles du matérialisme classique. S'agissant de l'idéalisme classique, Lucien Sève, explicitant la pensée de Marx, peut dire : « Si l'essence n'appartient pas au monde sensible, comment peut-elle être en même temps son essence ? [...] Si le monde spirituel est bien la réalité véritable, celle du monde matériel a-t-elle plus de consistance qu'un songe ? »[402]

Quant à ce qui est des contradictions du matérialisme classique, on peut les résumer dans cette double impossibilité à savoir « penser ensemble réalité du monde sensible et objectivité de l'essence ».[403]

Dans ces conditions, P.M. Hebga semble fondé à faire l'impasse d'une référence aux matérialismes divers et notamment à celui de Marx, pour lequel aucune troisième voie n'existe entre idéalisme et matérialisme alors que, précisément, c'est une troisième voie qu'il veut proposer en lieu et place des radicalisations idéalistes et matérialistes.

Jean-Bertrand Amougou : *D'où le passage de P.M. Hebga à l'examen, probablement plus intéressant, des approches scientifiques avec Descartes, Bachelard et l'atomisme réaliste moderne, Karl Pearson, Einstein et Infeld... ?*

Pius Ondoua Olinga : Ce passage est un moment important dans le cheminement de P.M. Hebga. Il s'intéresse un instant à la définition cartésienne de la matière, « substance étendue en longueur, largeur et profondeur »[404], où pourtant le problème de la quiddité même de cette

[400] A définir fondamentalement par opposition au dualisme.

[401] C'est le problème de l'essence de la réalité que tente de saisir la philosophie sans que la réalité de cette essence puisse être clairement cernée.

[402] *Une introduction à la philosophie marxiste*. Paris. Editions Sociales. 1980. pp. 44-45.

[403] *Ibidem*. p. 47. Pour Marx, il convient de dépasser simultanément l'idéalisme subjectif de l'essence et le réalisme de l'essence.

[404] *Principes*. II. 4.

matière n'est pas résolu ; encore qu'à ce niveau, nous puissions entrevoir la problématique dualiste cartésienne que nous examinerons à nouveau dans le cadre de son Anthropologie[405]. P.M. Hebga examine aussi l'ontologie matérialiste de l'atomisme réaliste moderne des XVII^è et XVIII^è siècles, pour lequel « tous les êtres de l'univers se réduisent à la matière »[406] et qui tourne court, du fait d'un substantialisme incapable de cerner avec précision la nature même de la matière.

P.M. Hebga examinera, dans la même lancée, la "Théorie énergétique" de Karl Pearson, pour laquelle la matière est énergie, avec comme danger cependant, comme il le relève, la réification de l'énergie dans le cadre d'un « substantialisme physique »[407], nouvelle réification certes, mais qui en est une tout de même.

Dans le même mouvement, Einstein et Popper sont examinés[408], de même que l'importante Théorie du champ, d'Einstein et Infeld, pour laquelle « il faut admettre l'existence de deux réalités, à savoir la matière et le champ, dont la distinction est plutôt d'ordre quantitatif que qualitatif. »[409]

Tous ces examens sont à situer dans une perspective double : celle de la recherche de la relativité de la matière, et celle de l'impact d'une telle relativité pour une saisie appropriée de la notion même de personne, à partir de la théorie du champ, notamment, qui « inclut le temps et le mouvement » et oriente vers « une conception purement relationnelle de la matière », et peut être « appliquée à toutes les instances de la personne » de manière à permettre de concevoir « leur intériorité réciproque (de ces instances), leur circumincession, ainsi que leur inséparabilité dans le mouvement. »[410]

---

[405] On peut déjà relever ici l'analyse que fait Paul Ricœur de l'Anthropologie cartésienne : « En rapportant l'âme et le corps à deux lignes hétérogènes d'intelligibilité, Descartes renvoie l'âme à la réflexion et le corps à la géométrie[...]; et institue ainsi un dualisme d'entendement qui condamne à penser l'homme comme brisé » *La philosophie de la volonté*. pp. 12-13. Cité par P.M. Hebga. *La rationalité* ... p. 57.

[406] P.M. Hebga. *La rationalité*... p. 175.

[407] *Ibidem*. p. 176.

[408] Cf. : la théorie électromagnétique de la matière d'Einstein (où toute matière est structurée en électrons et protons)

[409] *La rationalité* ... p. 180.

[410] *Ibidem*. p. 182.

On comprend dès lors la jubilation de P.M. Hebga, telle qu'elle transparaît dans ces lignes : « Primauté de la relation sur l'être ! Ainsi, ce que je suggérais concernant la personne, à savoir qu'elle est essentiellement relation, "*esse ad* ", comme l'avaient affirmé chacun à sa manière, Saint Thomas d'Aquin, Hegel et Gabriel Marcel, voici qu'une certaine lecture de l'univers nous invite à l'appliquer à tout le réel. En somme une théorie relationnelle généralisée, cosmique ! ».[411] Il semble bien qu'il détient là un point d'ancrage solide, sûr, pour comprendre non seulement l'univers mais encore et surtout l'être humain, le composé humain.

Jean-Bertrand Amougou : *Parler de composé humain est déjà certes en lui-même un dépassement de tout monisme, sans qu'il soit en même temps dépassement des dualismes*[412]*, et aussi sans que nous apparaissent la nature et la structure de chaque élément de ce composé !*

Pius Ondoua Olinga : C'est bien tout cela qu'examinera l'Anthropologie de P.M. Hebga, qui situe l'homme comme « strictement énergétique et relationnel [...] énergie et relation » dans un cosmos lui-même « énergétique et relationnel ».[413]

La notion de composé humain renvoie donc à l'idée d'une pluralité des instances de la personne simultanément corps, souffle, ombre ; elle renvoie aussi à l'idée que « c'est l'énergie qui est le tissu commun de tout ».[414] De ce point de vue, **le corps**, « épiphanie de la personne »[415] « énergie condensée »[416] en tant qu'il est matière, subsiste, dans sa relationalité constitutive. De même, **le souffle**, « personne en tant que vivante [...] également énergie »[417], est essentiellement « champ en état d'excitation ».[418] De même enfin, **l'ombre**, qui ren-

---

[411] *Ibidem*. pp. 183-184. Ici, l'univers est « un réseau de relations se ramifiant dans une expansion infinie ». *Idem*. p. 184.

[412] Déjà dépassés, comme nous l'avons vu, dans les diverses versions de Platon, Aristote, Descartes, Bergson.

[413] *La rationalité* … p. 185.

[414] *Ibidem*. p. 187.

[415] *Ibidem*. p. 188.

[416] *Idem*. p. 188.

[417] *Ibidem*. p. 189.

[418] *Ibidem*. p. 190.

voie à la « personne comme agile et maîtresse de l'espace et du temps »[419], s'avère constitutive de la spiritualité de la personne.

Jean-Bertrand Amougou : *Il faut pourtant reconnaître que bon nombre de problèmes restent irrésolus : le problème de la spécificité de la vie, celui, toujours récurrent en philosophie, de l'origine de ce qui est, celui encore de la valeur de la personne humaine.*

Pius Ondoua Olinga : C'est vrai que tous ces problèmes se posent, mais il ne semble pas que P.M. Hebga se soit posé tous ces problèmes à la fois, pour donner à chacun une réponse exhaustive. Quoiqu'il en soit, il est possible de donner une esquisse de réponse pour chacun, en nous référant globalement à la pensée de notre auteur.

S'agissant de la vie, on peut en relever le mystère et aussi la valeur, à partir de la relativité que nous venons d'examiner.[420] C'est d'ailleurs toute sa complexité que l'on doit mettre en lumière comme le fait Edgar Morin à partir des concepts d'éco-organisation, d'intégration, de surgissement de l'autonomie et de l'auto-organisation, d'émergence de la subjectivité et de l'individualité … Chez P.M. Hebga comme chez Morin, on retrouve cette complexité vivante (ou cette complexité du vivant) qui, incontestablement, confère à la vie toute sa valeur, le respect de la vie (notamment humaine, sans que celle du cosmos soit négligée) produisant cette articulation nécessaire d'une Anthropo-bio-politique et d'une Bio-Anthropo-éthique d'où se dégage la finalité même de la vie.

La valeur de la personne humaine se trouve ainsi adossée, chez P.M. Hebga, à cette complexité du réel et de la vie, complexité elle-même adossée à la Transcendance d'un Dieu créateur. C'est dans un autre de ses ouvrages que nous trouvons, développées, les questions de l'idée de Dieu, et de Dieu créateur, celle de l'apparition des espèces (végétales et animales), celle de l'origine de l'homme et celle de sa destinée.[421]

---

[419] *Ibidem*. p. 190.
[420] *Ibidem*. p. 190.
[421] *Afrique de la raison Afrique de la foi*. Paris. Karthala. 1995. pp. 141-168.

Nous reviendrons plus bas sur certaines de ces questions. Qu'il nous suffise à ce niveau de rappeler la position de principe de P.M. Hebga qui affirme : « Je repousserai avec force les conclusions métaphysiques hâtives tirées par des savants, astrophysiciens ou biochimistes, du simple fait que l'on peut faire l'économie d'un Dieu créateur pour expliquer l'univers et la vie ».[422] Cette position de principe, critique des anathèmes, ne verse pourtant pas, comme il le montre lui-même, dans une « apologie facile »[423] qui ne serait rien d'autre que de l'idéologie.

Jean-Bertrand Amougou : *Nous avons l'impression à ce niveau qu'il y a une certaine convergence entre P.M. Hebga et vous-même.*

Pius Ondoua Olinga : C'est dans le liminaire de notre premier ouvrage : *Existence et valeurs I. L'urgence de la philosophie*[424] que nous avons eu à développer des positions proches de celle de P.M. Hebga. Je partais des convergences possibles entre philosophie et religion, soucieuses toutes les deux, à partir du rappel de la condition humaine (émergence → existence → dégénérescence → dissolution), de trouver une réponse aux défis, interrogations, incertitudes. Je montrais aussi la possibilité de réponses ne se situant pas sur le plan de l'anthropocentrisme absolu seulement[425], mais pouvant opérer une référence à la **Transcendance,** « **Etre originaire** (rendant compte de l'origine des êtres), **Etre plénier** (paradigme pour la recherche de la plénitude) **pourvoyeur de sens** (tout en maintenant intacte la liberté humaine de réaliser un destin personnel qui n'est pas un *fatum* ».

La conclusion de cette prise de position ? La philosophie ne saurait fermer *a priori* toute ouverture à la foi en un Dieu Transcendant, « sous peine de brider cette autoréalisation possible de soi [...]du sujet qui croit » et qui peut être ou rester un authentique philosophe. Sur ce point, nous reviendrons plus bas, dans la troisième grande articulation de nos entretiens.

Jean-Bertrand Amougou : *Vous venez d'explorer les aspects cosmologique et physique de la pensée de P.M. Hebga, de même sa concep-*

---

422 *Ibidem*. p. 144.
423 *Ibidem*. p. 145.
424 Paris. L'Harmattan.2009.
425 Comme peut y tendre la philosophie.

tion de l'anthropologie du sujet humain. Ne pouvons-nous pas aller plus loin, et examiner, sur le plan proprement épistémologique, quelle conception il se fait de la raison, de la rationalité ?

Pius Ondoua Olinga : Il est effectivement nécessaire de progresser, d'aller de l'avant non sans avoir au préalable récapitulé, pour établir (1) la complexité du réel, de l'être, de la nature (2) la complexité de l'homme, le positivisme triomphant ne pouvant, ni occulter ces complexités[426], ni bloquer toute ouverture sur ce qui, non encore connu, n'est point inexistant, ni inconnaissable.

S'agissant tout particulièrement de la nature, la conception hebgaenne, faite d'énergie et de complexité, ne se rapproche-t-elle pas de celle d'Edgar Morin, qui dépassant la simplification positiviste[427], ouvre à la complexité, aux crises, à la perte d'homogénéité et d'unité ? La dérive simplificatrice du positivisme, qui aura permis « la domination de l'homme sur l'univers »[428], à partir d'une séparation du méga-physique, du microphysique et de la « bande moyenne »[429], elle-même héritée d'une vision anthropocentrique/métaphysique/praxique de la physique, de la nature, aura désintégré cette dernière, même si les réussites multiples et ininterrompues de la *praxis* scientifique sont là, triomphantes.

L'univers physique hebgaen ne diffère donc point de l'univers morinien. « C'est un univers réunifié, dont l'unité est plus profonde que l'ancienne homogénéisation de la physique classique, puisque c'est l'unité de cosmos, physis et chaos, unité de singularité, de genèse, de générativité, de phénoménalité. Cet univers demeure **un**,

---

[426] Une relecture d'Edgar Morin : *La Méthode I. La nature de la Nature*, peut s'avérer utile. De même, il faudrait lire l*a Méthode III. La connaissance de la connaissance 1.*

[427] Edgar Morin montre la mutation fondamentale opérée dans la conception de la nature : d'une nature (ensemble de phénomènes → causes → effets) à expérimenter/vérifier/manifester, à une nature conçue sous le mode de l'articulation désordre-organisation. « En arrachant à la nature ses secrets, la physique a dénaturé l'univers. La réduction et la simplification, nécessaires aux analyses, sont devenus les moteurs fondamentaux de la recherche et de l'explication, occultant tout ce qui n'était pas simplifiable, c'est-à-dire ce qui est désordre et organisation. » *La Méthode I. La Nature de la Nature*. p. 366.

[428] *Idem*. p. 366.

[429] *Idem*. p. 366.

bien qu'éclaté, multiple, polycentrique et divers ; il produit de lui-même désordre, ordre, organisation, dispersion et diversité. »[430]

Jean-Bertrand Amougou : *Après vos développements relatifs à la nature, à partir d'Edgar Morin (unité complexe de l'univers, légalité, mais singularité, mouvement, devenir, transformation, générativité) et de Hebga,* ***quid****, de manière spécifique, de l'homme ?*

Pius Ondoua Olinga : En revenant à P.M. Hebga, c'est à sa notion de pluralisme que nous allons nous intéresser. Encore que nous ayions déjà évoqué, voire analysé, cette notion.

Pluralité des instances[431] de la personne : voilà ce que P.M. Hebga, après d'autres, et notamment Kagamè, établit. Mais il n'y a ici ni agrégation/juxtaposition/localisation, de nature chosiste, ni substantiation/subsistance indépendante ; pour lui « chaque instance n'est pas une partie de la personne, mais la personne tout entière perçue sous un angle particulier. »[432]

D'où, selon lui: (1) chaque instance constitue la personne → (2) mais chaque instance, « constituant essentiellement relationnel »[433], peut mener une action séparée, spécifique. → (3) existence des trois instances ci-après : **le corps** (sensible/visible), témoignage vivant de l'homme, **l'âme** (invisible) et le **double/souffle**. Et alors, qu'est-ce que la vie ? C'est, selon lui, « l'union de l'ombre avec le corps »[434], tandis que « l'exister est l'être-là des deux, allant de concert avec la Vie, et pouvant continuer sa trajectoire une fois la vie dissoute ».[435]

Jean-Bertrand Amougou : *Peut-être pouvez-vous encore entrer dans certaines précisions que donne P.M. Hebga s'agissant des instances de la personne...*

Pius Ondoua Olinga : Bien volontiers. Chez P.M. Hebga, le corps « fonction de toute la personne »,[436] et qui permet sensibilité et ouver-

[430] *Ibidem*. p. 367.
[431] Instances comme niveaux d'être et d'opération.
[432] *La rationalité*... p. 92.
[433] *Ibidem*. p. 93.
[434] *Ibidem*. p. 101.
[435] *Idem*. p. 101.
[436] *Ibidem*. p. 104.

ture au monde, est condition de la réflexivité, c'est-à-dire du retour de soi à soi. Ce corps se déploie au sein de cette unité subsistante qu'est la personne, sans dissolution pourtant de l'unité de la personne comme nous l'avons vu plus haut.

Nous l'avons vu aussi, le souffle et l'ombre sont des instances invisibles. Le souffle est, lui aussi, comme le corps, « fonction de la personne [...] fonction de la vie, de la persévérance dans la durée. »[437], avec une « subsistance virtuelle »[438] : c'est « la personne tout entière considérée sous l'angle de la vie »[439], et P.M. Hebga lui applique « la théorie de l'émergence ».[440]

Enfin, l'aspect essentiellement fonctionnel de l'ombre est mis en lumière : « C'est toute la personne vue sous l'angle de la mobilité, de l'agilité, de la maîtrise de l'espace, de ce que l'on nomme immatérialité ou spiritualité, c'est-à-dire, en fait, du passage à la limite de la matérialité ».[441]

Jean-Bertrand Amougou : *Quoi de commun donc, entre P.M. Hebga et Edgar Morin, dans cette saisie de la vie et de la personne ?*

Pius Ondoua Olinga : Il est vrai que P.M. Hebga trouve qu'Edgar Morin n'a guère perçu, dans son ouvrage *l'Homme et la mort*[442], « la signification anthropologique et métaphysique » du comportement vis-à-vis de l'ombre, mais il y a de réelles similitudes entre les visions des deux auteurs. Pour Edgar Morin en tout cas, l'être humain est système biophysique, « super-système ouvert »[443], mais aussi refermé, clos, « en sa singularité incommunicable »[444], « être-machine [...] moment dans une mégamachine qu'on appelle société »[445], l'être hu-

---

[437] *Ibidem*. p. 109. La vie renvoie à (a) sensibilité → (b) réactivité → (c) évolution → (d) cérébralisation → (e) intelligence.

[438] *Ibidem*. p. 110.

[439] *Ibidem*. p. 110.

[440] *Ibidem*. p. 111.

[441] *Ibidem*. pp. 112-113.

[442] Paris. Seuil. 1951.

[443] *La Méthode I*. p. 371. Ouverture renvoie à émergence à partir des besoins, des désirs et des attentes.

[444] *Idem*. p. 371.

[445] *Ibidem*. p. 372.

main est « *sapiens/demens* »[446], et Edgar Morin peut donc dire : « L'homme *sapiens* est l'être organisateur qui transforme de l'aléa en organisation, du désordre en ordre, du bruit en l'information. L'homme est *demens* dans le sens où il est existentiellement traversé par des pulsions, désirs, délires, extases, ferveurs, adorations, spasmes, ambitions, espérances tendant à l'infini. Le terme *sapiens/demens* signifie, non seulement relation instable, complémentaire, concurrente et antagoniste entre la « sagesse » (régulation) et la « folie » (dérèglement), il signifie qu'il y a sagesse dans la folie, et la folie dans la sagesse ».[447]

Dans ce texte d'Edgar Morin, on voit donc, en sous-jacence, une critique radicale de la clôture rationaliste/positiviste, qui occulte la relationalité du rationnel et de l'irrationnel et culmine même dans l'évacuation de l'irrationnel dans l'infra-humain, oubliant que ce sont tous ces aspects dits irrationnels qui, cumulés avec ceux qui sont classés comme rationnels, constituent la totalité authentique de la personne humaine.[448] Et, dans ces conditions, comment évacuer, comme centres d'intérêt de la réflexion philosophique, tous ces éléments qui traduisent la nature réelle de l'homme, à savoir la complexité ?

Jean-Bertrand Amougou : *On perçoit, sur le plan même de la connaissance que nous abordons bientôt, l'apport véritablement central et révolutionnaire de la complexité.*

Pius Ondoua Olinga : C'est bien cela. Et il vaut mieux ici, une fois de plus, redonner la parole à Edgar Morin : « Nous découvrons, dit-il, que pour commencer à concevoir l'idée d'organisation vivante et *a fortiori* l'idée d'organisation anthropo-sociale, il nous faut un formidable et insoupçonné soubassement conceptuel, une très complexe infrastructure ou infratexture théorique concernant l'idée physique d'organisation ».[449]

[446] *Idem.* p. 372.

[447] *Ibidem.* p. 372.

[448] La reconnaissance de cette complexité humaine fonde dès lors la critique du rationalisme ultra-positiviste de l'auteur de l'*Essai*.

[449] *Ibidem.* p. 376. C'est le transfert de la complexité du physique → au biologique → à l'anthropo-social, une complexité productrice de complexité et donc, auto-reproductrice.

Pour P.M. Hebga notamment, le pluralisme des instances, de même que l'articulation existentielle du rationnel et de l'irrationnel, sont des "phénoménalisations" de la personne, unique/unie bien que plurale dans son identité même. Et le paradigme de la complexité, qui émerge, qui n'est ni « anti-analytique », ni « anti-disjonctif »[450] dépasse/transcende le paradigme de la simplification. C'est la condition transcendantale pour cheminer vers et dans le réel, qui est un mystère infini, ses phénoménalisations progressives, saisies grâce à un affinement toujours meilleur des concepts et des instruments, n'en épuisent point la texture et la totalité.

III - CE QU'IL EN EST DU « CONNAITRE »

Jean-Bertrand Amougou : *Sur la base de ce paradigme de la complexité, qu'est-ce donc que connaître, qu'est-ce que la rationalité chez P.M. Hebga ? Les concepts mêmes de normalité et de paranormalité ont-ils encore un sens ?*

Pius Ondoua Olinga : Il est vrai que c'est à la lumière de ce paradigme morinien de la complexité[451] que nous voulons continuer à lire P.M. Hebga.

P.M. Hebga, comme première phrase de son ouvrage : *Rationalité d'un discours africain sur les phénomènes paranormaux*, peut dire : « Que faut-il entendre par paranormal, et quelle serait la norme de référence » ? Cette question peut être complétée, d'ailleurs, sur deux plans : (1) Quelle serait l'instance légitime pour édicter la norme ? Et si cette instance est légitime, quels principes et mécanismes de légitimation ? (2) À supposer que cette instance soit la raison, quelle conception de la raison, quelle rationalité ? Si d'aventure, cette rationalité, conçue comme unique, et s'auto-instituant instance de légitimation/fixation de la norme, (occultant sa propre complexité),

---

[450] *Ibidem*. p. 382.

[451] L'affirmation paradigmatique de la complexité amène Edgar Morin à dire : « Il s'agit de mettre en œuvre une pensée comportant sa propre réflexivité, qui conçoit ses objets, quels qu'ils soient, en s'incluant elle-même. La science classique était incapable de se concevoir comme objet de science, et cela parce que le savant était incapable de se concevoir comme sujet de la science. Désormais, nous ne pouvons concevoir de science où la science ne devienne objet de science [...] se réfléchisse et par là, réfléchisse sur ses limites, son environnement, sa *praxis* ». *Ibidem*. p. 385.

échouait à déployer toute la complexité du réel, l'horizon de son déploiement fructueux n'étant en rien ni le seul, ni celui qui explicite au mieux la réalité du sujet humain !!! . . .

De ce questionnement de l'auteur de *Rationalité...* et de son explicitation par nos questions complémentaires, l'on peut déjà s'autoriser quelques conclusions provisoires, telles que (1) l'ethnocentrisme idéologique des concepts de normalité et de paranormalité ; (2) la clôture de la rationalité dans la seule expérimentalité/opérativité.

Jean-Bertrand Amougou : *Pour expliciter encore les questions de P.M. Hebga, ou du moins les interroger, on peut se demander à quelles conceptions de la science et de la philosophie elles renvoient. . .*

Pius Ondoua Olinga : Pour y répondre, P.M. Hebga différencie la « **vérité objective** », visée de la science, de la « **vérité formelle** » (porteuse de sens), visée de la philosophie. Les horizons de réalité non susceptibles de vérité objective peuvent être susceptibles de vérité formelle, philosophique, et faire l'objet de recherches « rationnelles » dans le cadre du besoin de compréhension (herméneutique) et de signification d'une existence qui n'a ni par elle-même, ni en elle-même sa signification, son sens.[452]

Par ailleurs, force est de saisir le caractère essentiellement situé de la raison dominante, situation en contexte métaphysique, culturel, anthropologique : occulter cette contextualité, c'est permaner dans une regrettable aliénation et comme nous l'avons vu plus haut, jouer dans l'exclusion du réel de tout ce dont nous ignorons les lois. Et pour échapper à cet exclusivisme aliénant, P.M. Hebga insiste, dans sa détermination de la rationalité, sur la cohérence logique : les phénomènes pris en charge et traditionnellement relégués dans l'irrationnel[453] peuvent faire l'objet d'une recherche et d'un discours cohérent, et donc rationnel.

Jean-Bertrand Amougou : *Donc, pour dire le réel, la philosophie peut compléter la science ...*

---

[452] Les conventions idéologiques mélioratives pour le rationnel et péjoratives pour l'irrationnel s'estompent…

[453] Action à distance, bilocation, magie, sorcellerie, apparitions de mourants …

Pius Ondoua Olinga : Peut-être pourrait-on formuler la chose autrement. Nous avons évolué avec Edgar Morin, vers l'intégration du paradigme de la complexité, qui vaut donc en science comme en philosophie. Dans ces conditions, science et philosophie ne peuvent s'exclure, la première s'auto-instituant seule capable de dire le réel, alors même que la notion de connaissance dévoile de plus en plus son caractère énigmatique.

Et c'est à ce niveau que nous pouvons encore faire appel à Edgar Morin. Parlant de la connaissance, Edgar Morin se demande : « Est-elle un reflet des choses ? Une construction de l'esprit ? Un dévoilement ? Une traduction ? Quelle traduction ? Quelle est la nature de ce que nous traduisons en représentations, notions, idées, théories ? Saisissons-nous le réel, ou seulement son ombre ? »[454]

Jean-Bertrand Amougou : *De la connaissance à l'inconnaissable, quel paradoxe !*

Pius Ondoua Olinga : C'est le paradoxe même de la raison. Grâce à la science, que de progrès, en connaissances et en maîtrise du réel, mais en même temps quelle ouverture de l'horizon de l'inconnaissable - non encore connu !

Jean Bertrand Amougou : *Nous voici de nouveau devant la problématique de la raison...*

Pius Ondoua Olinga : La ré-interrogation fondamentale de notre connaissance[455]nous ramène donc à la réinterrogation de fond de son instrument : la raison : « Qu'est-ce donc que la raison, peut se demander Edgar Morin ? Est-elle universelle ? Est-elle rationnelle ? Ne peut-elle pas se transformer en son contraire sans s'en rendre compte ? Ne commençons-nous pas à comprendre que la croyance en l'universalité de notre raison cachait une mutilante rationalisation occidentalo-centrique ? »[456]

---

[454] *La Méthode*. III. p. 11.

[455] Il est urgent pour nous de cerner ses conditions, de déterminer ses possibilités et ses limites, son aptitude à saisir le réel totalement et à atteindre la vérité.

[456] *Ibidem*. p.10.

Jean-Bertrand Amougou : *Cette double réinterrogation ne peut-elle pas nous faire sombrer dans le pessimisme ?*

Pius Ondoua Olinga : Cela devrait être le contraire. Si on maîtrise de mieux en mieux les phénomènes[457] , on ne saurait faire l'impasse sur l'expérientiel : nous avons une expérience intime (voire une conviction) de l'âme, de Dieu, dont la vérité ne renvoie point à l'objectivité de type scientifique où entrent en jeu et en ligne : (1) la constitution du fait → (2) la formulation d'une hypothèse (ou vice-versa) → (3) l'expérimentation - vérification → (4) la formulation de lois par l'établissement de relations stables/nécessaires.

Dans ces conditions, P.M. Hebga est en droit d'écrire : « Le savant et le philosophe sont tous deux fondés à rechercher et à dire, dans leurs langages respectifs[458], la réalité physique ou la relation de vérité. Ces deux approches du monde extérieur ne s'excluent pas l'une l'autre »[459].

Jean-Bertrand Amougou : *N'y a-t-il pas ici élargissement de la rationalité, de type habermassien, ou hebgaen ?*

Pius Ondoua Olinga : On peut effectivement trouver quelques similitudes ici, entre P.M. Hebga et Habermas. Habermas, dans son concept de rationalité communicationnelle, élargit « le spectre » de la rationalité, à partir d'une réaffectation de finalités à la pratique rationnelle.[460] Habermas peut donc dire « Ce qui est constitutif pour la rationalité de l'expression, c'est le fait que le locuteur élève pour l'énoncé « p » une prétention critiquable à la validité, une prétention qui peut être acceptée ou rejetée par l'auditeur. Dans l'autre cas, le rapport aux faits et l'aptitude de la règle d'action à être fondée rendent possible une intervention dans le monde qui puisse être couronnée de succès ».[461]

Il y a ainsi une rationalité de l'action, qui implique (1) pré-compréhension d'un objectif → (2) prévision du résultat/conséquence

[457] Objet des progrès de la technoscience.
[458] Dont l'un n'est pas plus rationnel que l'autre !
[459] *La rationalité*, p. 16.
[460] Lire à ce sujet : *Théorie de l'agir communicationnel*. Tomes 1 et 2. Fayard. 1987.
[461] *Théorie de l'agir communicationnel*. Tome I .p. 27

→ (3) manipulation instrumentale → (4) succès (ou aussi, l'échec) de l'action ; il y a aussi une rationalité de l'expression qui implique (1) objectif illocutoire → (2) volonté d'entente → (3) processus communicationnel → (4) succès (ou aussi, échec) de l'entente communicationnelle.[462]

Ce qui différencie fondamentalement la rationalité dite cognitivo-instrumentale de la rationalité communicationnelle, et pour Habermas : « ce concept de rationalité communicationnelle comporte des connotations qui renvoient finalement à l'expérience centrale de cette force sans violence du discours argumentatif, qui permet de réaliser l'entente et de susciter le consensus ».[463]Transsubjectivité-intersubjectivité → entente - consensus d'un côté, vérité- efficacité → puissance, de l'autre.

Jean-Bertrand Amougou : *Quels rapports entre intersubjectivité, objectivité et vérité ?*

Pius Ondoua Olinga : La vérité dérivant de l'intersubjectivité et du consensus communicationnel n'est évidemment pas de même niveau ou degré que celle dérivant de l'objectivité/adéquation aux lois des phénomènes. D'un côté, il y a dérivation du sens et mobilisation pour son effectuation[464] ; de l'autre, il y a dégagement de puissance, pour une action efficace sur le réel (même si cette efficacité peut elle-même devenir irrationnelle tout en dérivant de la raison analytique en acte).

Jean-Bertrand Amougou : *Mais alors, quelle réflexivité (critique) entre en jeu, dans chacun de ces domaines ?*

Pius Ondoua Olinga : Il est vrai, dans le domaine cognitivo-instrumental, la vérité obtenue dérive d'un accord réalisé au sein de l'intersubjectivité de scientifiques (qui ont, programmatiquement, ou plutôt méthodologiquement, effacé leur propre subjectivité) portant sur le cadre, l'axiomatique et l'instrumentalité théorique/pratique à mettre en oeuvre. Elle a un caractère fini, qui s'impose à tous, du moins provisoirement, au regard de l'impératif de révision, condition-

---

[462] Dès lors, deux registres pour l'analyse de la rationalité : la téléologie manipulatoire/instrumentale n'éteint en rien la téléologie communicationnelle !

[463] *Ibidem*. pp. 26-27.

[464] C'est la conviction qui entre en jeu ; elle n'est évidemment pas seulement irrationnelle…

nalité *a priori* de tout progrès.[465] C'est d'ailleurs de ce point de vue qu'Edgar Morin peut parler de « biodégradabilité de la connaissance, de vérités biodégradables ».

Par contre, dans le domaine de la rationalité communicationnelle[466], ce qui est premier, c'est « la nature des besoins à la lumière des valeurs standard culturellement en vigueur »[467] ; ce qui est en outre important, c'est l'«attitude réflexive à l'égard des valeurs standards ».[468] Ce qui est par contre fondamental, c'est que les valeurs culturelles qui servent ici de référentiel critique et de mobiles pour l'action « ne comportent pas de prétention à l'universalité ».[469] D'une normativité à prétention universelle et à visée absolutisante, à une autre normativité dont le caractère contextuel d'émergence ne peut être occulté, « qu'un espace de reconnaissance intersubjective se forme autour de valeurs culturelles ne signifie [...] nullement la possibilité de prétendre à un assentiment culturellement généralisé ou absolument universel »,[470] voilà le nouvel itinéraire épistémologique, et auquel adhère la position de P.M. Hebga.

Jean-Bertrand Amougou : *De la réflexivité à l'autoréflexivité, de la réflexion à l'autoréflexion...*

Pius Ondoua Olinga : C'est cela, et l'on peut mettre dès lors, en ligne (1) l'urgence évaluative qui est dépassement des simples rationalisations subjectives ou collectives, des motivations de l'action → (2) le dépassement de la critique seulement ou simplement argumentati-

---

[465] Il est vrai qu'à ce niveau, il y aurait lieu de reprendre un à un l'examen des thèmes qu'Edgar Morin analyse dans son tome III de *La Méthode*, à savoir, par exemple (1) la réorganisation épistémologique à partir de la réintégration du sujet → (2) l'achèvement inachevé de la connaissance → (3) la biologie de la connaissance, biologie qui est animalité → (4) l'existentialité de la connaissance, où l'on perçoit la double dialectique logique ↔ analogique et explication ↔ compréhension (laquelle compréhension est projection-identification du sujet) → (5) la différenciation objectivité et certitude, dérivant de l'humanité de la connaissance, qui est nécessairement implication de tout l'humain dans le processus...

[466] Un domaine moral-pratique.

[467] *Théorie de l'agir communicationnel*, Tome I. p. 36.

[468] *Idem*. p. 36.

[469] *Idem*. p. 36.

[470] *Idem*. p. 36.

ve/esthétique[471]→ (3) l'accès des normes à l'expression d'un intérêt universalisable → (4) mais la relativisation des concepts de vérité - véracité - objectivité → (5) la rationalité comme reconnaissance de l'illusionnement possible / auto-illusoirement, au point où est rationnel le sujet qui « ne dispose pas seulement de la rationalité d'un sujet qui agit judicieusement et rationnellement par rapport à une fin[472] ; ni seulement de la rationalité d'un sujet moralement éclairé et pratiquement fiable, ou encore capable d'évaluer avec sensibilité et d'être réceptif sur le plan esthétique : il a en outre la force de se rapporter de façon réflexive à sa propre subjectivité, et de percer à jour les limitations irrationnelles[473] qui affectent systématiquement ses expressions cognitives ainsi que ses expressions pratiques, morales et esthétiques. Les raisons jouent également un rôle dans un tel **procès d'autoréflexion**. »[474]

Jean-Bertrand Amougou : *L'impression générale désormais à partir de P.M. Hebga ou d'Edgar Morin, ou même de Habermas, c'est celle de la primauté du sens en lieu et place de la primauté de l'efficience. .*

Pius Ondoua Olinga : En quoi d'ailleurs une révision des priorités ne serait-elle pas ici urgente, puisque nécessaire ? Et encore : pourquoi l'efficience ne devrait-elle pas être saisie, examinée et finalisée à partir du sens, c'est-à-dire de la finalisation subjective ou intersubjective et collective de cette efficience, qui n'a pas en elle-même de sens ?

Jean-Bertrand Amougou : *Ne faudrait-il pas faire un peu attention à l'assimilation de l'acceptabilité intersubjective avec la validité (vérité objective) ?*

Pius Ondoua Olinga : Il le faut effectivement.[475] Mais pour revenir à la primauté du sens, il y a lieu de dire que la trajectoire épistémologique est ici holistique, c'est-à-dire qu'elle n'antagonise pas le sens d'un côté et l'efficience de l'autre. Ceci parce que la source du sens et de

---

471 Dépassement du *télos* de l'expression de l'incarnation « d'une prétention à l'authenticité » (*Idem.* p. 36) d'une expérience subjective …

472 Rationalité instrumentale/opératoire.

473 Expressions des affects, souhaits, inclinations, sentiments et états d'âme sans prétention à la véracité - universalité.

474 *Ibidem.* p. 37.

475 On ne peut ici réaliser une abstraction rhétorique faisant abstraction des contextes de validité.

l'efficience-puissance est la même : c'est la subjectivité –et l'intersubjectivité - socialité. Et c'est pour cette raison que, (1) il y a rupture avec l'arraisonnement qu'opère la trajectoire épistémologique dominante[476] → (2) rien n'échappe à son questionnement/examen critique, même ce que la thématique dominante considère comme anti-philosophique (les phénomènes paranormaux par exemple.) → (3) sont considérées comme à interroger toutes les structures que nous considérons comme rationnelles, et qui déterminent une compréhension du monde, structures à historiciser essentiellement, sans aucune prétention à la validité universelle (en tous temps et en tous lieux). L'universalisme occidentalo-centriste est donc battu en brèche.

Tout ce qui structure la vie (mythes, croyances, coutumes, histoire, expériences multiples/subjectives) est objet de l'examen philosophique. De ce point de vue, Habermas et P.M. Hebga convergent : « La rationalité des images du monde ne se mesure pas aux propriétés logiques et sémantiques, mais aux concepts fondamentaux dont disposent les individus pour interpréter leur monde, note Habermas. Nous pourrions même parler d'«ontologies » intégrées dans les structures d'images du monde, si toutefois ce concept, qui provient, comme on le sait, de la tradition métaphysique grecque, ne se restreignait pas à un rapport spécial au monde, c'est-à-dire, un rapport cognitif au monde de l'étant ».[477]

Jean-Bertrand Amougou : *C'est donc à partir de cette primauté du sens dont nous venons de parler que vous interprétez les œuvres de P.M. Hebga*[478]*...*

Pius Ondoua Olinga : Effectivement. Et nous pouvons donc passer à cette section spécifique réservée à la problématique du sens qui semble être la primauté chez notre auteur. On pourrait ainsi examiner, ce

---

[476] C'est ce qui amène P.M. Hebga à dire : « Dans le système actuel d'encadrement, d'enrégimentement, qui est le nôtre aussi longtemps que notre esprit, notre cœur, notre faculté de juger du vrai, du bien et du beau seront sous l'emprise étrangère, notre créativité sera bloquée. Nous avons intellectuellement et spirituellement parlant, une liberté d'oiseaux en cage, de voyageurs embarqués dans un train fou, de touristes à l'itinéraire préfabriqué. » *Emancipation d'églises sous tutelle*. Présence Africaine. 1976. p. 159.

[477] Habermas. *Théorie de l'agir communicationnel* I. p. 61.

[478] a) *Afrique de la raison, Afrique de la foi.*
b) *La rationalité d'un discours africain.*

que c'est que vivre et convivre (Economie, développement, éthique et politique, religion et foi), pour que vie individuelle et vie collective aient un sens (signification et finalisation), dans la cadre du pari sur le sens et l'espérance.

IV - CE QU'IL EN EST DU SENS

Jean-Bertrand-Amougou : *Existence, sens et valeurs (ou plutôt valeurs affectant le sens), n'est-ce pas là l'essentiel de la réflexion philosophique ? Une fois encore, au nom de quoi l'étiquette de philosophe a-t-elle donc été déniée à P.M. Hebga ?*

Pius Ondoua Olinga : J'avoue que je ne sais pas trop sur quoi se fondent les dénégateurs. Et je me permets ici de noter que nous excellons dans la dissipation de nos énergies intellectuelles dans des débats véritablement oiseux, caractérisés par un exclusivisme idéologique lui-même adossé à des caractérisations définitionnelles sujettes à caution.[479]

Les risques ici encourus n'ont pas un caractère tout à fait imaginaire : il n'est que de voir l'enfermement de notre débat philosophique dans des thématiques conceptuellement vacillantes : (a) la critique de l'Ethnophilosophie ; (b) l'affirmation de la raison comme unique alors que la thématique de la raison plurielle est pertinente et éclairante ; (c) la critique presqu'hystérique de ce que l'on appelle la postmodernité ; il n'est que de voir aussi la logique d'école qui se déploie dans les rangs des enseignants dont certains se réclament de manière antiphilosophique, c'est-à-dire sans remise en cause, de telle ou

[479] En le disant, je pense particulièrement à cette douteuse définition de la philosophie comme critique de l'Absolu, et du philosophe comme militant de l'Absolu, le sien (!), définition donnée par Marcien Towa dans son *Essai sur la problématique philosophique dans l'Afrique actuelle*. Nous avons d'ailleurs relu récemment ensemble ce texte, et lui avons adressé un certain nombre de critiques : (1) L'absence de définition/détermination de la figure de l'Absolu → (2) L'auto-absolutisation du sujet qui critique les Absolus et pose son propre Absolu → (3) L'absence d'arrimage de l'Absolu à quelque valeur qui soit transcendante → (4) Le relativisme des valeurs se contredisant dans le mouvement par lequel le philosophe pose son Absolu → (5) Les risques de violence idéologique portés par le processus de dogmatisation/absolutisation…

telle vérité absolue (absolutisée !) présente dans l'*Essai*, par exemple la révolution et l'auto-révolution, le "vol" du secret de l'Europe. . . au moment même où la revalorisation identitaire et la critique de l'arraisonnement rationaliste/positiviste sont à l'ordre du jour, la préservation des identités (multiculturalisme) dans la tolérance et la revalorisation de l'être-valeur, du sujet-valeur absolue, permettant seules d'envisager un monde ouvert, convergent sans que cette convergence universaliste débouche sur une unicité/uniformité qui ferait du monde un monde uniforme et « en uniforme » !

Jean-Bertrand Amougou : *Un monde en uniforme ? Vous tenez là un discours de type militaire ou militarisant. . .*

Pius Ondoua Olinga : Précisément pour remettre en cause la militarisation des esprits consécutive à un militantisme (violent !) pour un Absolu (douteux) pour lequel conviction rime avec éviction.

Jean-Bertrand Amougou : *Nous sommes philosophes, oui, ou du moins, nous prétendons l'être. Alors, qu'est-ce que la philosophie ? Quelle définition en donnez-vous, et qui soit différente de celle de l'**Essai** ? Et surtout, qu'est-ce que la philosophie, pour P.M. Hebga ?*

Pius Ondoua Olinga : Philosopher, c'est en tout cas se retrouver confronté à la problématique du sens d'une existence, contingente dans son émergence, consciente (mais peut-être désormais inconsciente) de sa fragilité, appelée à la dissolution à partir du processus de sa dégénérescence, mais qui est dans son effectivité même valeur, mystère, beauté. On a ainsi (1) un sentiment de relativité de notre existence → (2) l'obligation de conférer un sens à cette contingence → (3) l'urgence de la réflexion sur les fins ultimes. Pour Luc Ferry : « Au regard de l'antique question du sens de la vie, la situation de l'homme contemporain est plus insolite qu'il n'y parait. Pour la première fois sans doute dans notre histoire, nous ne disposons plus d'un discours commun.[480] Les trois grandes réponses traditionnelles, celles qui valaient encore il y a peu, ont pour la plupart d'entre nous perdu leur crédibilité. Les cosmologies antiques, les grandes religions, les utopies

[480] Même s'il faut reconnaître que le discours libéral idéologiquement dominant cherche à imposer à la conscience universelle ce discours commun.

politiques ne s'imposent plus avec la force de conviction qui était jadis la leur. »[481]

Et s'il y a urgence de l'affectation du sens, c'est que la vraie sagesse n'est plus inscription de l'être humain dans une place à lui assignée au sein d'un ordre et une harmonie naturels, alors que le monde de clos est devenu **infini**, et que la nature n'indique plus par elle-même des fins à valeur normative.[482] La vraie sagesse n'est plus seulement référence à la Transcendance religieuse. C'est vrai, comme le montre Luc Ferry : « Rien n'interdit [...] de croire en Dieu, et nombre de savants sont aujourd'hui des croyants. Il est clair que de tous les discours, le religieux est celui qui, par excellence, a prétendu répondre à la question du sens de la vie : non seulement il nous promet l'immortalité, mais il assigne à nos conduites une référence morale absolue, à notre histoire un terme ultime et, dans le meilleur des cas, salvateur ».[483]La vraie sagesse n'est plus référence, sur le plan philosophique/politique, à une utopie prescriptive, normativement, d'une *praxis*.

Ainsi, face à lui-même, face à la vie et à l'avenir, le sujet est à la fois **auteur** et **acteur** du sens à partir de sa liberté et de son intentionnalité.

Jean-Bertrand Amougou : *C'est donc là le sens à donner à cette phrase de Luc Ferry*[484] *« Sens de notre vie : devenir humain, se rendre digne d'une communication authentique avec autrui, et ce quelle que soit notre situation d'origine » ?*

Pius Ondoua Olinga : Effectivement. Devenir humain : j'y vois outre la transition de la potentialité à l'actualité (actualisation des virtualités à travers le processus de l'hominisation), le refus de l'inhumain c'est-à-dire le refus des conditions où l'hominisation serait ratée. Deviens ce que tu es, dirait Nietzsche : On a ainsi : (1) individu → subjectivité → intersubjectivité → communauté → universalité.

---

[481] Luc Ferry et André Comte - Sponville. *La sagesse des modernes. Dix questions pour notre temps*. Paris. Robert Laffont. 1998. pp. 271-272.

[482] Ni fonction assignée, ni destinée spécifique de l'être.

[483] Luc Ferry. *Op. cit.* p. 273.

[484] L'intentionnalité n'est ici ni illusion, ni auto-illusionnement, mais réaffirmation de soi du sujet libre.

Et dans la lancée de cette quête du sens, André Comte-Sponville peut dire : « Le sens est moins l'objet d'une herméneutique que d'une poésie - ou il ne peut y avoir herméneutique plutôt, que là où il y a d'abord eu *poïèsis*, comme on dirait en grec, c'est-à-dire création : dans nos cœurs, dans nos actes, dans nos discours ».[485]

Le devenir humain se pose comme finalité de l'existence. C'est aussi la finalité de la philosophie, qui se dessine dans la conception de l'être, l'organisation de la coexistence, la téléologisation du devenir. Et c'est aussi à partir d'ici que s'articulent, nécessairement, **ontologie** (émergence → être et devoir - être) → **épistémologie** (la connaissance éclatée - illimitée) → **politique** (droits de l'homme pour une coexistence pacifique/humanisante) → **éthique** (inconditionnel respect de la personne humaine-valeur/arrimage aux valeurs) → **sens de l'histoire/universel** (critique de la mondialisation qui est « idéologie de l'universelle régulation par la valeur marchande ».[486]

Jean-Bertrand Amougou : *Que dites-vous alors de P.M. Hebga, dans ce sillage de la quête du sens ?*

Pius Ondoua Olinga : Plusieurs choses. Que c'est à partir de cette quête de sens que, précisément, P.M. Hebga est un authentique philosophe. Que c'est à travers tous ses aspects que vous voyez, déployée, cette quête, dans ses divers ouvrages. Reprenons donc, un peu plus systématiquement, ces aspects.

(1) Quelle philosophie ? Quelle philosophie africaine ? P.M. Hebga répond à ces questions dans son ouvrage *Afrique de la raison, Afrique de la foi*.[487]

Il entend au premier chef dépasser la polémique entre euro-philosophes/ethnophilosophes, puisque cette polémique/querelle a un caractère tout à fait aliéné, avec ses « racines belgo-belges ».[488] De ce point de vue, il passe en revue les travaux de Fabien Eboussi et de Marcien Towa consacrés à la critique de l'Ethnophilosophie. De même aborde-t-il les travaux de Paulin Hountondji, Alexis Kagamè. Chez les critiques de l'ethnophilosophie, P.M. Hebga trouve moins

[485] *Ibidem*. p. 292.

[486] Axel Kahn. *Et l'Homme dans tout ça ? Plaidoyer pour un humanisme moderne. »*. Paris. NIL Editions. 2000. Préface de Lucien Sève. p. 15.

[487] Paris. Karthala. 1995.

[488] *Op. cit.* p. 115.

une définition, avec des précisions critériologiques[489] qu'une affirmation tout à fait dogmatique de ce que la philosophie, pour eux (et aussi, normativement, pour tous), n'est pas.

P.M. Hebga entend, en second lieu, retrouver dans la pensée des critiques de l'ethnophilosophie l'arrimage à un universel mythique et absolutisant, qui se ressource dans la pensée hégélienne dont le dogmatisme est connu… Et mythique et illusoire universel renvoie à une dédaigneuse occultation du réel qui sert de matière première à la philosophie : « Toute expression humaine peut être le matériau d'une réflexion philosophique »[490], note à cet effet l'auteur de *Rationalité…*

Jean-Bertrand Amougou : *Sans que pour autant ce matériau soit lui-même philosophique en tant que tel…*

Pius Ondoua Olinga : C'est ce que précise P.M. Hebga lui-même « Aucun langage, fût-il mythologique, religieux, linguistique, géographique, ethnologique, botanique, et/ou écrit, oral ou gestuel, ne saurait être dit « radicalement hétérogène à la philosophie ». Car la philosophie n'est pas définie par son objet, la matière qu'elle étudie et qui serait son domaine exclusif. Elle se situe dans un effort caractéristique de réflexion critique sur toute expérience humaine ».[491] La philosophie s'avère donc être investigation et évaluation critique, à partir d'une pluralité d'approches ; son matériau : le réel, tout le réel, en tant qu'il interpelle l'homme.

Jean-Bertrand Amougou : *On comprend dès lors que, pour lui, « Les philosophes africains ont le droit de réfléchir sur les problèmes de l'existence à partir de l'expérience socioculturelle qui est la leur. »*[492]

Pius Ondoua Olinga : Et de ce point de vue, il y a convergence entre les positions de P.M. Hebga et celles que j'ai l'habitude de soutenir (1) La philosophie sourd du réel → (2) Le sujet est interpellé → (3) Il

[489] Hormis la vaseuse définition de l'auteur de l'*Essai* faisant de la philosophie une « critique de l'Absolu ».

[490] *Ibidem*. p. 127.

[491] *Ibidem*. p. 128.

[492] *Ibidem*. p. 137. C'est l'affirmation par P.M.Hebga de l'existentialité de la philosophie.

est celui qui **signifie/finalise** l'existence individuelle et collective → (4) Il est **auteur** et **acteur** du **sens**.

Particularité sans particularisme ou parcellarité, visée d'universel, dépassement de tout mimétisme à la fois stérile et aliénant, voilà ce qu'il faut souhaiter que notre philosophie africaine soit.

Jean-Bertrand Amougou : *Ne pouvons-nous pas passer maintenant à un autre aspect de la pensée de P.M. Hebga ?*

Pius Ondoua Olinga : C'est le moment, en effet, selon notre souhait, de passer au second aspect que nous avons identifié.

(2) Problèmes du développement économique et social.

P.M. Hebga démystifie dès le départ le concept d'un développement qui ne saurait n'être que quantitatif, en évacuant toute approche qualitative. Cette première démystification s'ouvre sur une autre : celle du modèle occidental qui ne saurait être unique ou universel... Et cette seconde démystification s'ouvre sur une troisième : celle des mécanismes de maintien et de reproduction de la domination à partir des stratégies de violence économique, politique et idéologique. « Pour en arriver à cette situation catastrophique[493], note P.M. Hebga, le Pacte colonial toujours en vigueur et la volonté machiavélique de maintenir l'Afrique subsaharienne dans la position de productrice de matières premières, à l'exclusion de toute industrialisation susceptible de concurrencer les importations des pays développés, ont joué et jouent encore un rôle essentiel. »[494]

Jean-Bertrand Amougou : *On retrouve, là encore, une réelle convergence entre la pensée de P.M. Hebga et les analyses que vous faisiez dans votre thèse de Doctorat de III^è cycle en 1977 . . .*[495]

Pius Ondoua Olinga : C'est exact. Je ne vais pas revenir sur toutes les idées-clés de ce texte; sur certaines, peut être. (1) Le développement de l'Afrique n'est-il pas toujours examiné/entrevu de manière extravertie, dans le cadre d'une reproduction mimétique du modèle

---

[493] Celle que vit l'Afrique : faillite politique, ruine économique, conflits ethniques, jeu des puissances, Sida...

[494] *Ibidem*. p. 77.

[495] *Rationalité technologique et problématique africaine du développement*. Toulouse. 1977.

dominant libéral ? → (2) L'expansionnisme conquérant n'est-t-il pas toujours actuel à l'heure de la mondialisation : conquête (ou maintien) des zones d'influence, conquête des marchés (et stabilisation de ces marchés), imposition de la culture mondiale libérale ? ...→ (3) La production et la reproduction des conditions internes et externes de la dépendance ne sont-elles pas toujours actuelles, plus insistantes que jamais, utilisant des méthodes toujours plus affinées ?

En un mot, l'articulation « libération et développement » n'est-elle pas toujours l'urgence du présent ?

Jean-Bertrand Amougou : *Revenons donc à P.M. Hebga...*

Pius Ondoua Olinga : Si vous le voulez. Nous retrouvons donc P.M. Hebga, analysant les freins sociologiques au développement du continent africain. Pour lui : « Si trente ans de souveraineté internationale en grande partie fictive, se sont soldés par un échec total aux plans économique et social, les raisons doivent en être recherchées, par-delà l'instauration de régimes autocratiques, la mauvaise gestion et le tribalisme d'Etat, dans la mentalité profonde qui inspirait ces erreurs structurelles. »[496]

D'où l'urgence d'examiner (1) le rapport de l'Afrique à la nature (communion - soumission aux forces de la nature, faible volonté de faire l'Histoire/de transformer le monde découlant de « l'engourdissement de l'intelligence et de la volonté créatrice ».[497] Sur ce plan, P.M. Hebga peut dire : « Il est urgent, tout en respectant nos valeurs religieuses authentiques, de démystifier et de désacraliser le réel, de l'analyser pour en découvrir les lois, de soumettre la nature et ses forces les plus redoutables à l'avantage de l'homme en participant à l'immense effort de la civilisation technologique ».[498]

Jean-Bertrand Amougou : *En dehors de toute récupération du positivisme idéologique et de la rationalité instrumentale, cependant...*

Pius Ondoua Olinga : Précautions nécessaires évidemment, car, c'est de l'homme qu'il s'agit, et c'est pour l'homme que le développement et la maîtrise technoscientifique sont impulsés.

---

[496] M. Hebga. *Afrique de la raison* ...p. 78.
[497] *Ibidem*. p. 79.
[498] *Idem*. p. 79.

D'où aussi, pour P.M. Hebga, l'urgence de critiquer → (2) les PAS, les privatisations/restructurations, menées en fonction du credo libéral, et qui ne peuvent en rien permettre le démarrage d'un développement humain authentique ; de démystifier → (3) les pesanteurs et freins de la conscience : corruption, évasion des fonds, mauvaise gouvernance, primauté de l'intérêt personnel, clanique ou ethnique, prise de la nation en otage, par des intérêts douteux …[499], ostracisme et mauvaise utilisation des ressources humaines, mentalité défaitiste et infantile…

D'où encore → (4) l'urgence du travail[500] et de l'éducation,[501] et → (5) celle d'assumer nos responsabilités : « C'est nous-mêmes, qui sommes responsables de beaucoup de nos malheurs : réseaux routiers primitifs et saisonniers même à l'intérieur des villes, absentéisme et paresse confirmés, tribalisme d'Etat, terrorisme légal, etc. »[502]

P.M. Hebga reprend donc son leitmotiv : « Il faut travailler, travailler sans relâche, travailler avec acharnement. C'est le seul moyen de sortir un jour du sous-développement mental, économique, social et religieux dans lequel nous nous enfonçons chaque jour davantage. »[503]

Jean-Bertrand Amougou : *Il y a tout de même comme des relents de catéchisme dans cette démarche de l'auteur d'**Afrique de la raison**…*

Pius Ondoua Olinga : Je crois qu'il n'y a aucune exagération. De la pédagogie, il y en a, et c'est bien l'essentiel. On ne voit guère de différence fondamentale ici avec Marcien Towa pour ce qui est de l'urgence d'adopter un esprit prométhéen pour l'Africain, de s'impliquer dans la stratégie du développement, de baliser l'avenir à

---

[499] Le réquisitoire que déploie ici Hebga est implacable, il démantèle l'idéologie et la pratique du néo-colonialisme, **extraverties**, produites, reproduites et assumées par les néo-colonisés, ce qui permet la perpétuation du système.

[500] Dépassement de la mentalité d'insertion dans la nature par celle de l'émergence : anti-fatalisme → esprit prométhéen → bannissement de la sorcellerie → passage de l'immobilisme au dynamisme créatif/productif…

[501] Nécessaire répression des dérapages divers : favoritisme dans l'attribution des bourses, aides, notes, tribalisme des sélections des candidats à des examens comme l'agrégation, les maîtrises, les doctorats…

[502] *Ibidem*. p. 93.

[503] *Idem*. p. 93.

partir d'une stratégie véritable de rupture politique, économique et idéologique. . .

Jean-Bertrand Amougou : *On ne voit donc pas très bien pourquoi, chez Marcien Towa, cette acrimonie intense contre P.M. Hebga, alors que vous révélez ici toutes ces convergences...*

Pius Ondoua Olinga : C'est juste. Qu'il faille lutter contre tous les impérialismes et notamment l'impérialisme idéologique que chacun de ces deux auteurs décèle dans les pratiques et représentations quotidiennes, quoi de plus urgent ? Que cette lutte multiforme vise aussi bien des régimes déclarés autocrates, impérialistes, ou bien le recours à des pratiques magiques et sorcelleriques bloquant le développement et la réelle promotion de l'humain, cela, nous le voyons chez les deux auteurs. Qu'il faille démystifier les mouvements sectaires multiples qui gangrènent les esprits et, désormais contrôlent à partir des positions de leurs adeptes, le fonctionnement de l'économie africaine et de sa politique, cela constitue bel et bien une urgence. Une urgence absolue pour Hebga[504] qui, tour à tour, présente la figure des sectes et leurs sources respectives, analyse leurs méthodes d'action (appât de la religion, appât de la science et de la culture, appât de la guérison, appât de l'argent et des biens matériels), révèle les méfaits potentiels sur les adeptes (notamment la destruction/restructuration de la personnalité, l'achat des consciences, l'exploitation de la détresse humaine) ...

On peut d'ailleurs lire ici ces lignes de P.M. Hebga : « Beaucoup de sectes procèdent à des manipulations mentales qui comportent une destruction de la personnalité de l'adepte et à une restructuration de manière à produire un homme nouveau, ou une femme nouvelle, à la merci de ses dominateurs ».[505]

On y retrouve, comme stratégie de manipulation des esprits, selon P.M. Hebga, la fanatisation des adeptes, l'automatisation comportementale, l'enfermement dans l'univers mental créé par le gourou, l'absolutisation de la "vérité" convoyée par la secte, l'anéantissement de tout esprit critique.

---

[504] Meinrad Hebga. *Mouvements religieux et sectes à l'assaut de la planète. Le cas de l'Afrique*. Yaoundé. AMA. CENC.

[505] *Op. cit.* p. 86.

Entretien n° III. Ouverture de la rationalité. Lire Hebga

Lire les lignes suivantes de P.M. Hebga peut s'avérer éclairant : « Les sectes et ordres ésotériques affichent ou dissimulent une volonté de puissance et de domination qu'il faut combattre sans merci. Des multinationales sectaires comme le moonisme ou la scientologie, des ordres ésotériques comme la rose-croix ou la franc-maçonnerie se sont révélés, notamment en Afrique noire, de puissants leviers pour la conquête frauduleuse et la confiscation du pouvoir politique et financier ».[506]

Jean-Bertrand Amougou : *Ce dévoilement par P.M. Hebga de la volonté de puissance des sectes n'est-il pas, à sa manière, la critique de l'Absolu à laquelle Marcien Towa invite le philosophe ?*

Pius Ondoua Olinga : Il est vrai que l'Absolu ici n'est peut-être pas le même, mais le processus d'absolutisation (de la secte notamment, pour Hebga qui l'analyse) est du même ordre : la secte absolutise son contenu de vérité ou de contre-vérité, elle absolutise l'adhésion non critique et la soumission, elle absolutise ses membres qui s'investissent de l'excellence dans tous les domaines, ce qui les pose comme les ayant-droit naturels de l'ensemble des positions hiérarchiques. Sur ce plan, P.M. Hebga peut encore dire, en revenant à la situation africaine : « Ce que réalisent, au niveau de la planète, les pieuvres mooniste ou scientologiste, à savoir un empire idéologique et économique faussement teinté de religion, les partis politiques au pouvoir chez nous le reproduisent à une échelle réduite ».[507] Cette démarche mystificatrice des sectes est mise à nu : le faisant, P.M. Hebga ne se montre-t-il pas véritablement philosophe ?

Jean-Bertrand Amougou : *Pourquoi me poser cette question à moi ? Posez-la à ses détracteurs. Pour moi en effet, je trouve hautement philosophique cette critique qu'il fait des sectes fonctionnant comme des clubs monopolistes, où sévit la cooptation de même que la soumission et la démission par rapport à l'esprit critique... Mais est-ce seulement de ce point de vue que P.M. Hebga critique la politique des Etats africains ?*

---

[506] *Ibidem*. p. 97.
[507] *Idem*. p. 97.

Pius Ondoua Olinga : Certainement pas ; il y a d'autres perspectives d'analyse ; mais avant d'y arriver, achevons celle-ci. Si P.M. Hebga démystifie ainsi le fonctionnement des sectes[508], sa démarche ne saurait se complaire dans une autosuffisance liée à la pertinence des analyses ; au bout de son analyse, l'indication des « attitudes à proscrire »[509] et celle des « démarches qui s'imposent »[510] de même que la conscience des obstacles majeurs à la lutte contre ces sectes et au succès de cette lutte.[511]

Pour revenir à l'analyse par P.M. Hebga de la politique africaine, l'on peut noter l'intérêt pour les problèmes des partis uniques et du multipartisme, ceux de la démocratie, ceux des conférences nationales...

Jean-Bertrand Amougou : *Alors, multipartisme réel, multipartisme formel ? Quelle est la position de P.M. Hebga ?*

Pius Ondoua Olinga : Comment vous donner une réponse lapidaire à ce niveau ? En tout cas, P.M. Hebga dans *Afrique de la raison*, montre dans une certaine linéarité (1) une évolution structurelle des mentalités africaines (ouverture au débat politique) → (2) les effets des pressions externes (perestroïka, le sommet de La Baule), pour amorcer la trajectoire vers le multipartisme et la démocratie, le respect des droits de l'homme et l'Etat de droit. Ceci pour une bonne brochette d'Etats africains (Cameroun, Côte d'Ivoire, Ouganda, Zaïre, Tchad...)

Au registre de cette évolution, l'émergence des partis politiques autonomes/nationaux et non plus succursales des partis politiques des métropoles, des partis rompant avec le monopartisme de la période précédente[512], même si certaines tares du monopartisme ne se sont pas totalement évaporées ; même si par ailleurs la transparence du discours politique peut être brouillée, la primauté des intérêts natio-

---

[508] Pour révéler les ravages multiformes.

[509] *Ibidem*. p. 99. P.M. Hebga cite : la panique et le désarroi, l'indifférence et la tolérance mortelles, les compromis suicidaires.

[510] Hebga cite : une information vaste et approfondie, une guerre à outrance contre les doctrines et les pratiques perverses, la redynamisation de l'évangélisation.

[511] Expansion, puissance financière et politique, vide juridique, constituent les principaux obstacles...

[512] Pour P.M. Hebga « Monopartisme signifie autocratie, culte de la personnalité, clientélisme, flagornerie érigée en système ». *Afrique de la raison*. p. 28.

naux devenant formelle et seulement idéologique si les hégémonies antérieures ne se sont pas estompées.[513]

Jean-Bertrand Amougou : *Le multipartisme démocratique : quelle efficience pour l'émergence du développement ?*

Pius Ondoua Olinga : Rien de magique, ni d'automatique.[514] Le rôle d'une *intelligensia* non démissionnaire/non prostituée est cité par Hebga comme primordial, de même que la critique/autocritique et la réforme comportementale, pour dépasser les principaux écueils que P.M. Hebga cite ici : « gaspillage, malhonnêteté, manque de conscience professionnelle, fuite dans la drogue, l'alcool ou le dévergondage, alibi des sectes et autres « ordres ésotériques », incivisme, évasion fiscale, démission politique, banditisme. »[515]

Jean-Bertrand Amougou : *C'est une véritable autopsie de la situation africaine qu'opère là P.M. Hebga !*

Pius Ondoua Olinga : Vous ne pensez pas si bien dire ! Et P.M. Hebga, dans la même lancée, réaffirme l'urgence d'un multipartisme et d'une démocratie vrais, sans hypostasier pour autant la transition par les Conférences Nationales qui ne sont évidemment pas des panacées.

Jean-Bertrand Amougou : *On sait pourtant que P.M. Hebga est partisan des Conférences Nationales...*

Pius Ondoua Olinga : Cela est vrai. Pour lui : « Aucune analyse scientifique n'a établi qu'une Conférence nationale coûte plus cher, économiquement parlant, que le déploiement des forces de répression, ou les multiples campagnes de propagandes de nos partis-Etats. Rien ne prouve qu'elle exaspère les antagonismes ethniques plus profondément et plus durablement que le tribalisme et le régionalisme d'Etat. Il ne faut donc pas l'accuser de tous les maux ».[516] Mais le réalisme est nécessaire à ce niveau ! Et si l'on ne peut accuser la Conférence Nationale de tous les maux, on ne peut pas non plus, sauf idéalisme, la parer de toutes les vertus...

---

[513] Le mobile unique de ces hégémonies d'origine extérieure : l'intérêt économique et géopolitique.

[514] Pour P.M. Hebga, le multipartisme est conditionnellement efficient.

[515] *Ibidem*. p. 40.

[516] *Ibidem*. p. 48.

Il est donc appréciable de voir P.M. Hebga prolonger sa réflexion sur la société étatique africaine où il décèle (1) le morcellement ethnique et tribal[517]→ (2) la nécessaire émergence de la conscience nationale après celle de l'Etat et de ses structures → (3) les hypothèques de ce polyethnisme pour ce qui est de l'élaboration de cette conscience nationale → (4) les nombreuses forces centrifuges[518] → (5) l'urgence de la mobilisation des forces centripètes → (6) la nécessaire articulation des structures traditionnelles autour du **projet national** → (7) l'urgence et la nécessité de la créativité, pour faire émerger une réalité économico-politique nouvelle et qui ne soit point copie conforme du modèle dominant, ce qui constituerait une nouvelle aliénation...

Jean-Bertrand Amougou : *A travers ces analyses politiques, nous retrouvons la problématique du sens : vivre et convivre, dans une société qui crée les conditions les moins mauvaises de l'hominisation. Mais que dire de la Métaphysique, de l'Ethique et de la problématique de la Transcendance, chez P.M. Hebga ?*

Pius Ondoua Olinga : C'est en fait la problématique de la référence à la Transcendance qui nous permet de faire la liaison chez P.M. Hebga, de l'origine et de la fin, et de comprendre le comment de cette existence qu'il faut pourtant mener, *hic et nunc*, car, pour lui, « foi et raison peuvent aller de pair. »[519]

Mais y a-t-il un accord de la foi et de la raison ? Après tout, pourquoi pas ? Est-il nécessaire d'affirmer le nécessaire agnosticisme et le nécessaire athéisme au nom de la raison, au nom de la primauté de la raison dont la pratique n'épuise, ni le déploiement d'un réel complexe[520], ni le sens d'une existence elle aussi complexe, ni *a fortiori* la compréhension/interprétation du sujet humain, lui aussi essentiellement complexe ?

[517] Enchevêtrement des ethnies qui peuvent se clore en elles mêmes et hypostasier leurs cultures, leurs langues, leurs religions, leurs traditions.

[518] Et P.M. Hebga met en lumière ici, la dialectique langue de décolonisation/langues nationales, les différences religieuses et culturelles, l'antagonisme généré par les intérêts économiques…

[519] *Ibidem*. p. 141.

[520] Il faut revenir ici à la thématique de la complexité.

Jean-Bertrand Amougou : *L'on comprend d'ailleurs à ce niveau pourquoi, selon P.M. Hebga, on ne peut*[521] *inférer des faits scientifiques « l'inexistence de Dieu et la fausseté de la religion » ni,* ***a contrario****, « corroborer des croyances religieuses à l'aide de faits ou de théories relevant de la science. »*[522]

Pius Ondoua Olinga : En tout cas, une question fondamentale se pose. De la science ou de la religion, laquelle peut prétendre détenir le monopole de la vérité ? Et cette problématique de la vérité[523] ne s'articule-t-elle pas, de manière plus fondamentale, à la problématique du sens ? Lisons plutôt: « Il me semble qu'aussi bien dans le camp de la foi que dans celui de la science, on commet la même erreur grave, savoir la revendication claironnante du monopole de la vérité dans les matières d'intérêt commun : l'origine de l'univers et de la vie, la bioéthique ».[524]

Au-delà de tout totalitarisme idéologique, P.M. Hebga réengage sa réflexion dans le sillage de l'articulation de la raison et de la foi, réflexion qui implique : (1) la nécessaire modestie à adopter par la science/les scientifiques, l'instrumentalisme et son efficience consécutive n'impliquant ni la vérité totale de l'objet saisi, objet d'investigation[525], ni la vérité de la totalité de l'être et du réel. Ni dogmatisation, ni absolutisation objectiviste, donc ; (2) en dépassant tout anathème et toute apologétique de mauvais aloi, la possibilité de la réintroduction de Dieu/de la Transcendance dans la problématique du sens, sans que cela soit antiscientifique ou antiphilosophique.[526] Cette réintroduction est engagement. « Pour moi, note P.M. Hebga, la coexistence entre la foi et la raison n'est pas une affaire de débat pu-

---

[521] Sauf dangereuse confusion des genres.

[522] *Ibidem.* p. 142.

[523] Qui ne renvoie pas seulement à celle de l'**objectivité**.

[524] *Idem.* p. 142.

[525] Complexité et axiomatique/niveau d'instrumentalité obligent.

[526] On peut au moins retenir, comme **hypothèses herméneutiques** (conférant le sens) (1) l'idée de création → (2) la liaison création - créateur → (3) l'apparition des espèces → (4) l'origine créée de l'Homme → (5) la destinée-finalité de la vie. Sur nombre de problèmes, P.M. Hebga va démystifier les positions dogmatiquement scientistes. (Critique de l'astrophysicien Hubert Reeves, du biochimiste Jacques Monod…).

rement académique que je mènerais d'un air détaché, non, elle m'engage tout entier. »[527]

Jean-Bertrand Amougou : *Prenons ici un exemple : la réponse créationniste (de l'univers) et celle de l'émergence à partir du big-bang ne se révèlent-elles pas toutes les deux aporétiques, ou du moins problématiques ?*

Pius Ondoua Olinga : C'est précisément la raison pour laquelle chaque réponse est **choix**, **engagement**.[528] Mais ce choix, cet engagement ne sont rien d'autre que le pari sur le sens et l'espérance. Sens d'une existence, espérance que la pression d'éternité à laquelle nous nous référons habituellement permettra de transcender la limitation ontologique d'un être appelé parce que fini, à la dissolution, à la mort.

Dans ces conditions, rien ni personne ne saurait empêcher que P.M. Hebga vive sa foi rationnellement, et même tout d'abord, raisonnablement. Son itinéraire ? Un itinéraire/une trajectoire vers la **vérité.** Quelle vérité dès lors ? Celle évidemment de l'authenticité d'un être en recherche de sens, appelé à vivre ce sens dans le réel, dans son existence même. Et dans notre examen de la pensée de P.M. Hebga, n'avons-nous pas vu cette recherche et cette vie du sens, dans chaque volet : le volet politique, le volet social, le volet théologique ? Et n'est-ce pas là ce qui fait de P.M. Hebga un authentique philosophe ?[529]

V - CONCLUSION. L'AUTHENTICITÉ, URGENCE DU PRÉSENT POUR L'AVENIR

Jean-Bertrand Amougou : *Un plaidoyer pour P.M. Hebga ?*

Pius Ondoua Olinga : Certainement pas un plaidoyer, terme qui donnerait à penser à une défense d'une pensée dont les fondements seraient tout à fait vacillants. Certainement pas un plaidoyer, qui donne-

---

[527] *Ibidem.* p. 154.

[528] Aucune réponse péremptoire/indépassable ne s'imposant à tous, il faut donc choisir. D'où pour P.M. Hebga, le fait qu'il admette qu'il a « une foi qui cherche à comprendre. ». *Ibidem.* p. 165.

[529] Pour P.M. Hebga d'ailleurs, « La philosophie est un effort de lucidité embrassant toutes les situations de l'homme sans exception. ». *La rationalité…* p. 10.

rait à penser que je me situe dans le cadre d'une école dont je ne serais qu'un adepte, sans recul réflexif possible, sans critique, sans engagement personnel.

Plutôt qu'un plaidoyer, notre examen se veut une restauration de la vérité, la vérité d'une pensée trop souvent dévoyée, dans sa présentation par des lecteurs aux horizons idéologiques clos, et dont les critiques pour le moins inconsistantes n'enlèvent rien à la démarche **philosophique** de l'auteur et ne peuvent lui interdire un engagement dans lequel il trouve sens et valeur à la vie.

Jean-Bertrand Amougou. *En somme, authenticité de l'être et authenticité de la pensée s'articulent donc ici, chez M. P. Hebga ...*

Pius Ondoua Olinga : C'est bien cela. Authenticité d'une philosophie qui est recherche de sagesse : une sagesse de l'homme - pour l'homme dans un réel auquel affecter un sens, le sens. Ce sens peut certes donner l'impression de prendre la figure de l'Absolu de Marcien Towa, à la seule différence que ce sens ne s'absolutise pas, il ne s'absolutise, ni pour son auteur, qui en donne une justification rationnelle ouverte, ni pour tous, puisqu'il ne l'impose à personne, invitant plutôt chacun à son propre itinéraire vers la vérité. Ce qui est tolérance, relativité, reconnaissance de la spécificité/authenticité de l'autre, des autres.

Jean-Bertrand Amougou : *Nous voici réinstallés dans la problématique multiculturelle, thématique récurrente de nos entretiens...*

Pius Ondoua Olinga : Moi, je parlerais de problématique multiverselle, face à celle du monde de l'unité - unicité - uniformité.

Reprendre le concept de multivers n'implique point que je me situe tellement dans le sillage de la pensée d'Epicure, où ce concept renvoie à « l'existence d'une « infinité de combinaisons d'atomes et d'une infinité de mondes dans le multivers, simultanément et successivement. ».[530] Encore que, de ce point de vue, la question continue de se poser, de savoir s'il y a un monde unique, notre monde.

La problématique multiverselle implique donc qu'à supposer un monde unique, notre monde, comment admettre l'unicité ou l'uniformité de sa configuration, au-delà de la multiplicité de ses facettes et de celle des discours (cultures, civilisations, représentations)

---

[530] *Le jeune Marx et le matérialisme antique*. Toulouse. Privat. 1970. p. 53.

qui présentent ces facettes, dans le temps et dans l'espace ? N'y a-t-il pas, dans la critique de l'Ethnophilosophie à laquelle procèdent notamment Marcien Towa et certains chercheurs, une crypto-hypostase du monde et de la pensée unique et uniformisante qu'impose la rationalité instrumentale, propre, malgré ses dénégations, à se constituer en philosophie de l'assomption plutôt qu'en philosophie de la révolution ? Ce qui serait une contradiction dans la pensée même de Marcien Towa pour qui la philosophie implique révolution et auto-révolution ?[531]

Un univers, notre univers, dans lequel exister, *hic et nunc* ; et qu'il faut gérer (dans la cosmoresponsabilité) avec comme finalité, notre propre réalisation, dans l'**authenticité**. Ce cheminement pourrait tout aussi bien se mener à partir de la lecture des textes de P.M. Hebga, dont l'interdisciplinarité et l'ouverture « de la rationalité » permettent une réelle expression autonome d'un sujet complexe, en quête de sens, dans un réel complexe qu'il s'agit de saisir dans son fonctionnement complexe, à partir d'une *praxis* elle-même complexe. Ce cheminement, c'est bien celui de la philosophie, du présent, pour l'avenir.

VI - BIBLIOGRAPHIE

AMOUGOU, Jean-Bertrand. *La rationalité chez P. M. Hebga. Herméneutique et dialectique*. Thèse de Doctorat/PH.D. Yaoundé. 2005.

AUBENQUE, Pierre. *Le problème de l'être chez Aristote*. Paris. PUF. 1972.

BERGSON, Henri. *Œuvres*. Paris. Editions. du Centenaire. PUF. 1963

CHATELET, François. (Sous la direction de) *La philosophie païenne. Du VIe siècle avant J.C au IIIe siècle après J.C*. Paris. Hachette Littérature. 1972.

COMTE-SPONVILLE, André et FERRY, Luc. *La sagesse des modernes. Dix questions pour notre temps*. Paris. Editions Robert Laffont. 1998.

---

[531] On voit que le concept grandiloquent d'auto-révolution renvoie malheureusement à une assomption camouflée du statut de supériorité absolue de la rationalité analytique-instrumentale à laquelle nous sommes invités à nous arrimer.

FOUDA Basile-Juléat et **SINDJOUN POKAM**. *La philosophie camerounaise à l'ère du soupçon. Le cas Towa.* Yaoundé. Editions le Flambeau. 1980.

GABAUDE, Jean Marc. *Le jeune Marx et le matérialisme antique.* Toulouse. Privat. 1970.

HABERMAS Jürgen. *Théorie de l'agir communicationnel.* Tomes I et II. Paris. Fayard. 1987.

HEBGA, Meinrad Pierre :

(1) *Afrique de la raison, Afrique de la foi.* Paris. Karthala. 1995.

(2) *La rationalité d'un discours africain sur les phénomènes paranormaux.* Paris. L'Harmattan. 1998.

(3) *Mouvements religieux et sectes à l'assaut de la planète. Le cas de l'Afrique.* Yaoundé. Editions AMA. 2001.

KAHN, Axel. *Et l'Homme dans tout ça ? Plaidoyer pour un humanisme moderne.* Paris. NIL Editions. 2000.

LALANDE, André. *Vocabulaire Technique et Critique de la Philosophie.* Paris. PUF. 1998.

MORIN, Edgar.

(1) *La Méthode I. La nature de la nature.* Paris. Le Seuil. 1977.

(2) *La méthode. II. La vie de la vie.* Paris. Le Seuil. 1980.

(3) *La Méthode III. La connaissance de la connaissance/1.* Paris. Le Seuil. 1986.

(4) *La complexité humaine.* Paris. Champs - L'Essentiel. 1994.

ONDOUA Pius.

(1) *Rationalité technologique et problématique africaine du développement.* Thèse de Doctorat de IIIième Cycle. Toulouse 1977.

(2) *Positivité scientifique et positivisme idéologique. Une analyse épistémopolitique du fétichisme de la science.* Thèse de Doctorat d'Etat. Toulouse. 1989.

(3) « Raison plurielle et humanisme de l'avenir. ». *Annales de la FALSH.* Université de Yaoundé I. Volume 1. N° 6. Nouvelle Série. 2007. Premier semestre.

PRIGOGINE Ilya et STENGERS Isabelle.

(1) *La nouvelle alliance.* Paris. Gallimard. 1979.

(2) *Entre le temps et l'éternité.* Paris. Fayard. 1988.

PRIGOGINE Ilya. *La fin des certitudes.* Paris. Editions Odile Jacob. 1996.

SEVE Lucien. *Une introduction à la philosophie marxiste.* Paris. Editions sociales. 1980.

TOWA Marcien. *Essai sur la problématique philosophique dans l'Afrique actuelle.* Yaoundé. Editions CLE. 1971.

« FORMALISME DEDUCTIF » ET VIOLENCE

UNE ANALYSE « SPINOZISTE » DE LA MONDIALISATION

Février 2008

« La violence constitue l'autre de la raison auquel il faut échapper ».

Thérèse BELLE-WANGUE[532]

I - ACTUALITE SPINOZIENNE ? [533]

1 - Paradoxes

C'est à partir d'un double paradoxe que nous voulons inscrire cette relecture de Spinoza. Philosophe rationaliste du XVIIième siècle, Spinoza n'a t-il pas assigné à son système l'objectif d'une triple ruine : celle de la religion, celle de la morale et celle de l'Etat non rationnellement fondé ? Ce système peut-il être actuel pour nourrir une analytique et une critique de la mondialisation ? A ce premier paradoxe s'associe un autre : parler de la mondialisation, c'est se situer au-delà et au-dessus des Etats et des nations, dans le cadre d'une vision d'un monde « unique » tendanciellement uniforme : uniformisation du cadre conceptuel, uniformisation du cadre existentiel, modalité unique de l'organisation du présent et de l'itinéraire vers l'avenir.

Or, une analyse dominante, interniste, de la politique de Spinoza, a surtout mis l'accent sur le faible intérêt pour l'international, la recherche de la meilleure organisation politique possible à partir de la cause essentielle qui rend compte de la dégradation/désagrégation potentielle des Etats étant l'objectif principal de l'auteur du *Traité politique* et de l'*Ethique*. Spinoza aurait été soucieux d'articuler le mécanisme des désirs à celui des lois, de manière que « le corps politique se conserve dans son unité avec le maximum de stabilité »[534] et ce, à partir de l'orientation maximale des intérêts particuliers vers une utilité collective, et aussi, de l'arrimage de la citoyenneté à la légalité.

---

[532] *Violence et société chez Spinoza*. Thèse de Doctorat d'Etat en philosophie. Université de Toulouse-Le-Mirail. Septembre 1991.

[533] Spinoza : 1632-1677 : Quelle actualité, pour ce philosophe du XVII^è^, en ce XXI^è^ siècle ?

[534] François Châtelet (sous la direction de). *La philosophie du monde nouveau. XV^ie^ et XVII^è^ siècles.* Paris. Hachette Littérature. 1972. p. 189.

2 - L'itinéraire purificatoire[535]

Pourtant, le souci spinozien de voir les passions se mouvoir « dans une collectivité réglée par des lois »[536] et aussi de voir l'individu accéder à l'éternelle béatitude comme vertu plénière et possession de la perfection grâce au passage du pouvoir des passions au pouvoir de la raison n'est pas sans intérêt pour la compréhension des dialectiques de la violence à l'heure de la mondialisation.

A première vue, l'itinéraire purificatoire concerne au premier chef l'individu ; mais il concerne aussi le social, dans le cadre de cette compréhension articulée de la **métaphysique**, de l'**ontologie**, de l'**éthique** et de la **politique**. Cet itinéraire purificatoire est promotion de la liberté pour l'individu et pour le social, par l'inscription comme urgence du dépassement de la double violence interne et externe qui est menace et hypothèque pour la pleine réalisation du *conatus.*[537] Il s'agit ici d'une libération par rapport à une violence multiforme, dont les figures ressortissent des passions, de la méconnaissance de la nécessité et donc, de l'ignorance, de l'hypertrophie d'une volonté qui étoufferait dès lors la raison, du blocage du *conatus* dans la relation intramodale comme dans la relation intermodale/sociale.

Si, pour l'individu, la libération consiste dans l'intériorisation de la nécessité par la connaissance adéquate de la nature[538], par un dépassement progressif des genres imaginatif[539] et rationnel, et un

---

[535] L'itinéraire purificatoire de Spinoza montre que la liberté est la finalité de la philosophie. Pour Jean-Marc Gabaude : « Le dessein métaphysique et éthique de Spinoza se ramène à montrer l'adéquation de la liberté avec toutes les notions-clés. Selon l'aspect considéré, la liberté est tout à la fois nécessité, vertu, bonheur, bien véritable, indépendance, productivité, immanence, force de la vérité, affranchissement, existence réflexive, salut. » *Liberté et raison.* Tome II. *La liberté cartésienne et sa réfraction chez Spinoza et chez Leibniz.* Association des Publications de l'Université de Toulouse-Le-Mirail. Série A. Tome XIV. Toulouse. 1972. p. 35.

[536] *Idem.* p. 189.

[537] Le *conatus* est ici individuel ; mais la société étant, une totalité, il s'y déploie un *conatus* « social ».

[538] La connaissance de la nature constitue le souverain bien. Jean-Marc Gabaude insiste donc sur le fait que : « La liberté est totalisation de nécessité [...] Etre libre, c'est se rendre compte que l'on essaie de faire coïncider nécessitation ontologiquement première et liberté éthiquement première ». *Op. cit.* p. 213.

[539] Connaissance du premier genre.

accès au genre intuitif de connaissance[540], la libération, pour la société, consistera dans la maîtrise du jeu des passions et des rapports de forces[541], par l'institution rationnelle du pouvoir politique en vue d'une saine régulation du commerce intermodal.[542]

3 - Une critique "spinoziste" de la mondialisation

On le voit donc : l'analyse de la violence peut servir de fil conducteur pour la compréhension de la pensée de Spinoza. Sur un plan général, on pourrait définir la violence comme ce qui s'oppose au libre déploiement d'un être ou d'une chose selon sa propre nature[543] ; pour Spinoza, la violence ne sera rien d'autre que le procès de création contradictoire de surpuissance et d'impuissance, par l'imposition de la contrainte qui annihile tendanciellement le *conatus*. Thérèse Belle-Wangue examine ainsi la violence dans le système spinoziste et montre, **pour l'individu** : la nécessaire prévention de l'auto-négation ou même de la diminution de puissance avec comme conséquence l'obligation, pour la survie de l'individu dans sa relation avec les autres, du passage de la décomposition tendancielle à la composition ; et **pour la société** : l'évitement de la même décomposition par la formation d'un Etat fort conférant au droit un caractère de nécessité.

Cette analyse spinoziste de la violence embrasse l'individu, la société et l'Etat ; elle peut également donner des éclairages importants pour la compréhension des relations entre Etats, et c'est en cela qu'une analyse des dialectiques de la violence est pertinente, à l'heure

---

[540] Qui « réside dans cette compréhension de coïncidence-limite où nous nous savons cause adéquate, c'est-à-dire, élément co-déterminant de la totalité. Nous sommes alors de la Nécessitation » Jean-Marc Gabaude. *Op. cit.* p. 218.

[541] Un jeu dont le résultat est l'annihilation tendancielle et l'obstruction du *conatus* des individus.

[542] Pour Spinoza : « Nulle société ne peut subsister sans un pouvoir de commandement et une force, et par suite, sans des lois qui modèrent et contraignent l'appétit du plaisir et les passions sans frein ». *Traité théologico-politique*. Traduction, notices et notes par Ch. Appuhn. p. 106.

[543] On pourrait se référer à l'ensemble des définitions que donne André Lalande dans son *Vocabulaire Technique et Critique de la Philosophie*. Ce qui apparaît ici, c'est le caractère dialectique de la violence : au sein de l'individu, lorsqu'une instance (par exemple les passions, la volonté) s'impose unilatéralement , au sein du social, lorsque les rapports de forces créent une relation asymétrique instaurant une domination de certains sur d'autres.

de la mondialisation, à partir de Spinoza. C'est bien à cela que s'attelle, dans deux thèses[544] et plusieurs articles et communications, Thérèse Belle-Wangue, dont on lit avec intérêt les conclusions de la Thèse d'Etat, où elle applique à l'analyse de la politique internationale, de l'« anarchie internationale »[545], les catégories et les concepts spinoziens et élabore celui de « formalisme déductif ». Présentant la pensée de Spinoza, Thérèse Belle-Wangue peut dire : « Que la connaissance adéquate de la nécessité naturelle comprenne le dépassement de la conscience vécue, et souvent aliénée, du rapport de cet individu avec le monde extérieur et avec les autres hommes, dans un ensemble social, économique et politique, cela révèle en quel sens la réflexion de notre philosophie se laisse appréhender, en tant qu'idéologie dominée par la raison. Or, une idéologie à fondement rationnel se veut expressive et non pas mystifiante. Elle doit par conséquent être réaliste et avertie, au point de ne pas se laisser enfermer dans les bornes d'un unique Etat »[546].

Se situer au-delà des bornes d'un unique Etat, dépasser les limites des Etats-nations, c'est là la perspective à adopter, non point que la réalité des Etats-nations ne soit plus qu'imaginaire, ou que le statut de la personne-citoyen ait consacré sa dissolution ou sa phagocytose[547] ; et c'est ainsi que, dans le sillage de l'auteur de *Violence et société chez Spinoza*, il sera question dans notre texte : 1. de retrouver la primauté du ***conatus*** ; 2. de réaffirmer la relationalité de la violence (interindividuelle et sociale) ; 3. de poser la libération comme urgence transcendantale, et de voir comment se réalisent au-delà des limites de l'Etat-nation, les dialectiques de la violence[548] ; 4. de voir comment

---

[544] Au registre des thèses, nous avons :

(1) *La justice et la violence chez Spinoza*. (Thèse de Doctorat de IIIe cycle. Toulouse. Octobre 1977).

(2) *Violence et société chez Spinoza*. (Thèse de Doctorat d'Etat. Toulouse. Septembre 1991).

Au registre des articles, signalons essentiellement : « Spinoza et l'étiologie de la violence. » *Annales de la Faculté des Lettres et des Sciences Humaines*. Université de Yaoundé. Série Sciences Humaines. Volume V. N° 1. Janvier 1989.

[545] *Violence et société chez Spinoza. Op. cit.* p. 1007.

[546] *Op. cit.* p. 1004.

[547] Même s'il faut reconnaître pourtant que de sérieuses menaces pèsent sur son statut !

[548] La mondialisation n'est-elle pas vécue, globalement, comme violence arraisonnante intégrant économie, politique, idéologies et représentations ?

poser, comme urgence philosophique, une problématique du présent et de l'avenir, au-delà de l'idéologie dominante qui assène comme vérité indépassable que la figure actuelle du réel correspond, malgré son caractère structurellement violent, « au dernier état de l'histoire humaine »[549].

Comment ne pas, à partir de Spinoza, réinterroger cette « anarchie internationale »[550] où le « formalisme déductif »[551] occulte mal la violence internationale que déploie la dialectique des rapports Nord-Sud, la légitimation par le droit positif d'un droit de nature fondamentalement porteur de violence, la logique économico-politique de l'exclusion, et l'utopisation (qui est violence idéologique) du cosmopolitisme actuel qu'il s'agit de comprendre comme invitation à l'acceptation du monde tel qu'il est...?

II - FIGURES ET DIALECTIQUES DE LA VIOLENCE

1 - Violence et dialectique du conatus

Pour l'auteur de *Violence et société chez Spinoza*, la violence a un fondement ontologique : « Elle est ontologiquement fondée, s'exerçant dans les relations intramodales qui constituent la Nature naturée ».[552] Elle est donc, de ce point de vue, intégrée à la nature des êtres, à la modalité de leur existence et de leur action. Le déploiement de la positivité de chaque essence peut donc être affecté, et pour l'homme, nous verrons ce qui peut ainsi affecter ce déploiement.

a - Violence et ontologie de la finitude

Puisque l'homme est une partie de la nature, qu'il est « nature dans la nature »[553] et non pas « un empire dans un empire »[554], la violence s'inscrit dans sa finitude essentielle, et cette violence est des-

---

[549] Francis Fukuyama. *La fin de l'histoire et le dernier homme*. Paris. Flammarion. 1992. p. 240.

[550] Terminologie de Thérèse Belle-Wangue. Anarchie ne signifie pourtant pas absence d'ordre, mais plutôt, instauration d'un ordre **unique/inique**.

[551] Qui est idéologisation.

[552] *Op. cit.* p. 48.

[553] Marianne Schaub. in *La philosophie du monde nouveau. XVIe et XVIIe siècles*. (Sous la direction de F. Châtelet). p. 170.

[554] *Idem.* p. 170.

tructibilité ou mieux, destruction potentielle du mode humain, simultanément corps et esprit ; les changements que subit le mode peuvent avoir une causalité intérieure et une causalité extérieure.

Au registre de la causalité intérieure, et parce que la violence est simultanément pouvoir de détruire et possibilité d'être détruit, les figures de la violence se déploient de manière multiple : la dictature des passions qui produit l'étouffement de la raison, la négation de l'autonomisation personnelle, la dictature de l'imagination dont l'altération en imaginaire violent crée une intensification/aggravation de la violence[555], l'ignorance des causes... L'imagination, selon Th. Belle-Wangue, permet une genèse de l'erreur, une extrémisation de la violence, une introduction du désordre dans le domaine ontologique ; elle est productrice d'une véritable « inconsistance ontologique » ; tout ceci hypothèque la pleine réalisation de l'être.[556]

Il faut pourtant reconnaître que les hypothèques à la pleine réalisation de l'être demeurent de simples possibilités pour autant que le *conatus,* manifestation de puissance, est simultanément prévention contre l'auto-négation. Pour Spinoza, il existe une dynamique essentielle du mode comme pouvoir progressif d'exister : l'autodestruction n'est donc pas concevable : « Il n'existe rien, note Spinoza, qui, par sa propre nature, recherche sa propre destruction ».[557] Thérèse Belle-Wangue peut encore développer cette idée importante du dynamisme essentiel du mode : « Si le spinozisme ne peut renfermer ce retournement de la violence sur soi-même par nature, c'est que l'idée d'une positivité absolue de l'être implique une conception spécifique du mode. Le mode est défini par la puissance de se conserver, de continuer à s'afficher indéfiniment, qu'il agisse sous l'impulsion inconsciente [...] de la convoitise ou sous la direction éclairée de la raison.

---

[555] Ceci, au niveau social surtout.

[556] On peut alors lire sous sa plume : « L'imagination n'est pas un pur néant qui serait un plein de passion. Mais dès qu'elle s'altère en imaginaire, elle devient ellemême violence. Elle ne nous enracine pas vraiment dans l'être. Elle est marquée par l'inconsistance ontologique qui exprime sa faible teneur logique ». *Violence et société chez Spinoza.* p. 198. La violence est simultanément « confusion et désordre, enveloppement au système et isolement, inadéquation et irrationalité ». *Idem.* p. 198.

[557] Spinoza. *Court traité.* Traduction, notices et notes par Ch. Appuhn. Garnier-Flammarion. p. 47.

L'homme ne peut s'anéantir de lui-même parce qu'il est recherche de puissance ».[558]

Au registre de la causalité extérieure, la destructibilité n'est plus seulement une possibilité[559] ; il existe une intercontrainte modale ; pour Spinoza : « Une chose ne peut être détruite que par une cause extérieure ».[560] L'auto-affirmation du mode produit, tendanciellement, la négation des modes les uns par les autres ; elle est productrice de violence. On le voit : l'entrenégation modale implique une domination (violence) produite par l'extériorité, le blocage de la production maximale de puissance par le mode, la destruction tendancielle du mode. Il se pose à nouveau le problème d'une réalisation de l'être du mode, qui correspond à l'affirmation de son essence qui est puissance et tension vers la plénitude d'être[561].

b - Pouvoir social et équilibration dynamique des puissances

Ainsi , les voies de la nature contiennent de lourdes hypothèques à la pleine réalisation de l'être ; et si le *conatus* interdit de penser à une auto-négation/autodestruction de l'être, il faudrait bien inscrire cette réalité (voulue) de la prééminence d'un être en déploiement progressif[562] dans le social et le politique : dans le commerce entre modes, et pour que l'entrenégation ne soit pas au rendez-vous, l'institution du pouvoir social devient une urgence, puisque l'homme est naturellement social. Il faut passer de la violence asymptotique à la résistance à la violence, à la « normalisation de la violence », à partir d'une régulation du désir par la raison et la loi, pour que l'individu ne vibre pas au seul diapason de ses intérêts. Pour Spinoza : « Nulle société ne peut subsister sans un pouvoir de commandement et une force et par suite sans des lois qui modèrent et contraignent l'appétit du plaisir et les passions sans frein ».[563] Le commerce intermodal renvoie à cette articulation ontologie/anthropologie/sociopolitique. La produc-

---

[558] Thérèse Belle-Wangue. *Op. cit.* pp. 292-293

[559] Elle est même un risque réel/social. La violence sociale est inéluctable.

[560] *Ethique. III*. Proposition 4. Ch. Appuhn. p. 128.

[561] Pour Spinoza : « Personne ne peut désirer être heureux, bien agir, qu'il ne désire en même temps être, agir et vivre, c'est-à-dire, exister en actes ». *Ethique IV*. Proposition 21. *Op. cit.* p. 241.

[562] Non sans antagonismes et contradictions.

[563] *Traité théologico-politique*. p. 106.

tion du corps social par l'union des puissances individuelles doit relativiser la violence et la ramener à son niveau le plus bas.[564]

Ainsi : « Repousser la violence nécessite un effort certain, un engagement apte à maximaliser l'actualisation de notre puissance, un engagement généralisé au sein d'une pratique communautaire ».[565] Mais comment donc, pour l'individu ou pour la société, réussir à repousser la violence ?

2 - L'urgence de la libération

La relativisation de la violence est libération : elle permet, à partir du double volet qui la constitue (volet individu et volet collectif) et à partir de son inscription double aux registres de l'éthique et du social (politique), l'accès à une forme supérieure d'existence, grâce à la conduite de l'homme et du social par la raison.

a - Des voies de la nature aux voies (à la voix) de la raison

Passer du pouvoir des passions au pouvoir de la raison, c'est bien là la libération ; c'est la transition à opérer, pour atteindre la fin et le bonheur, pour l'individu comme pour la société. Cette transition a comme point de départ : l'auto-référentialité[566] ; elle a en outre la référentialité par rapport à la raison[567], le dépassement de l'asservissement à l'extériorité qui est inadéquation génératrice de violence ; cette inadéquation est « le fait de la causalité partagée et ignorée comme telle »[568], le dépassement de l'exclusivisme de l'appropriation des valeurs empiriques qui produit le renversement finaliste entre fins et

---

[564] L'inter-négation modale doit être anéantie, grâce à ce pouvoir politique qui se présente comme équilibration dynamique des puissances et qui permet à la socialité de se déployer, de se développer.

[565] Th Belle-Wangue. *Op. cit.* p. 144.

[566] « L'individu évoluant dans le registre de la durée où la violence est constamment effectuée et constamment effectuable, la rareté de la perfection humaine s'explique par son accomplissement dans l'immanence. **Pouvoir être pleinement cause**, déployer sa force innée, telle est la portée de la relativisation de la violence ». Thérèse Belle-Wangue. *Op. cit.* p. 148.

[567] D'où le dépassement de la logique de l'imagination.

[568] *Op. cit.* p. 174. « Le propre de la violence n'est pas la rencontre avec l'extériorité, mais déjà l'asservissement à cette extériorité au sens où la puissance causale de l'individu est ignorée, empêchée au maximum de s'actualiser ». *Idem.* p. 174.

moyens, la maîtrise de la violence affective : « A l'évidence, la fixation passionnelle est violence au sens subjectif et objectif : l'individu la subit »[569], l'affirmation de la supériorité de la raison et de la primauté de la philosophie dont le sens est fondamentalement **éthique**.

On le voit donc : la libération est impossible, sur le plan individuel et sur le plan social, s'il y a répression de la pensée, si la libre structuration spirituelle n'est pas au rendez-vous ; la libération est impossible si la supériorité absolue de la raison n'est pas affirmée. Si alors l'on passe de la primauté des passions à l'autonomisation personnelle, si la supériorité de la philosophie est réaffirmée, les implications, à savoir la libération, se manifestent au-delà de l'individu. La libération présente ainsi une pluralité de figures : elle est bien une *ratio-axiologie*, elle est aussi, dans le même mouvement, une *socio-axiologie*.

b - De la ratio-axiologie à la socio-axiologie

Si la restitution de la raison dans sa primauté enclenche l'itinéraire du salut personnel véritable[570], si l'application des principes rationnels préserve « de l'autre de la raison »[571], qui implique la perversion de l'ordre naturel qui est à la fois « origine, conséquence et aliment de la violence »[572], il se produit une structuration principielle de la vie à partir de cette application des principes rationnels. Dès lors, la promotion de la justice est au rendez-vous, la violence est tendanciellement éradiquée, la joie et la plénitude de la vie sont atteintes.[573] Le rationalisme de Spinoza est bien une ratio-axiologie productrice de justice, de cohérence, d'objectivité, de singularité, de totalité et d'immanence du bonheur. C'est la raison pour laquelle l'auteur de *Violence et société chez Spinoza* peut dire : « Le travail de rationalisa-

---

[569] *Ibidem*. p. 249. Ce qui est visé ici, c'est de rompre l'enchaînement de la raison, producteur d'une décomposition de l'unité de l'individu humain qui est elle-même source de servitude affective : « Extrémisation de l'impuissance rationnelle, la violence, note Th. Belle-Wangue, est vécue comme entrave à la direction de l'être et de l'agir des individus humains par la raison ». *Ibidem*. p. 272.

[570] A partir de la transition de la connaissance du premier genre à la connaissance du troisième genre.

[571] *Violence et société chez Spinoza*. p. 880.

[572] *Ibidem*. p. 881.

[573] La sagesse, qui est salut, implique une existence selon l'essence de la raison.

tion de l'homme juste tend à éliminer les particularités qui font obstruction à l'altérité et empêchent d'accéder à l'épaisseur ontologique d'autrui, de construire la concorde véritable. Celle-ci fait ressortir la mutilation propre à la violence sociale »[574].

Mais la ratio-axiologie spinozienne n'a pas sa finalité en elle-même : la rationalisation maximale de la pensée et de la pratique humaines ne se comprend que si elle débouche sur une socio-axiologie : l'humanité est nécessairement sociale/socialisée. Prévenant l'auto-anéantissement de l'homme par lui-même ainsi que l'anéantissement toujours possible de l'homme par son semblable ou par la société[575], double anéantissement violent, cette socio-axiologie renvoie à l'urgence de la loi et à la corrélation entre conservation propre de l'individu (de nature *conatusienne*) et résistance à la puissance néantisante du *conatus* des autres modes, à partir du droit[576]. Si la ratio-axiologie se déploie et fonde ainsi une socio-axiologie, cette socio-axiologie devient l'articulation de la perfection humaine et de la perfection sociale. La dialectique du *conatus* est maîtrisée, grâce à l'action politique qui amène à vivre en société les hommes qui n'y sont pas naturellement aptes. Dans cette action politique, l'Etat devient instance de mise en œuvre de la raison en vue de l'anéantissement de la violence et de la maîtrise de l'altérité concurrentielle qui se fonde sur l'exclusivisme de la volonté de chaque *conatus* de se voir développé de manière maximale, sans que pour autant il y ait renonciation du mode à persévérer dans son être. C'est ici que s'opère la rencontre des affects et de la raison, et qu'émergent société civile et contrat[577], sans que cette rencontre des affects et de la raison implique une négation de la nature[578].

---

[574] *Op. cit.* p. 943.

[575] Le droit de nature ne peut se retourner contre lui-même, et l'anéantissement des autres modes est concevable/possible/réel.

[576] « En situant le droit, après avoir identifié droit et puissance, entre deux sortes de limites, une limite immanente se dédoublant en limite supérieure et en limite inférieure et une limite extérieure, celle qui procède des autres modes auxquels l'individu s'oppose ou se soumet, Spinoza situe *ipso facto* le droit de nature dans le contexte d'une constante actualisation du *conatus*, appliquant ainsi l'un des principes récupérateurs de la violence ». *Violence et société chez Spinoza*. p. 309.

[577] Avec la création corrélative d'un espace commun/public géré non pas par les affects, mais par la raison.

[578] Pour Spinoza : « La raison n'exige rien qui s'oppose à la nature », ou encore : la raison « exige elle-même que chacun s'aime soi-même, qu'il recherche sa propre

c - De la socio-axiologie à la communauté rationnelle

Il reste à voir comment la société civile réalise la transition de l'immanence au projet. Nous l'avons vu : il y a une exigence *conatusienne* de sécurité et d'accès à la vie la meilleure possible ; les hommes doivent s'unir en un corps ; ce qui règlera désormais leur vie, ce sont les lois et les critères de la raison ; d'où aussi, la primauté du droit par aliénation par les individus de leur droit de nature. Pour Spinoza, les individus : « ont transféré à la souveraine Autorité la puissance entière dont ils disposaient pour se défendre, c'est-à-dire, tout leur droit. Cette absolue soumission s'est opérée [...] tant sous la pression de la nécessité que d'après les suggestions de la raison elle-même ».[579]

Dès lors se créent les institutions politiques orientées vers la perpétuité du social et la stabilité de l'Etat. Pour Spinoza : « Toute société où il y a un Etat s'appelle société civile, le corps de l'Etat dans son ensemble se nomme corps politique ».[580] On a ainsi : un **statut du citoyen**, titulaire d'un droit de nature[581] partiellement aliéné dans l'intérêt du corps politique[582] ; **une intégration du droit de nature au droit positif** [583] ; **un statut du social** que rend possible le pacte/contrat et qui permet une double prémunition : contre la violence de l'inter-négation modale et contre celle de l'autorité civile à laquelle l'individu a (partiellement) aliéné sa puissance imprescriptible ; et enfin, **une figure du social** : la démocratie.[584]

---

utilité, en tant qu'elle lui est réellement utile, qu'il poursuive tout ce qui conduit réellement l'homme à une plus grande perfection, et que, d'une manière générale, chacun s'efforce de conserver son être autant qu'il peut ». Spinoza. *Ethique IV.* Proposition 18, scolie. Appuhn. p. 236.

[579] Spinoza. *Traité théologico-politique*. XVI. p. 262.

[580] *Traité politique*. Traduction, notice et notes par Ch. Appuhn. Paris. Garnier Flammarion. p. 25.

[581] Qui est une puissance imprescriptible.

[582] La liberté de penser ne doit pourtant se plier à aucune puissance extérieure ou supérieure à l'individu.

[583] Spinoza peut définir ce droit positif dans son *Traité théologico-politique* : « Par droit positif de chaque particulier, nous ne pouvons désigner que la liberté dont chacun dispose pour se conserver en son état telle que désormais elle est déterminée par les édits, et garantie par le pouvoir respecté de la Souveraine Puissance ». Spinoza. *Traité théologico-politique*. XVI. *Op. cit.* p. 269.

[584] Pour Spinoza : « Dans la démocratie [...] nul individu humain ne transfère son droit à un autre (au profit duquel dès lors il accepterait de ne plus être consulté). Il le

Formalisme déductif et violence

Pourtant, cette socio-axiologie ne produit pas automatiquement la communauté rationnelle attendue et visée. Les hypothèques sont multiples, pour cette société démocratique et pour l'Etat. D'une part, l'institution des lois n'éteint pas la pression du *conatus* individuel. De même peut intervenir une mutation de la légitimation ou du fondement de l'autorité, si celle-ci cherche désormais une caution divine sacralisant le pouvoir, une sacralisation source d'absolutisme et de violence.[585] La décomposition et la dégénérescence de l'Etat démocratique sont possibles, tendancielles. D'où pour Spinoza : une nécessaire sécurisation de l'autorité civile, l'absolue souveraineté issue du contrat, l'urgence de la rationalité politique[586], pour sauvegarder en **un tout** indivisible la dynamique du corps politique.

Dès lors, pour l'auteur de l'*Ethique*, l'insistance sur la souveraineté de l'Etat dont l'essence est ainsi l'accomplissement de la rationalité politique productrice de paix, de sécurité, de concorde, d'unité spirituelle de la totalité et de l'**Etat**.[587] La rationalisation des institutions politiques donne à ces dernières un caractère de nécessité ;[588] de même, pour l'individu, la libération est « intériorisation instauratrice de nécessité ».[589] C'est le sens de ces lignes de Jean-Marc Gabaude : « Avec Spinoza, la nécessité devient première, universelle et fondamentale ; cependant, la liberté est inséparable ontologiquement et méthodologiquement de la nécessité : la liberté est totalisation de nécessi-

---

transfère à la majorité de la société dont lui-même fait partie. Les individus demeurent ainsi tous égaux, comme naguère dans l'état de nature ». *Ibidem*. p. 268. Dans cette figure du social, le pacte impose le respect réciproque du droit commun. Il y a ainsi émergence de la **paix** à partir du respect des institutions et de la préservation du droit de la nature.

[585] Arbitraire et irrationalité caractérisent donc la personnalisation d'un pouvoir à puissance illimitée.

[586] Même si cette rationalité peut, selon Spinoza, intégrer l'irrationnel, pour le salut du tout social, à partir d'une normalisation de la violence.

[587] Où l'on voit s'articuler recherche de salut individuel et recherche du salut du corps politique/social.

[588] La cohérence systémique spinozienne applique le même principe de rationalisation à l'individu et au social : on peut donc comprendre le sous-titre du volume 2 de *Liberté et raison*, de Jean-Marc Gabaude. La doctrine de la nécessité naturelle est pour lui : « *Philosophie compréhensive de la nécessitation libératrice* ».

[589] Jean-Marc Gabaude. *Op. cit*. p. 213. p. 62.

té, soit dernière, ultime et définitive en la Nature naturante, soit relative à un mode humain »[590].

Quelles conditions donc, de cette souveraineté ? On peut citer : l'éclairage permanent de la raison, la non instrumentalisation des citoyens par l'autorité politique[591] et le non rétrécissement de l'arène politique par une professionnalisation du politique, génératrice de violence ; l'absoluité du droit d'où dérivent la sécurité (intérieure et extérieure) et l'unité juridique territoriale ; la séparation des pouvoirs, avec une participation des citoyens à la gestion de l'Etat, qui garantit la compétition ouverte pour le pouvoir politique ; la maîtrise de la dialectique entre stabilité de l'Etat et instabilité de la multitude, l'Etat ne devant jamais s'isoler de la masse ; le rejet de tout finalisme théo-cosmique providentialisant le pouvoir par une dérivation des fonctions juridico-politiques de Dieu[592] ; l'affirmation de la raison sur la foi et la réaffirmation finale de la primauté de la philosophie.

d - Figures de la communauté rationnelle

La restauration de la primauté de la raison est un itinéraire double, individuel et social. L'éducation permet donc que l'on s'engage sur cet itinéraire. Spinoza peut alors dire : « Puisqu'en outre nous ne connaissions rien parmi les choses singulières qui soit plus précieux qu'un homme conduit par la raison, il n' y a pas de meilleure façon pour chacun de montrer la valeur de son travail et de ses dons que d'éduquer les hommes de manière à ce qu'ils vivent enfin sous le propre empire de la raison ».[593] Parler de communauté rationnelle implique donc la proximité du politique et des citoyens, l'accord des intérêts des individus et de ceux des détenteurs du pouvoir de l'Etat par rapport au projet commun, l'intégration collective et la maximalisation de la cohérence du régime politique, la dépersonnalisation du droit et celle, consécutive, du pouvoir[594], la libération des individus

---

[590] *Idem*. p. 213.

[591] Thérèse Belle-Wangue parle ici de **citoyens agentiques** indifférents à la finalité des actions engagées rapportées seulement au bon vouloir de l'autorité politique.

[592] Le dépassement de l'articulation Etat-religion fonde la laïcité et institue imaginairement le social sur la raison. La laïcisation des valeurs morales libère le rationnel de l'étouffement par un surnaturel/religieux possiblement violent.

[593] *Ethique*. IV. Appendice 9.

[594] Toute personnalisation est source de violence.

désormais désaliénés parce que relevant de leur droit propre et enfin, l'instauration de la justice.[595]

Si la raison permet la libération de l'esprit (qui se reconstruit lui-même)[596] ainsi que l'articulation de la pensée dans l'action et dans l'efficience, la violence trouve une solution éthique ; une joie sans mélange est atteinte et une plénitude de vie réalisée, par actualisation rationnelle de la puissance *(conatus)*. Mais cette solution n'est pas seulement éthique : elle est aussi, au plus haut point, politique. C'est la réalisation de la communauté rationnelle, où la compréhension de la vérité produit conjointement transformation de la vie individuelle et organisation dynamique du social à partir d'une rationalité évacuant toute transcendance divine.[597]

Ainsi se présente la communauté rationnelle des hommes libres, où se réalise l'affirmation d'essence à partir du troisième genre de connaissance qui constitue « la pointe d'expansivité dont l'individu est capable de lui-même, affirmation d'essence qui rend spontanée la congruence des relations interindividuelles. Celle-ci, autre de la violence individuelle et collective, constitue un genre supérieur de socialité accessible lorsque l'essence s'affirme en tant que puissance ».[598] La philosophie se vit ici en tant que connaissance conduisant à la jouissance de l'être, actualisation de la vérité, actualisation et autonomisation de la puissance essentielle, sagesse, participation à la divinité, vie de l'esprit, béatitude, congruence des rencontres grâce à une réciprocité éthique maximalisée.[599]

---

[595] La justice a comme composantes l'équité, la procéduralité diligente, la moralité, le respect des lois appliquées de façon contraignante pour tous, la transparence des mécanismes du pouvoir...

[596] Grâce à une structuration « principielle » qui est dépassement de la régression passionnelle.

[597] Thérèse Belle-Wangue explicite cette vision spinozienne : « Celle-ci (la religion de Spinoza) se donne comme l'expression d'un athéisme selon lequel l'homme vit sa suprême jouissance dans la connaissance rationnelle de la nature lorsque cette connaissance est maximalement accomplie. » *Violence et société chez Spinoza*. p. 903.

[598] *Ibidem*. p. 905. C'est l'autoposition réalisée de l'individu, autoposition qui est visée et aboutissement de l'expansivité personnelle.

[599] La congruence des rencontres renvoie, pour Spinoza, à l'idée selon laquelle : « Seuls les hommes libres ont réciproquement, les uns pour les autres, la plus haute reconnaissance ». *Ethique*. IV. Proposition 71. p. 288. « En définitive, montre Thérèse Belle-Wangue, les hommes justes sont les plus utiles à l'homme. Poursuivant le

Formalisme déductif et violence

Pourtant, il faut faire preuve de réalisme : la communauté rationnelle est conditionnelle ;[600] l'homme n'est pas toujours un Dieu pour l'homme et la ratiocratie n'est que tendancielle. Pour la communauté rationnelle, communauté de paix de Spinoza, les hypothèques sont ici multiples. Spinoza en a pleinement conscience, tant en ce qui concerne l'individu (la relation intramodale) que pour la société (les relations intermodales) et le monde.[601] La communauté rationnelle, qui implique l'actualisation permanente de la démocratie, un jeu permanent lui aussi entre concentration et déconcentration du pouvoir, renvoie pourtant à une double réalité : celle de **l'origine précaire** de la démocratie ; celle aussi **de sa fin hypothétique**.[602] Aussi faut-il distinguer les démocraties existantes de la démocratie théorique.

On pourrait bien parler de tyrannie démocratique au regard des hypothèques énumérées plus haut[603], mais comment affirmer la démocratie comme seulement possible ? « La démocratie vraie est-elle rejetée[604] dans la sphère des vœux humains » ?[605] L'interrogation ci-dessus renvoie à l'hypothéticité de la démocratie, vu les renversements que l'on peut observer dans tous les aspects ou volets de la vie :

---

bien sous la conduite de la raison, ils vivent moralement et s'accordent nécessairement par nature ». *Op. cit.* pp. 936-937.

[600] Comme le montre Spinoza : « C'est dans la seule mesure où les hommes vivent sous la conduite de la raison qu'ils s'accordent nécessairement par nature ». *Ethique*. IV. Proposition 35. *Op. cit.* p. 249. La violence des passions constitue en permanence une « menace infernale », de même que la violence d'un pouvoir décroché de la base populaire qui seule peut le légitimer.

[601] Si la démocratie constitue pour Spinoza le régime politique adéquat à la libération, ses hypothèques sont pourtant multiples : l'inimitié naturelle des individus humains, la tendance naturelle à la violence, l'altération potentielle de la démocratie en pouvoir politique individualisé source de violence, le formalisme de la liberté et de l'égalité et le décrochage du pouvoir politique par rapport à sa base.

[602] D'où ce « **cercle de la démocratie** » : « La démocratie serait constituée de citoyens raisonnables, mais pour être raisonnable, il faut y « être conduit » par une société démocratique ». Thérèse Belle-Wangue. *Op. cit.* p. 997. La démocratie ne peut-elle pas alors devenir un régime introuvable ?

[603] On peut citer à nouveau : 1. la conditionnalité d'une effectivité de la démocratie à partir d'une éducation donnée par une société déjà (!) démocratique ; 2. l'autonomisation exclusiviste des instances et des procédures qui constitue le « formalisme déductif » ; 3. la permanence de l'aliénation ; 4. le blocage de l'avenir à partir d'une mort programmée de l'Etat ; 5. le caractère hypothétique d'une vie véritable de l'Esprit.

[604] Nous dirions plutôt : n'est-elle pas rejetée ?...

[605] Th. Belle-Wangue. *Op. cit* p. 997.

ontologique, anthropologique, gnoséologique, éthique et politique. Et la thématique du « formalisme déductif » nous permet non seulement de saisir la réalité (et son occultation) de l'hypothéticité de la congruence (pacifique) des individualités dans une communauté rationnelle, mais encore de passer de l'intra-nation aux relations agonistiques des nations, dans le cadre de l'actuelle mondialité.

III – LA MONDIALISATION ET SES HYPOTHEQUES

1 – Du « formalisme déductif »

a - Eclairages conceptuels

C'est bien la définition du « formalisme déductif » tirée de *Violence et société chez Spinoza* que nous voulons reprendre, à titre de support à notre analyse. « Nous entendons par formalisme déductif, note l'auteur de *Violence et société chez Spinoza*, toute forme de rationalisme abstrait, de production imaginaire rationalisée ou d'application de la connaissance rationnelle compte non tenu des structures véritables du réel ni des besoins effectifs de ceux à qui on les destine ou qui s'en font les irréductibles champions ».[606] Les implications de cette détermination du « formalisme déductif » sont multiples : gnoséologiques d'abord, pratiques et politiques ensuite. En fait, on pourrait faire un parallèle entre le « formalisme déductif »chez Spinoza et l'idéologie chez Marx[607] : ce qui semble privilégié dans le « formalisme déductif », c'est non la fonction critique-rationnelle, qui démystifie le réel et sa structure essentielle/constitutive, mais la fonction pratique et intégrative, le vécu-imaginaire des relations effectives dans le social permettant l'identification subjective et objective au réel, au social, et permettant ainsi une stabilisation du *statu quo*.

On pourrait ici reprendre les concepts d'immanence et de normativité programmatique dans les *Thèses minimales*[608] et dans no-

---

[606] *Op. cit.* p. 956.

[607] A partir de la primauté qu'acquiert la relation imaginaire au réel, consécutive de l'anesthésie analytique...

[608] « Thèses minimales sur le statut de la philosophie ». *Zeen*. N° 1. Janvier 1989. Dans ces deux textes, c'est l'essentialisation du conjoncturel qui est mise en lumière, la réalité tant de la structure du réel que de la finalité de son déploiement étant occultée, à partir de ce qu'Althusser nomme les appareils d'Etat : appareils idéologiques, appareils répressifs.

tre Thèse de Doctorat de IIIème cycle qui dévoilent la non-neutralité[609] essentielle de l'idéologie. Et si l'auteur de *Violence et société chez Spinoza* fait dériver le « formalisme déductif » du nominalisme,[610] ce que nous relevons, ce sont : l'hypertrophie générale du représentatif qui permet l'occultation de l'expérience réelle, la dictature de l'idée abstraite, générale et généralisante, occultatrice aussi de ses effets, le nécessitarisme de cette idée sur le plan de la connaissance comme sur le plan de l'activité, notamment politique.

b - Forme et contenu

A partir de ce décrochage possible de la forme par rapport au contenu, l'on peut examiner la réalité de la mondialisation, à travers ses axes méthodologiques et programmatiques et aussi, à travers ses renversements et occultations. Au registre des axes méthodologiques et programmatiques, l'affirmation par l'idéologie dominante de la primauté de la raison : mais cette raison est loin d'être, comme chez Spinoza, réalisatrice du double salut individuel et collectif ; cette raison, affirmée comme première, s'enferme dans une figure unique, universalisée, instrumentaliste ; le décrochage de la forme possiblement et théoriquement libératrice par rapport à un contenu complexe, associant dès lors libération et asservissement, est là. L'asservissement n'est-il pas fondamentalement violent ?

Parlant d'ailleurs de la rationalité instrumentale qui émerge du processus violent de rationalisation, Jean Grondin peut dire : « La rationalité instrumentale est celle qui évalue les moyens et les règles techniques les plus appropriées pour réaliser une fin déterminée [...] L'exacerbation de la rationalité instrumentale débouche [...] sur un nouvel irrationalisme ».[611] Renversements et occultations s'articulent donc, notamment sur le plan éthique et sur le plan politique, à partir

---

609 Impossible formalisme et vacuité du nominalisme. « Le phénomène idéologique s'offre en système global, en complexe d'idées dont l'objectif est de donner l'interprétation soit conforme et dominante du monde historico-politique, soit révolutionnaire et transformatrice de ce monde, interprétation simultanément réifiante et anti-historiciste tout en étant historique ». Thèse V.

610 *Op. cit.* p. 1064.

611 « Rationalité et agir communicationnel chez Habermas ». *CPED*. N° 325. Novembre 1988. p. 41.

d'une absolutisation de la forme[612] et d'une minoration du contenu, c'est-à-dire de l'effectivité.

2 – « Formalisme déductif » et violence

a - De la violence intramodale[613]

Plusieurs figures de la violence intramodale apparaissent. Celle d'abord d'un modelage de l'être unique/uniforme, l'homme devenant seulement/tendanciellement *logos-ratio*, et le réel ne se présentant plus que sous la forme phénoménale instrumentaliste. Ne peut-on pas considérer comme violences l'évacuation programmatique des arrières-mondes et le rejet dans l'irréel/l'irrationnel de tout ce que la métaphysique traditionnelle prend en charge : la problématique de l'origine, la problématique des fins dernières, la problématique des valeurs ; la mort programmée de la philosophie et de l'éthique vu l'évacuation de toutes questions archéologiques ou de finalités ; l'extinction de la transcendance d'un sujet humain-valeur, qui vit comme pression d'« être » l'urgence absolue des valeurs[614] ; l'instrumentalisation ou plutôt l'auto-instrumentalisation du sujet du fait de sa manipulation par une logique productiviste-consommatoire dont on peut dire qu'elle est de part en part violence, la pire violence étant celle qui porte sur l'avenir[615] ; la transition d'une logique de l'ouverture à la réalité d'une phagocytose potentielle/tendancielle.[616]

Cette violence intramodale, qui rend l'éthique et la métaphysique problématiques, et qui arrime le mode à des valeurs autres que lui-même et les autres comme valeurs, des valeurs mises en forme et en œuvre au plan prioritairement économique[617], s'ouvre sur une vio-

---

[612] Dans le régime libéral/démocratique.

[613] Ce n'est pas seulement celle qui s'exerce du dehors sur le mode humain, c'est aussi celle que le mode assume (et qui le modifie ontologiquement) pour s'arrimer à l'extériorité, pour lui être adéquat.

[614] Georges Bastide le montre : « Le **Je** est un sujet de valeur, c'est-à-dire une personne. Il n'est tel que par la capacité qu'il possède de recevoir et de donner de la valeur ». *Méditations pour une éthique de la personne*. Paris. PUF. 1953. p. 174.

[615] Avenir du sujet individuel, avenir de la collectivité sociale et avenir du monde.

[616] La rationalité est-elle encore ouverture à autrui, relation axiologique valorisant autant le sujet que l'autre, dialectique de promotion de valeur à partir d'une relation compréhensive non instrumentaliste ?

[617] C'est l'hypostase du libéral, c'est-à-dire de la loi de la valeur.

lence intermodale dont on observe les articulations à travers la dialectique de la propriété et de l'appropriation ainsi qu'à travers la dialectique générale des classes.

b)- Violence intermodale et dialectique sociale

L'homme ne peut ni génétiquement, ni existentiellement, s'abstraire de la socialité ; la violence intermodale devient donc inévitable.[618] Certes, pour Spinoza : la violence est intégrée à la structure même des êtres, à leur modalité d'existence et d'action ; cette violence consiste dans le refus de l'homme de se laisser guider par la raison, dans le cadre d'une véritable autonomisation personnelle par le freinage des passions et la libération de la raison.[619] Par contreposition, nous voyons maintenant la violence intramodale ramenant la réalisation du *conatus* individuel à son seul arrimage à la rationalité instrumentale, le bien vivre, le bien agir et le bonheur, dans ce cadre théorique, devenant l'illusoire bonheur que permettent les seules urgences du libéral.

Et si chez Spinoza, la société, l'Etat, le pouvoir politique, avaient comme objectifs fondamentaux la libération de l'individu par l'exorcisation et la normalisation de la violence pour que l'harmonisation du social soit possible, la réalité actuelle ne se dévoile-t-elle pas comme résurgence et permanence de la dialectique de la violence ? Le paradoxe consiste donc dans le fait que le « normalisateur » de la violence grâce à la raison devienne ici « rationalisateur » d'une violence désormais normalisée et surtout simultanément normalisatrice[620]. La relation intramodale aliénée, qui appelait le rejet de la violence pour un itinéraire vers la plénitude affirmative d'être, devait se transcender à partir de la recherche de la perfection, de l'autoréférentialité de l'être (valeur) et de l'action, la transformation du statut de l'individu, désormais « pleinement cause » et l'arrimage à la rationalité ; elle devait permettre l'accès à un niveau supérieur de vie dans un cadre démocratique , l'inadéquation d'un asservissement à

---

[618] Pour Georges Bastide : « L'homme n'est homme que parmi les hommes et dans le monde ». p. 175. L'on pense ici à la VIème Thèse sur Feuerbach de Marx.

[619] L'actualisation de puissance devient alors possible et positive.

[620] Spinoza montre que la réalité historique déploie un ordre « internégateur de déchirements conflictuels » et la pratique communautaire n'implique en rien, *a priori*, la maximalisation de l'actualisation de la puissance.

l'extériorité devant évoluer vers l'empire réel de la raison. La dialectique du réel permet au contraire de voir, en marche, la permanence du caractère agonistique des *conatus* : l'altérité de la concurrentialité des modes demeure, la volonté d'un exclusivisme du développement *conatusien* demeure, la socialité de la congruence est différée. Classes et dialectique des classes continuent de se déployer.

c – « Formalisme déductif » et dérives institutionnelles

• La dialectique des libertés subjectives et des lois

La liberté est libération, accès à un niveau supérieur/maximal d'être. Elle permet au niveau individuel, autonomie, et au niveau des sociétés et des Etats, souveraineté. Elle permet également la double harmonisation de l'autonomie privée et de l'autonomie publique. On ne saurait pourtant affirmer que l'institution des lois ne renvoie à aucune instrumentalisation du droit. La légalité implique certes l'instauration du droit et des lois, des procédures légales/législatives, la souveraineté du peuple, l'autonomie du sujet ; mais la légalité peut-elle fonder, *a priori*, la légitimité, et l'articulation affirmée de la légalité et de la légitimité n'est-elle pas, fondamentalement, idéologique ? L'universel postulé au bout du cheminement n'est-il pas illusoire et partant, illusionnant ?[621] De cette universalité abstraite, idéologique, découlent tendanciellement la dissolution potentielle de la particularité, de l'individualité, de l'identité, de la subjectivité, la résurgence antithétiquement violente de ces particularités, l'intégration (par arraisonnement) comme naturels-universels des intérêts dominants.[622]

---

[621] Droit subjectif et libertés subjectives s'originent dans le droit naturel, mais le droit public rationnel/consensuel réalise t-il le droit naturel ? Les citoyens peuvent bien s'entendre sur des règles/des lois normant l'existence collective, mais ce consensus peut toujours n'être rien d'autre que le triomphe des volontés subjectives fractionnelles ou factionnelles, maîtrisant certains leviers économiques, politiques et idéologiques.

[622] Dans « *Démocratie plurielle* », nous montrions que, s'agissant de l'articulation économie-politique-idéologie : « On peut [...] observer que le droit en vigueur codifie l'espace et les formes de l'action des diverses libertés individuelles, la remise en cause de l'équilibre de la totalité sociale étant exclue. L'affirmation de soi des subjectivités, leur responsabilité individuelle, sont certes formellement garanties. Mais, ce n'est que de manière formelle, les libertés individuelles n'existant pas de manière atomistique, hors de l'ordre juridique dominant ». *Existence et valeurs III. Avenirs pluriels*. Paris. Harmattan 2009.

Formalisme déductif et violence

N'y a-t-il donc pas là idéalisme et utopie ? Et si la question de la légitimité des droits reste posée, c'est bien parce que le macro-sujet social peut tendanciellement phagocyter les subjectivités individuelles ; que la compréhension normative[623] peut assurer la protection formelle des droits et libertés avec comme contenu concret la production/consommation/autoréalisation différenciée de sociétaires inégaux[624] ; que l'affirmation de la cohérence entre souveraineté populaire et droits de l'homme peut devenir seulement théorique et idéologique.[625] Ce qui renvoie à une interrogation fondamentale : d'où peut bien dériver la substance des droits (droits de l'homme et lois) ? Dérive-t-elle des seules conditions formelles de leur institution ?

• Dialectiques politiques et souveraineté populaire

La critique de l'égalitarisme idéologique formel des libertés subjectives se prolonge en critique de la dynamique politique de la dialectique du politique. Le formalisme de l'égalitarisme juridique des sociétaires s'origine dans la co-originalité de l'autonomie privée et de l'autonomie publique. Ce droit théorique à d'égales libertés fonde l'auto-législation : les sociétaires juridiques sont simultanément initiateurs et destinataires des droits ; ils sont fondateurs du droit et de la souveraineté. Mais ce formalisme n'est pas moins porteur d'une double violence : l'auto-illusionnement du sociétaire juridique qui se considère comme libre peut relever de l'auto-violence, comme les relations asymétriques des citoyens entre eux, au sein des groupes et les relations entre groupes, peuvent de même relever de la violence, au point où la souveraineté populaire se dissout : le pouvoir, censé être contrôlé par la souveraineté populaire, peut dévoyer cette dernière, la manipuler. Les relations agonistiques, violentes, des organisations politiques, sont essentiellement partisanes, même si idéologiquement elles prétendent, dans l'analyse du réel et de la détermination des axes de l'avenir commun, à une objectivité qui se clôt sur elle-même et ne déclenche *a priori* aucune harmonie.

---

[623] Que Th. Belle-Wangue appelle nominalisme.

[624] Sociétaires inégaux du point de vue de la propriété, de la production, de l'appropriation et de la consommation.

[625] Les discussions et négociations fondatrices de la volonté générale, parce que rationnelle et communicationnelle, n'impliquent en rien, de fait, l'égalité des sociétaires juridiques, certains d'entre eux (la plupart même) pouvant être instrumentalisés.

Formalisme déductif et violence

L'occultation de la particularité[626], productrice de la négation et de l'auto-négation, réalise-t-elle le développement des identités et la promotion des différences, pour une libre réalisation de soi dans le convivre, ainsi que pour une affirmation forte de la souveraineté au niveau de l'Etat ? A la dialectique interne des sociétés multiculturelles et donc diverses, se superpose la dialectique des sociétés entre elles dans le cadre de la mondialisation, des sociétés amenées à s'ouvrir, au risque même de la phagocytose, et ceci, du fait de l'auto-absolutisation de certaines, qui s'imposent comme normes et aboutissement de toute trajectoire historique.[627]

• L'inversion de la trajectoire historique

La linéarité initiale de la trajectoire de l'histoire allait du **simple au complexe**[628]. L'extension mondiale de la forme libérale renvoie ainsi à l'inversion de cette première trajectoire : on passe ainsi du **multiforme à l'uniformité**. Le plaidoyer de Fukuyama pour la société libérale est suffisamment clair à ce propos : c'est ainsi qu'il peut affirmer : « "La" démocratie libérale reste la seule aspiration politique cohérente qui relie différentes régions et cultures de la terre ».[629]

Cette position de Fukuyama contient l'hypostase des principes du libéralisme, au plan économique comme au plan des libertés politiques, ainsi que l'affirmation de l'inéluctable convergence des sociétés « vers une forme unique d'organisation sociopolitique [...] la société libérale » ;[630] elle contient enfin l'affirmation de la supériorité et de la finalité de la société libérale.[631]

---

[626] Qui est étouffement de l'individualité.

[627] On pense ici à Francis Fukuyama et à son affirmation de la société libérale comme fin de l'histoire. Cf. *La fin de l'histoire et le dernier homme.*

[628] De la société tribale esclavagiste à la société libérale moderne.

[629] *La fin de l'histoire et le dernier homme*. p. 14. Le lien des régions et des cultures tout autour de la terre ne s'organise pas à partir de la décision souveraine des nations et il relève de la violence politique/idéologique.

[630] Francis Fukuyama. *Op. cit.* p. 107.

[631] C'est effectivement elle la fin de l'histoire ! Mais ce plaidoyer pour le libéralisme économique et donc pour la mondialisation, occultation faite des dérapages ainsi que de l'urgence de la maîtrise de cette mondialisation, n'est-il pas violence, sur tous les plans, et notamment, au plan idéologique où la trajectoire de l'histoire est nécessitarisée ?

3 - Le paradigme bloqué

A supposer que la figure libérale du social et de l'histoire soit la forme finale, on peut déjà se demander comment la dialectique et les contradictions sont résorbées et comment transcender conflits et antagonismes au niveau interétatique et au niveau mondial. Mais il convient de revenir à l'affirmation de l'homme et de sa dignité. Cette affirmation[632], fondatrice des droits et légitimante des institutions permettant la défense de ces droits, est censée valoir pour l'individu, les sociétés et l'organisation du monde dans son ensemble. Pourtant, on constate la négation tendancielle de l'individu, l'hypostase du groupe ainsi que la violence qui se crée désormais dans les rapports individus/groupes ; on constate aussi l'antagonisme paroxystique des groupes[633], et qui constitue une hypothèque pour la stabilité des Etats et pour leur souveraineté ; au bout du compte, c'est la structuration du monde induisant une réelle clôture de l'avenir.

Parler ainsi de paradigme bloqué revient à affirmer la mort de la dialectique[634] ainsi que le caractère désormais hypothétique de toute transformation qualitative. Au plan des sociétés et des nations, l'on peut évaluer cette hypothéticité à partir de quelques paramètres : l'anomie tribaliste-raciste, la corruption et les pratiques d'incivisme, la dialectique des rapports entre genres, entre cultures, entre religions (cf. les intégrismes récurrents) ; la dictature de la loi de la valeur... Au plan des relations internationales, mondialisation oblige, et après une occultation de l'histoire faite[635], quelle possibilité de résorption des inégalités et du statut asymétrique des Etats dans un monde unique où tout est rapports de forces ? Quelle coexistence réussie entre individus, entre sociétés, entre cultures ; quelle effectivité des droits de l'homme, de l'égalité de la communauté d'existence sur une base fondamentalement éthique ?[636] En un mot, quelle paix ? Et pourtant, la thématique idéologique de la **démocratie mondiale** est là, fondée sur

[632] Auto-investissement de valeur de l'homme et reconnaissance (réciprocité) de la valeur de l'autre.

[633] Malgré les consensus précaires et progressifs réalisés.

[634] C'est la fin de l'illimitation de l'avenir et l'hypothèque sur la liberté du sujet.

[635] Occultation de la traite, du colonialisme et du néo-colonialisme qui ont créé et reproduisent exploitation et pillage.

[636] Quelle initiative historique, pour les nations dominées de la Périphérie ?

la thématique du formalisme déductif ; ce qui, d'ores et déjà, produit une occultation de la dominance et la pérennisation de la domination.

Le contenu de la thématique de l'interdépendance des nations est bien ambivalent ; il ne dévoile rien d'autre que les relations d'égalité asymétrique de ces nations en interdépendance, en dépit du plaidoyer que font les Institutions et Organisations (notamment financières) Internationales en faveur d'une mondialisation auréolée de toutes les vertus. On ne voit guère dans ce plaidoyer comment le renforcement du système financier international permet l'accélération de la croissance des nations pauvres et corrélativement, la réduction de leur pauvreté.

4 – « Formalisme déductif » et altermondialité

a - Obligation de croissance et idéologie

Les principes structurants de la nouvelle civilisation se présentent ainsi sur le mode du « formalisme déductif »[637]. Leur normativité implique la nécessaire globalisation du marché et des valeurs, la nécessaire intégration de tous au contexte global, la nécessaire ouverture tous azimuts pour que soient possibles le développement, l'adaptation au changement, l'innovation, et le nécessaire dépassement de l'exclusion. C'est la confiance absolue en un homme capable de relever tous les défis !

Que ces principes structurants soient donc essentiellement idéologiques, rien de plus normal ![638] La résorption de l'individu n'est-elle pas, au rendez-vous ? Dans le cadre de la Grande croissance, les individus ne se présentent-ils pas comme ces « citoyens agentiques » dont parle Thérèse Belle-Wangue dans *Violence et société chez Spinoza*, sans prise ni maîtrise sur les valeurs et les choix stratégiques ?[639] Les sociétés elles-mêmes ne sont-elles pas amenées à se dissoudre au sein de cet ensemble « meilleur », à téléologie postulée po-

---

[637] On peut relire ici avec intérêt : Peter Schwartz, Peter Leyden et Joël Hyatt. *La grande croissance. Vingt ans de prospérité nous attendent. Etes-vous prêts ?* Paris. Robert Laffont. 2000.

[638] C'est la liaison avenir → meilleur monde → monde issu de notre créativité → leadership mondial de la civilisation occidentale posé comme naturel.

[639] La démocratie affirmée/postulée, n'est-elle pas ici de l'ordre de l'idéologie et du « formalisme déductif » ?

sitive, sans que pour autant les contradictions se soient évanouies ? Et au plus haut point, la « tyrannie » technicienne, postulée valorisation du réel par sa connaissance et sa maîtrise, et valorisation conjointe de l'homme, n'arrime-t-elle pas la planète entière à un universel pour le moins problématique ?

b - Avenir et symbionomie

Sous la plume de Peter Schwartz, on peut ainsi lire : « C'est à nous de créer un monde meilleur. A chacun de prendre ses responsabilités. »[640] Cette invitation, à coloration culpabilisatrice[641], ne manque pourtant pas de poser un certain nombre de problèmes :

1. Nous devons contribuer à la création d'un monde nouveau, d'un monde meilleur. Pour quel homme ? N'est-il pas nécessaire de revenir ici à une définition de l'homme comme valeur, dont la puissance (*conatus*) doit s'exprimer maximalement, dans un cadre approprié et qui est, pour Spinoza, la société démocratique, après que toutes les hypothèques aient été levées ?[642] Ce n'est évidemment pas la communauté rationnelle de Spinoza, posée comme référence, dont il s'agit ici dans le cadre de la nouvelle communauté, qui se pose comme rationnelle, n'est rationnelle qu'en tant qu'elle est arrimée à une rationalité dont l'irrationalité éclot, au jour le jour : la rationalité instrumentale.

2. Puisque mondialisation ne rime pas forcément avec hominisation, l'on peut se poser la question suivante : un monde nouveau : au service de quels intérêts, au service des intérêts de qui ? Et à ce niveau, une réponse urgente s'impose, vu l'urgence de cette question : « Et si le nouveau monde correspondait à l'épuisement des possibilités et richesses du monde du fait d'une frénésie productiviste et d'une frénésie de la consommation, quel avenir, pour les générations futures, et même déjà pour les générations actuelles ? »[643]

---

[640] *La Grande croissance...* p. 256.
[641] En cas de réticence ou de résistance vis-à-vis de cette trajectoire historique.
[642] Au registre de ces hypothèques : l'auto-négation à prévenir, les difficultés de l'autonomisation personnelle, l'absence de l'arrimage à la raison, la prépondérance de la violence des passions, la décomposition de l'unité du social, la violence de l'auto-accomplissement exclusiviste, la non-primauté du droit, la non-légitimité toujours possible du pouvoir…
[643] *Avenirs pluriels*. p. 212.

Formalisme déductif et violence

3. Spinoza a mis en lumière le caractère violent des voies de la nature ; la libération, qui est arrimage aux voies de la raison, peut seule permettre de réaliser l'homme (anthropologie-ontologie) et le social (sociopolitique). Pour lui, la perfection humaine permet de déboucher sur la communauté rationnelle : une communauté d'hommes libres[644], une communauté d'affirmation maximale de soi, d'expansivité maximale de l'être ; une communauté de congruence des rencontres, une communauté d'équilibre et de paix.

En dépit des affirmations récurrentes de l'idéologie dominante, le monde nouveau (de la mondialisation) n'est pourtant pas la communauté rationnelle de Spinoza. Et si cette communauté rationnelle était présentée dans le registre de la téléologie[645], la nouvelle communauté mondiale, à l'effectivité réelle, se présente comme sans alternative[646], sans contradiction majeure ou explosive. Mondialisation et globalisation deviennent ainsi le sens de l'histoire. L'altermondialité à laquelle nous faisons référence, posée comme urgence, affirmant la dépriorisation de l'économique et la priorisation de l'humain et du social, nous permet de poser que l'avenir ne pourra être réalisation de soi de chacun et de tous, que porté par cette morale émergente que l'on pourrait nommer **symbionomie,** dont les valeurs principielles, choisies par une humanité responsable, assureront l'émergence réussie de l'avenir[647]. Joël de Rosnay relève l'urgence de l'éthique symbionomique : « Le grand défi de l'avenir ne sera pas technique, mais humain »[648]; « Les grands choix de l'humanité [...] porteront sur le partage planétaire des savoirs et des richesses, partage préservant la variété des cultures et les libertés ».[649] La figure de cette altermondialité se dessine dès lors : elle est non point utopique, elle est programmatique. La catégorie spinoziste de « formalisme déductif » permet de dépasser toute hypostase du déjà-là, et de définir les contours de cette altermondialité symbionomique.

---

[644] Sans régression passionnelle.

[645] Avec pleine conscience des défis et hypothèques.

[646] Blocage idéologique et violence.

[647] Ces valeurs intègrent la liberté-responsabilité de l'homme, la protection de la vie et du cosmos (cosmo-responsabilité), le développement humain maximal, la priorité du sens, le privilège de l'avenir.

[648] *L'homme symbiotique*. Paris. Le Seuil. 1995. p. 328.

[649] *Ibidem*. p. 328.

IV- CONCLUSION. RATIO-AXIOLOGIE, SOCIO-AXIOLOGIE ET LIBERATION

1 - Adéquations : au-delà du « formalisme déductif »

C'est autour de la thématique des adéquations que nous avons voulu lire le dessein éthique et politique de Spinoza.[650]. Mais de quelles adéquations s'agit-il donc ? Incontestablement, il s'agit de l'adéquation du sujet à la raison, d'où dérive le salut, après un itinéraire cathartique, purificatoire. Visée de liberté et pratique de la libération s'articulent : par rapport à la dictature des passions, à celle de l'imagination, à celle de tous les pouvoirs autres que la raison. Il s'agit aussi d'une adéquation de la société à son objet, à ses finalités : la réalisation de l'homme, à partir de la prévention de la violence, par une rationalisation institutionnelle et l'affirmation de la primauté du droit[651].

Si donc perfection humaine et perfection sociale s'articulent, il faut pourtant éviter « formalisme déductif » et nominalisme, **idéalisme procédural et hypostase des formes**. A partir de Spinoza, nous pouvons effectivement, dans le cadre de la mondialisation, relever que la normativité du système des droits est loin de donner de manière automatique une réelle substance aux droits de l'homme et à ceux des Etats, la dialectique des droits de l'homme et de la souveraineté populaire, ainsi que celle de la légitimation du pouvoir, rendant hypothétique et idéologique l'harmonisation affirmée de la liberté ou de la souveraineté idéale (formelle) avec la liberté ou la souveraineté réelle (effective).

2 - Une vision adéquate de la mondialisation

Saisir la mondialisation à partir de Spinoza peut s'avérer opérant. Aucune hypostase n'est ainsi possible de ses principes légitimants/structurants, fondés sur le libéralisme qui, s'il affirme théoriquement l'homme, ses droits, la liberté de penser et d'entreprendre,

---

[650] Ce dessein est, pour Jean-Marc Gabaude : « La recherche d'une vie indubitablement valable, d'un Bien solide qui ne diminue pas par le partage » *Liberté et raison*. Tome II p. 18.

[651] La primauté du droit permet de limiter l'inter-négation des modes et rend possible l'actualisation réussie de leur puissance. La structuration principielle et rationnelle de la vie est promotrice de justice vraie.

réalise concrètement en général autre chose que ces droits, cette liberté, au regard des rapports des forces en présence, tout en procédant à une nécessitarisation du processus historique actuel, au-delà de toute critique (autre que formelle) de cette histoire en marche.

Cette saisie adéquate de la mondialisation, nous la percevons dans l'analyse de la pensée de l'auteur de *Violence et société chez Spinoza*. Si le monde est un, si la rationalité est saisie du déterminisme et adéquation à la nécessité ; si la raison permet explication du réel , expansion maximale et libération par rapport à la dictature violente des passions, et si elle permet de même l'arrimage à un universel qui est réalisation du droit et de la justice, que reste-t-il à faire à la philosophie sinon à militer pour l'homme-valeur, à rappeler l'urgence du droit et de la raison, et à sauvegarder le sujet et le réel, en sauvegardant, par le fait même, l'avenir ?

V - BIBLIOGRAPHIE

ARON, Raymond. *Histoire et dialectique de la violence*. Paris. Gallimard. Essais. 1973.

BALIBAR, Etienne. *Spinoza et la politique*. Paris. PUF. 1985.

BASTIDE, Georges. *Méditations pour une éthique de la personne*. Paris. PUF. 1953.

BELLE-WANGUE, Thérèse.

1. *La justice de la violence chez Spinoza*. Thèse de Doctorat de IIIème cycle. Toulouse. 1977.
2. *Violence et société chez Spinoza*. Thèse de Doctorat d'Etat. Toulouse. 1991.
3. « Spinoza et l'étiologie de la violence ». *Annales de la Faculté des Lettres et Sciences Humaines*. Série Sciences Humaines. Volume V. N° 1. Janvier 1989.

BOSS, Gilbert. « La conception de la philosophie chez Hobbes et chez Spinoza ». *Archives de la philosophie*. N° 48. 1985.

BREHIER, Emile. *Histoire de la philosophie*. Tome II. *La philosophie moderne*. 1. *Le XVII^{è} siècle*. Paris. PUF. 1968.

BRETON, Stanislas. *Spinoza, théologie et politique*. Paris. Desclée. 1985.

CHATELET, **François** (Sous la direction de). *La philosophie du monde nouveau. XVI^{è} et XVII^{è} siècles*. Paris. Hachette. Littérature. 1972.

FRAISSE, Jean-Claude. *L'œuvre de Spinoza*. Paris. VRIN. 1978.

FUKUYAMA, Francis. *La fin de l'histoire et le dernier homme*. Paris. Flammarion. 1992.

GABAUDE, Jean-Marc.

1. *Liberté et raison. La liberté cartésienne et sa réfraction chez Spinoza et chez Leibniz*. Tome II. Association des Publications de l'Université de Toulouse-Le-Mirail. Série A. Tome XIV. Toulouse. 1972.
2. « Ambiguïté spinozienne ». *Revue de l'Enseignement Philosophique*. N° 6. PUF. 1971.
3. « Spinoza, la pratique et le politique ». *La Nouvelle Critique*. N° 1. 1978.

GRONDIN, Jean. « Rationalité et agir communicationnel chez Habermas ». *CPED*. N° 325. Novembre 1988.

HABERMAS, Jürgen.

1. *Droit et démocratie. Entre faits et normes*. Paris. Gallimard. 1977.
2. *Raison et légitimité*. Paris. Payot. 1978.
3. *Le discours philosophique de la modernité*. Paris. Gallimard. 1988.

LALANDE, André. *Vocabulaire Technique et Critique de la Philosophie*. Paris. PUF. 1968.

MATHERON, Alexandre. *Individu et communauté chez Spinoza*. Paris. Éditions de Minuit. 1971.

MILLET, Louis. *Pour connaître la pensée de Spinoza*. Paris. Bordas. 1970.

ONDOUA, Pius. « Thèses minimales sur le statut de la philosophie ». *ZEEN*. N° 1. Janvier 1989.

REVEL, Jean-François. *Histoire de la philosophie occidentale de Thalès à Kant*. Paris. NIL Editions. 1994.

ROSNAY, de, Joël. *L'homme symbiotique*. Paris. Seuil. 1995.

SCHWARTZ, Peter, LEYDEN, Peter et **HYATT, Joël**. *La Grande croissance. Vingt ans de prospérité nous attendent. Etes-vous prêts ?* Paris. Robert Laffont. 2000.

SPINOZA.

1. *Œuvres. 1. (Court traité ; Traité de la Réforme de l'entendement ; Les principes de la philosophie de Descartes ; Pensées métaphysiques)*. Traduction, notices et notes par Ch. Appuhn. Paris. Garnier. Flammarion. 1964.

2. *Œuvres. 2. (Traité théologico-politique).* Traduction, notices et notes par Charles Appuhn. Paris. Garnier. Flammarion. 1965.
3. *Œuvres. 3. (Ethique).* Traduction, notices et notes par Charles Appuhn. Paris. Garnier. Flammarion. 1965.
4. *Œuvres. 4. (Traité politique : Lettres).* Traduction, notices et notes par Charles Appuhn. Paris. Garnier. Flammarion. 1965.

VERNIERE, Paul. *Spinoza et la pensée française avant la Révolution*. Paris. PUF. 1954.

TABLE DES MATIERES

L'HARMATTAN, ITALIA
Via Degli Artisti 15 ; 10124 Torino

L'HARMATTAN HONGRIE
Könyvesbolt ; Kossuth L. u. 14-16
1053 Budapest

L'HARMATTAN BURKINA FASO
Rue 15.167 Route du Pô Patte d'oie
12 BP 226 Ouagadougou 12
(00226) 76 59 79 86

ESPACE L'HARMATTAN KINSHASA
Faculté des Sciences Sociales,
Politiques et Administratives
BP243, KIN XI ; Université de Kinshasa

L'HARMATTAN GUINÉE
Almamya Rue KA 028 en face du restaurant le cèdre
OKB agency BP 3470 Conakry
(00224) 60 20 85 08
harmattanguinee@yahoo.fr

L'HARMATTAN CÔTE D'IVOIRE
M. Etien N'dah Ahmon
Résidence Karl / cité des arts
Abidjan-Cocody 03 BP 1588 Abidjan 03
(00225) 05 77 87 31

L'HARMATTAN MAURITANIE
Espace El Kettab du livre francophone
N° 472 avenue Palais des Congrès
BP 316 Nouakchott
(00222) 63 25 980

L'HARMATTAN CAMEROUN
Immeuble Olympia face à la Camair
BP 11486 Yaoundé
(237) 458.67.00/976.61.66
harmattancam@yahoo.fr

L'HARMATTAN SÉNÉGAL
« Villa Rose », rue de Diourbel X G, Point E
BP 45034 Dakar FANN
(00221) 33 825 98 58 / 77 242 25 08
senharmattan@gmail.com

L'HARMATTAN MALI
Rue de Leipzig, face au Palais de la culture,
Porte 203, Badalabougou, Bamako
00 223 20 22 57 24 / 00 223 76 37 80 82
pp.harmattan@gmail.com

606903 - Mai 2015
Achevé d'imprimer par